Telearbeit

Ein praktischer Wegweiser

Springer
Berlin
Heidelberg
New York
Barcelona
Budapest
Hongkong
London
Mailand
Paris
Santa Clara
Singapur
Tokio

Jörg Hubert Rensmann
Klaus Gröpler

Telearbeit

Ein praktischer Wegweiser

Mit 28 Abbildungen
und 12 Tabellen

 Springer

Jörg Hubert Rensmann
Schenkendorfstraße 21
D-49716 Meppen

Dr. Klaus Gröpler
Weidenstraße 10
D-98693 Ilmenau

ISBN 3-540-62983-1 Springer-Verlag Berlin Heidelberg
New York

Die Deutsche Bibliothek – CIP-Einheitsaufnahme
Rensmann, Jörg Hubert: Telearbeit: ein praktischer Wegweiser / Jörg Hubert Rensmann; Klaus Gröpler. – Berlin; Heidelberg; New York; Barcelona; Budapest; Hongkong; London; Mailand; Paris; Santa Clara; Singapur; Tokio: Springer, 1998
    ISBN 3-540-62983-1

Umschlaggestaltung: design & production GmbH, Heidelberg

SPIN 10629602   42/2202-5 4 3 2 1 0 – Gedruckt auf säurefreiem Papier

Vorwort

Die schnelle Entwicklung der Informations- und Kommunikationstechnologien schuf die Voraussetzungen für eine moderne und wichtige neue Tätigkeitsform: Telearbeit.

Zunächst skeptisch beurteilt, hat sich Telearbeit inzwischen in unterschiedlichen Bereichen etabliert. Fachleute rechnen damit, daß in den kommenden Jahren immer mehr Arbeitnehmer diese innovative Form der Arbeit nutzen werden, um lange Fahrzeiten zum Arbeitsplatz zu vermeiden und einen größeren Freiraum für ihr berufliches sowie ihr privates Umfeld zu gewinnen. Telearbeit erfreut sich aber auch unter Führungskräften und freiberuflich Tätigen einer immer größeren Beliebtheit.

Politik und Gesellschaft fördern Telearbeit auf unterschiedliche Weise. Allerdings gibt es noch viele Fragen und Unsicherheiten, die einer schnellen Verbreitung im Wege stehen. Die Autoren wollen versuchen, mit diesem Buch die wichtigsten Fragen zu beantworten. Es soll allen an Telearbeit Interessierten einen an den Problemen der Praxis orientierten Wegweiser in die Hand geben.

Zum Thema Telearbeit sind in den vergangenen Jahren zahlreiche Publikationen erschienen. Sie beschreiben meist einzelne konkrete Praxisprojekte oder beschäftigen sich eher theoretisch mit dieser neuen Beschäftigungsform. Hier soll eine mehr praxisorientierte Betrachtung der Thematik vor allem bei der konkreten Realisierung von Telearbeit im Unternehmen helfen. Die Chancen der Telearbeit werden dabei ebenso beschrieben, wie konkrete Probleme und Schwierigkeiten benannt, wobei ein Versuch zur Lösung solcher Hürden vorgenommen wird.

Das Buch ist in 10 Kapitel gegliedert. In Kapitel 1 wird Telearbeit im Umfeld der gesellschaftlichen und technologischen Bedingungen betrachtet, die unsere heutige Informationsgesellschaft prägen. Dieses Kapitel soll eine Begründung dafür liefern, warum Telearbeit für Unternehmen in Deutschland von großer Bedeutung ist oder sein sollte.

Kapitel 2 dient einer allgemeinen Begriffsbestimmung für Telearbeit und einer Abgrenzung verwandter Begriffe. Weiterhin geht es um Anwendungsbeispiele sowie um die Diskussion der Vorteile, die Telearbeit mit sich bringt.

Kapitel 3 enthält eine ausführliche Diskussion möglicher Anwendungsfelder. Hier wird verdeutlicht, welche Arbeitsplätze für Telearbeit besonders geeignet sind, betrachtet anhand unterschiedlicher Branchen.

Eine Übersicht über die technische Ausstattung von Telearbeitsplätzen sowie über Möglichkeiten zur Realisierung der Verbindung zwischen Unternehmen

und Telearbeiter folgt in Kapitel 4. Eine umfassende Betrachtung aktueller Entwicklungen im Bereich der Informations- und Kommunikations-Technik, einschließlich einer Kostenbetrachtung, gibt praktische Hinweise zur technischen
Umsetzung von Telearbeit.

Die Kapitel 5 bis 9 sollen als Hilfe für die praktische Einführung eines Telearbeitsprojekts im Unternehmen dienen. Im Mittelpunkt von Kapitel 5 stehen die
unterschiedlichen Formen der Telearbeit sowie deren organisatorische Umsetzung. Hier geht es auch um Arbeitszeitmodelle und Entlohnung.

Kapitel 6 beleuchtet Verantwortung und Führungsmethoden des mit Telearbeit befaßten Managements. Neben dem Management by Objectives werden
alternative Führungsmodelle diskutiert, ergänzt um zahlreiche Hinweise zur
Handhabung solcher Managementmethoden im Alltag.

Mit den sozialen Fragen, vor allem dem Problem sozialer Isolation, setzt sich
Kapitel 7 auseinander. Es wendet sich sowohl an denjenigen, der Telearbeit
praktiziert, enthält aber auch wichtige Ansätze, die Unternehmen und Management bei der Einführung von Telearbeit beachten müssen.

Telearbeit als neue Tätigkeitsform verlangt zudem Antworten auf rechtliche
Fragen, mit denen sich Kapitel 8 beschäftigt. Hier geht es sowohl um Fragen des
Datenschutzes und des Steuerrechts als auch um das weite Feld des Arbeitsrechts. Kapitel 8 erläutert die wichtigsten Bestimmungen im Umfeld der Telearbeit und wie sich bestehende Regelungen in diesem Umfeld auswirken.

Kapitel 9 erklärt ganz konkret, wie ein Unternehmen Telearbeit Schritt für
Schritt einführen kann. Ein Vorgehensmodell als Kern dieses Abschnitts gliedert
das „Vorhaben Telearbeit" in verschiedene Phasen und erklärt deren Inhalt.

Kapitel 10 befaßt sich mit den Zukunftsperspektiven der Telearbeit, schließlich steht sie erst am Anfang einer langfristigen Entwicklung.

Im Hinblick auf eine bessere Lesbarkeit des Textes haben sich die Autoren
entschlossen, bei Personen auf die Verwendung der jeweiligen männlichen und
weiblichen Form zu verzichten, sondern durchgängig die männliche Form zu
benutzen, wobei jeweils beide Geschlechter gemeint sind.

Abschließend sei dem Springer-Verlag, insbesondere Herrn Dr. Werner A.
Müller, Dank gesagt für die Geduld und dafür, daß dieses Buch erscheinen kann.
Des weiteren gilt ein besonderer Dank an Frau Annekatrin Krieg, ohne die dieses
Buch mit einigen Rechtschreibfehlern mehr in den Druck gegangen wäre.

Ilmenau, im Dezember 1997

Klaus Gröpler
Jörg Rensmann

Inhaltsverzeichnis

1. Einleitung

1.1 Unternehmen im Wandel

Seit der Nachkriegszeit hat wohl keine technische Neuerung das tägliche Leben, die Gesellschaft und vor allem die Arbeitswelt in einer so drastischen und weitreichenden Weise geändert, wie die Einführung der elektronischen Datenverarbeitung (EDV). Heute gehören elektronischer Datenaustausch (EDI = Electronic Data Interchange) und Personal Computer ebenso zum Arbeitsalltag wie rechnergesteuerte Produktionsstraßen.

Neben Kapital, Arbeit und Boden gilt in der modernen Betriebswirtschaftslehre die Information längst als vierter Produktionsfaktor, der zunehmend an Bedeutung gewinnt. Entsprechend müssen Unternehmen wie Arbeitnehmer umdenken. Der Einzug der rechnergestützten Datenverarbeitung in sämtliche betriebswirtschaftliche Kernbereiche hat die Arbeitswelt in den vergangenen Jahrzehnten dramatisch verändert, allein durch die elektronische Erfassung, Verfügbarkeit und Auswertung sämtlicher Vorgänge im Unternehmen.

Dabei stehen wir erst am Beginn eines Wandlungsprozesses, dessen Auswirkungen sowohl in ihrer Reichweite als auch ihrem Ausmaß nur noch vergleichbar sind mit der Phase der industriellen Revolution. Motive und Chancen aus diesem Umbruch lassen sich heute wie damals durchaus vergleichen.

Rechnergesteuerte Produktionstechnik ermöglicht ein effizienteres Arbeiten und gestattet Rationalisierungsmaßnahmen. Eintönige und einfache Tätigkeiten übernimmt ein rechnergesteuerter Automat. Auf der einen Seite stehen bessere Arbeits- und Lebensbedingungen, die auf der anderen Seite durch weniger Arbeitsplätze und einen höheren Bedarf an gelernten Fachkräften erkauft sind.

Wie schon im Zeitalter der Industrialisierung ändert die Einführung neuer Technologien Arbeitsabläufe in erheblichem Maße, ohne sich dabei auf industrielle Produktionsprozesse zu beschränken. Im Gegenteil: Besonders offensichtlich und drastisch zeigen sich die Auswirkungen der zunehmenden Computerisierung derzeit im Dienstleistungs- und Verwaltungsbereich. Business Process Reengineering und Geschäftsprozeßoptimierung heißen hier die Schlagworte.

Orientierten sich DV-Anlagen und Software anfangs noch an den vorhandenen Arbeitsabläufen, um diese optimal zu unterstützten, warten die 90er Jahre mit einem umgekehrten Bild auf: Arbeitsabläufe und Prozesse passen sich der eingeführten Software an. Mit der Einführung einer neuen Software sollte heute eine Modellierung und Optimierung der von der EDV zu unterstützenden Tätigkeiten verbunden sein. Dies führt zu einer Umgestaltung der betroffenen Arbeitsabläufe.

Aus der Einführung dieser neuen Technik ergeben sich Potentiale, die zur Optimierung betriebswirtschaftlicher Zielgrößen zu nutzen sind. Die Schaffung besserer Arbeitsbedingungen steht hier weniger im Vordergrund, als Kostenreduzierung, Wettbewerbsfähigkeit oder Gewinnmaximierung. Allerdings geht das eine mit dem anderen einher.

1.2 Die digitale Revolution

Während die DV-Unterstützung in immer mehr Arbeitsgebieten und Tätigkeitsfeldern an Bedeutung gewinnt, vollzieht die EDV-Branche bereits den nächsten Innovationsschritt. Das Zusammenwachsen von Kommunikations- und Informationstechnologie läutet die nächste Runde im Multimedia-Zeitalter ein.

Bürokommunikation beschränkt sich nicht mehr auf das Telefon. Über ihre vernetzten Rechner tauschen Mitarbeiter Informationen auf elektronischem Wege aus, vom einfachen elektronischen Brief (E-Mail) bis hin zu kompletten Dokumenten. Moderne Produktionsanlagen ermitteln und erfassen selbständig Informationen über entsprechende Sensoren, leiten eventuell Regelprozesse ein, melden den aktuellen Zustand des Produktionsprozesses bzw. der Anlage über ein Netzwerk an eine beliebige Informationszentrale weiter.

Wieder eröffnen sich neue Perspektiven, die mit dem Zusammenwachsen von Informations- und Kommunikationstechnik (I&K-Technik) ungeahnte Potentiale eröffnen. Heute kommen selbst mittelständische Betriebe nicht mehr ohne den Einsatz vernetzter Rechnertechnik aus. Local Area Networks (LANs) halten Einzug in die Unternehmen. Informationen, gleichgültig aus welchem Bereich des Unternehmens sie stammen, sind dank der eingesetzten I&K-Technologie auf Wunsch und bei Bedarf jederzeit und überall im Unternehmen verfügbar.

Doch das Zusammenwachsen von Computern und Kommunikationsnetzen stoppt auch nicht vor öffentlichen Datenwegen. Telefonnetz, ISDN, Datex-P und auch neue Breitbandnetze wie Datex-M oder das Breitband-ISDN sorgen dafür, daß Computer auch über größere Entfernungen Daten untereinander austauschen können. So versorgen große Unternehmen Filialen mit Informationen aus den zentralen Datenbeständen, Banken erfassen Kontobewegungen bundesweit auch in der kleinsten Dorf-Niederlassung in Sekundenschnelle.

Der Markt an I&K-Technologie weist dabei ein gewaltiges Innovationspotential auf. Kommunikationsdienste und -netze sind in Leistungsfähigkeit und Ausnutzung verbesserungsfähig und auch -bedürftig. Neue Anwendungen wie Videokonferenzen oder das Bildtelefon sind bereits im Einsatz, aber noch nicht weitreichend oder flächendeckend verfügbar. Gleichzeitig eröffnet sich die noch junge I&K-Branche immer neue Anwendungsgebiete für ihr technologisches Potential. Die breite Palette an Tele-Anwendungen mit der Telearbeit ist sicherlich hierzu zu zählen, ebenso Telelearning oder auch Telemedizin.

Eines jedoch ist sicher: Der skizzierte Wandlungsprozeß, der mit der Einführung der elektronischen Datenverarbeitung und der zunehmenden Integration von Kommunikations- und Informationstechnologie einher geht, wirkt sich sowohl auf die Arbeitswelt und Unternehmenskultur wie auch auf unsere gesamte Gesellschaft aus. Wir stehen in einem Zeitalter, das als Epoche der informationellen oder auch digitalen Revolution Geschichte machen wird.

Unternehmen, die sich dieser „informationellen Revolution" verschließen, werden auf den diversen Zukunftsmärkten keine Chance mehr haben. Zwar ist die digitale Revolution nicht so einschneidend, wie vormals die Industrielle Revolution, trotzdem wird sie in der Tragweite gleichbedeutend sein. Allerdings vollzieht sich der Wandlungsprozeß hier eher schleichend und schrittweise. Daher müßte man eigentlich eher vom Zeitalter der „digitalen Reformen" sprechen. Reformen, die sich ebenso in den Unternehmen niederschlagen, wie im privaten Leben.

So lernt die heranwachsende Generation den Umgang mit der neuen Technik bereits im Kinderzimmer, elektronische Medien wie das Internet erfreuen sich wachsender Beliebtheit, auch in privaten Haushalten. Schon mit einfachen Mitteln wie dem Computer, der Telefonleitung und einem Modem kann man heute seine Bankgeschäfte auch bequem von zu Hause aus erledigen. Das Home-Banking stellt allerdings nur die Spitze eines Eisberges moderner Tele-Anwendungen dar, die das alltägliche Leben in Zukunft neu prägen.

Große Versandhäuser bieten ihre Artikel zusätzlich zum gedruckten Katalog über elektronische Medien wie das World Wide Web an. Verkaufskanäle im Fernsehen und „virtuelle Shopping-Center" im Internet kämpfen in Zukunft um die Gunst des Kunden. Sie konkurrieren mit großen Einkaufszentren in den Randbezirken der Städte und haben auf alle Fälle zumindest einen Vorteil: Sie müssen beide keine Parkplätze bereitstellen und sind auch bei Sturm und Eisregen erreichbar.

Während Konzepte wie Electronic Shopping an Bedeutung gewinnen, stellen Zahlung im Internet, Dokumentenechtheit oder die elektronische Unterschrift aktuelle Probleme dar, die derzeit eine noch schnellere Verbreitung der neuen, elektronischen Dienstleistungen hemmen. Allerdings ist die Lösung dieser Problemstellungen auch nur eine Frage der Zeit.

Moderne I&K-Technologie wirkt sich also auch auf das private Leben aus. Wir befinden uns in einem gesellschaftlichen Wandel, der sein Ziel in der Informationsgesellschaft sucht. Mehr und mehr Informationen wandern über moderne Datenwege vom Sender zum Empfänger. Informationen stehen weltweit und jederzeit zur Verfügung, der vernetzte Computer als einfaches Arbeitsmittel bildet die Informationszentrale des Haushalts der Zukunft.

Unternehmen, die den Zug der Zeit schon heute erkennen, profitieren von den Potentialen der hier nur kurz skizzierten Entwicklung. In Zukunft überlebt nur derjenige am Markt, der den Umgang mit den neuen Medien beherrscht. Wie heute kaum jemand auf die Idee kommen würde, seine Rechnungen per Hand zu schreiben, wird in einigen Jahren kein Anbieter mehr ohne E-Mail-Adresse am Markt bestehen können.

Dasselbe gilt für die Mitarbeiter des Unternehmens. Mühen sich heute noch viele Nicht-DV-Fachleute im Umgang mit dem PC, kommen sie in Zukunft nicht umhin, auch den Umgang mit Internet, elektronischem Briefkasten und neuen Kommunikationsgeräten wie ISDN-Telefon zu beherrschen. Über kurz oder lang wird all dies zum festen Bestandteil unseres täglichen Lebens werden. Innovative Unternehmen, die schon heute an der Entwicklung zur Informationsgesellschaft partizipieren, können somit in Zukunft nur profitieren. Telearbeit kann hierbei eine maßgebliche Rolle spielen.

1.3 Der Bangemann-Bericht

Auch die Politik hat die strategische Bedeutung der Informationsgesellschaft längst erkannt. Bereits im Dezember 1993 befaßte sich der Europäische Rat mit Maßnahmen, „die von der Gemeinschaft und den Mitgliedsstaaten in bezug auf die Informationsinfrastrukturen in Betracht zu ziehen sind".[1] Eine Gruppe von Fachleuten erarbeitete daraufhin ein Rahmenpapier mit konkreten Vorschlägen für den Weg in die Informationsgesellschaft, den sogenannten „Bangemann-Bericht".[2]

Demnach bleiben die europäischen Industrienationen nur dann international konkurrenzfähig, wenn sie den Schritt in die Informationsgesellschaft frühzeitig und erfolgreich vollziehen. Die Voraussetzungen hierfür sind in weiten Teilen Europas mit der Verfügbarkeit moderner Kommunikationsnetze ideal. Aufgabe der Regierungen sei es nun, weitere Voraussetzungen für einen zügigen Wandel zu schaffen und die Bürger auf die neue Gesellschaft vorzubereiten.

Die Deregulierung und Öffnung des Kommunikationsmarktes stellt einen ersten Schritt in diese Richtung dar. In Deutschland trat ein entsprechendes Telekommunikationsgesetzt am 1. August 1996 in Kraft, welches den Kommunikationsmarkt der freien Marktwirtschaft öffnet.[3] Mit dem Fall des letzten Telekom-Monopols zum 31. Dezember1997 können somit private Anbieter Kommunikationsdienste offerieren; ein Schritt, der in Hinblick auf den Kommunikationsbedarf der Informationsgesellschaft von immenser Bedeutung ist.

Gerade in Deutschland stellen die hohen Kosten für die Nutzung der Telekom-Leitungen ein erhebliches Hemmnis auf dem Weg in die grenzenlose Kommunikationszukunft dar. Mit der Öffnung des Marktes sind somit Preissen-

---

[1] Vgl.: Empfehlungen für den Europäischen Rat: Europa und die globale Informationsgesellschaft. Brüssel 1994.
[2] s. ebenda
[3] Vgl.: BGBl I S. 1120 ff, verabschiedet am 25. Juli 1996.

kungen bei gleichzeitig umfangreichen Investitionen privater Anbieter in neue Kommunikationsinfrastrukturen zu erwarten.

So schafft die neue Informationsgesellschaft einen beträchtlichen Bedarf an Fachkräften. Es entstehen Beschäftigungsmöglichkeiten, die Europa mit Blick auf Rationalisierungsmaßnahmen in der Industrie und die Verlagerung von Produktionen in Billiglohnländer dringend benötigt. Arbeitsplätze, die auf Grund des gigantischen Innovationspotentials, das die I&K-Branche aufweist, auch mit Blick in die Zukunft sicher sind (s. Abb. 1.1.).

Berufe und Beschäftigungsfelder der Informationsgesellschaft

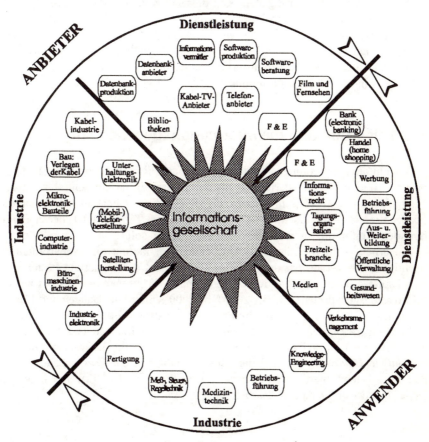

Abb. 1.1. Beschäftigungspotential der Informationsgesellschaft[4]

---

[4] Quelle: Nefiodow, Pelton (1994), Ifo-Institut, Bundesministerium für Wirtschaft. AG Info. 1996

Hinzu kommt eine Vielzahl neuer Tätigkeiten in Bereichen, die mit der Informationsgesellschaft erst entstehen. Die Informationsgesellschaft nutzt nicht nur neue Technologien, sie konsumiert auch neue Dienstleistungen wie elektronische Medien, Video on Demand, Electronic Shopping oder das bereits weit verbreitete Home Banking.

Den Arbeitsplätzen, die durch die digitale Revolution verschwinden, stehen Potentiale für neue Beschäftigung in anderen Branchen gegenüber. Während Rationalisierungsmaßnahmen zum Erhalt der internationalen Konkurrenzfähigkeit notwendig und nicht aufzuhalten sind, gilt es, das Innovationspotential der Informationsgesellschaft zu sichern. Gerade deswegen ist ein schneller Wandel zu vollziehen.

Auch die Bundesregierung stellt sich diesen Herausforderungen. Sie betrachtet „die Gestaltung des Wandels zur Informationsgesellschaft der Bundesrepublik Deutschland als eine der wichtigsten Zukunftsaufgaben in dieser und voraussichtlich auch in der nächsten Legislaturperiode", heißt es in einem umfangreichen Papier des Wirtschaftsministeriums unter dem Titel „Info 2000: Deutschlands Weg in die Informationsgesellschaft"[5].

1.4. Telearbeit und die Informationsgesellschaft

Sowohl die Empfehlungen an den Europäischen Rat als auch das Strategiepapier des Wirtschaftsministeriums enthalten Telearbeit als ein zentrales Anwendungsfeld auf dem Weg in diese neue Gesellschaft. Der Bangemann-Bericht (s.o.) definiert zehn verschiedene Anwendungen (s. Tabelle 1.1.), deren Förderung den Weg in die Informationsgesellschaft ebnen soll.

Telearbeit ist hierbei die erste Anwendung. Ihr kommt eine außerordentlich wichtige Rolle gerade bei der Schaffung neuer und der Sicherung bestehender Arbeitsplätze, aber auch bei der Vorbereitung des Unternehmenssektors auf die Informationsgesellschaft zu. Bis zum Jahr 2000 sollen laut Bangemann-Bericht zehn Millionen Telearbeitsplätze in Europa geschaffen werden.

Der jüngere Bericht des Bundesministeriums für Wirtschaft (s.o.) spricht von zwei Millionen europäischen Telearbeitern im Jahr 2000. Das entspricht beim derzeitigen Bevölkerungsanteil der Bundesrepublik in der Europäischen Union 800.000 Telearbeitern hierzulande. Zwei Prozent der Erwerbstätigen in Deutschland würden dann Telearbeit nutzen.

---

[5] Vgl.: Bundesministerium für Wirtschaft: Info 2000: Deutschlands Weg in die Informationsgesellschaft. Bonn 1996

Tabelle 1.1. Anwendungen für den Weg in die Informationsgesellschaft

Anwen- dung	Bezeichnung	Ziel
I	Telearbeit	Mehr Arbeitsplätze und neue Arbeitsplätze für eine mobile Gesellschaft
II	Fernlernen	Lebenslange Aus- und Weiterbildung für eine Gesellschaft im Wandel
III	Ein Netz für Hoch- schulen und Forschungs- zentren	Vernetzung des europäischen Wissens
IV	Telematikdienste für KMU	Neubelebung des wichtigsten Motors für Wachstum und Beschäftigung in Europa
V	Straßenverkehrs- management	Mehr Lebensqualität dank Straßen mit elektronischer Infrastruktur
VI	Flugsicherung	Elektronische Luftstraßen für Europa
VII	Netze für das Gesundheitswesen	Eine kostengünstigere und effizientere medizinische Versorgung für Europas Bürger
VIII	Elektronische Aus- schreibungen	Effizientere Gestaltung der öffentlichen Verwaltung
IX	Transeuropäisches Netz öffentlicher Ver- waltungen	Bessere Leistungen, geringere Kosten
X	Informationsschnell- straßen für Städte	Einbeziehung der privaten Haushalte in die Informationsgesellschaft

Eine Hochrechnung des Wirtschaftsverbandes ZVEI/VDMA legt Investitionen von 15.000,- DM pro Telearbeitsplatz zu Grunde. Damit ergibt sich ein Investitionsvolumen von 12 Milliarden DM bis zur Jahrtausendwende alleine in Deutschland. Gleichzeitig erwartet der Verband ca. 300,- DM laufender Netzkosten pro Monat für jeden Telearbeitsplatz (ohne Anschlußkosten). Damit entsteht nochmals ein Umsatzvolumen von 2 Milliarden DM / Jahr für die Netzanbieter.

Auch wenn das Wirtschaftsministerium mit einem vergleichsweise geringem Umsatzvolumen von „nur" 50 Millionen DM durch Telearbeit rechnet, sorgt diese neue Arbeitsform für erhebliches wirtschaftliches Wachstumspotential.

Angesichts dieser strategischen Bedeutung haben auch die Gewerkschaften ihre Position zu Telearbeit angepaßt. Wollten die Arbeitnehmervertreter Telearbeit Ende der achtziger Jahre noch als „elektronische Einsiedelei" verbieten[6], gilt Telearbeit hier heute ebenfalls als ein wichtiges strategisches und förderungswürdiges Konzept für die Zukunft, auch wenn die zugrundeliegenden Zahlen und Rechnungen natürlich je nach Quelle ein etwas differenziertes Bild ergeben.[7]

Die rein strategische und wirtschaftliche Betrachtung der Informationsgesellschaft als Motor für die Einführung von Telearbeit trägt allerdings dem vollen

---

[6] Untertitel einer DGB-Broschüre zum Thema Telearbeit von 1988.

[7] Vgl. Dieter Sinn: Multimedia und Datenautobahn: die Informationsgesellschaft mitgestalten. Strategiepapier der IG Metall. Frankfurt 1996.

Spektrum der Motive für eine genauere Betrachtung des Themas nicht Rechnung. Zukunftsentwicklung und zu erwartende Synergieeffekte sind zwar bedeutende, aber nur einige Argumente, die für die Einführung von Telearbeit sprechen.

Die Telearbeit schafft für viele Seiten Vorteile, sowohl im Großen wie auch im Kleinen. Der Telearbeiter profitiert so beispielsweise von einer flexiblen und individuellen Arbeitsgestaltung sowie einer besseren Vereinbarkeit von Beruf und Familie. Unternehmen können Büroraum und somit Kosten einsparen. Gleichzeitig profitieren sie von einer höheren Produktivität und Kreativität der Telearbeiter, um nur einige der zahlreichen Gründe zu nennen, die im konkreten Fall für die Beschäftigung mit Telearbeit im Unternehmen sprechen (eine genauere Betrachtung folgt in Kapitel 2).

1.5. Hemmnisse

Trotzdem verbreitet sich Telearbeit in Europa und speziell auch in Deutschland eher schleppend (Abb. 1.2.). Eine Umfrage der Beratungsgesellschaft empirica GmbH im Auftrag der Europäischen Union zeigt, daß in der Bundesrepublik zwar ein immenses Potential an möglichen Telearbeitsplätzen vorhanden ist, deutsche Unternehmen bei der Einführung von Telearbeit im europäischen Vergleich jedoch hinter anderen europäischen Nationen zurückstehen (s. Abb. 1.3. und Tab. 1.2.).

Tabelle 1.2. Telearbeit in Europa - Stand und Perspektiven[8]

Land	Telearbeiter	mögliche Telearbeitsplätze
Großbritannien	560.000	1.670.000
Frankreich	220.000	1.495.000
Deutschland	150.000	2.867.000
Spanien	100.000	900.000
Italien	100.000	1.726.000

---

[8] Hochrechnung auf Basis einer Umfrage bei 5.347 Personen über 14 Jahren und 2.507 Führungskräften. Umfrage der empirica GmbH im Auftrag der Europäischen Union. April 1994. IWD 30.3.1995.

Einer Umfrage unter Entscheidungsträgern der Deutschen
Wirtschaft im Auftrag des Bundesministeriums für
Wissenschaft, Forschung und Technologie zufolge, haben

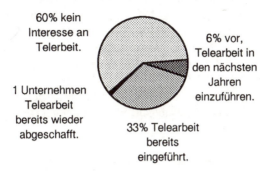

60% kein
Interesse an
Telerbeit.

6% vor,
Telearbeit in
den nächsten
Jahren
einzuführen.

1 Unternehmen
Telearbeit
bereits wieder
abgeschafft.

33% Telearbeit
bereits
eingeführt.

Abb. 1.2. Interesse deutscher Unternehmen an Telearbeit[9]

Ein noch drastischeres Bild zeigt sich beim Blick über den Atlantik. In Nord-amerika, speziell in den USA begann die breite Diskussion um Telearbeit ähn-lich wie in Europa Ende der achtziger Jahre. Allerdings führten u.a. die dortigen gesetzlichen Voraussetzungen sowie die traditionell hohe Innovationsbereitschaft der Amerikaner zu einer viel schnelleren Ausbreitung der Telearbeit.

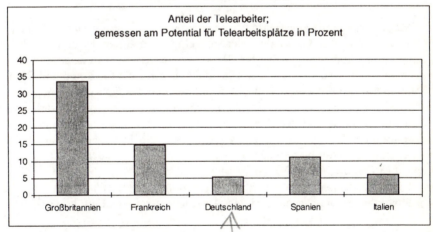

Anteil der Telearbeiter;
gemessen am Potential für Telearbeitsplätze in Prozent

Abb.1.3. Akzeptanz von Telearbeit im europäischen Vergleich

[9] Quelle: Zusammenfassung einer Studie der TH Darmstadt (Prof. Rüttinger), in der 87 Unternehmen befragt wurden. Zitiert nach ZVEI/VDMA. Darmstadt 1994.

Dies zeigt sich schon an einer Aussage, die ein Manager des amerikanischen Telefongiganten AT&T bereits 1971 äußerte: „Bis 1990 können alle Amerikaner von zu Hause aus arbeiten." Je nach Umfang des Telearbeitsbegriffes sprechen amerikanische Autoren von drei bis 20 Millionen Telearbeitern.[10]

Jürgen Rüttgers, Bundesminister für Bildung, Wissenschaft, Forschung und Technologie, prognostiziert für die USA: „Die Zahl der Telecommuter in den Vereinigten Staaten wächst um jährlich 15 Prozent". Laut Abhijeet Rane, Senior Analyst bei Link Ressources Inc., sank in den USA die Zahl der Telearbeiter 1994 tatsächlich um 10,2 Prozent, was allerdings den Vorsprung der Amerikaner auf diesem Gebiet nicht schmälert.[11]

Anders als Politik, Gewerkschaften und Verbände beziehen Arbeitgeber eine eher abwartende, teilweise sogar ablehnende Position gegenüber Telearbeit. Die Gründe hierfür sind vielfältig:[12]

- In unserem Unternehmen besteht kein Bedarf für Telearbeit!
- Unsere Mitarbeiter sind als Telearbeiter ungeeignet!
- Ich kann keine Mitarbeiter leiten, die nicht im Büro präsent sind!
- Wir haben kein Interesse an Veränderungen unserer Unternehmenskultur!
- Computer können soziale Kommunikation nicht ersetzen!
- Durch vielfältige Ablenkungen außerhalb des Büroarbeitsplatzes sinkt die Produktivität der Telearbeiter!
- I&K-Technologie arbeitet noch nicht verläßlich genug!
- Die Kommunikationskosten sind viel zu hoch!
- Die Kosten für die benötigte Hardware sind zu hoch!

Meist basieren die angeführten Argumente gegen die Einführung von Telearbeit jedoch eher auf Vorurteilen oder spiegeln im Angesicht der digitalen Revolution ein zu kurzsichtiges Denken der Entscheidungsträger in deutschen Unternehmen wider. Andere Argumente, wie die hohen Kosten für Kommunikation in Deutschland, relativieren sich mit Blick auf den Fall des Telekom-Monopols.

Negative Erfahrungen bei der Einführung und im Umgang mit Telearbeit sind dagegen auf Fehler bei der Umsetzung der neuen Arbeitsform in die Praxis zurückzuführen. Das größte Hemmnis stellt somit die Unsicherheit dar, die mit Telearbeit auf allen betroffenen Seiten noch immer vorhanden ist. Diese abzubauen ist Ziel dieses Buches.

Hierzu wollen wir nicht nur aktuelle Fragen im Zusammenhang mit Telearbeit beantworten, sondern auch konkrete Anleitungen für die Einführung und den

---

[10] Vgl. Rane, A.: 1995 home office market update. Link Resources Corp. 1995. Nilles, J.M.: Making telecommuting happen. A guide for telemanagers and telecommuters. New York: Van Nostrand Reinhold 1994, Gray, M., Hodson, N., Gordon, G.: Teleworking explained. Chichester 1993. sowie Kordey, N., Korte, W.: Telearbeit erfolgreich realisieren. Braunschweig Wiesbaden: Vieweg 1996

[11] Vgl.: Jochen Rieker. In weiter Ferne. Manager Magazin, 199-209 (November 1995)

[12] Vgl. ebenda

Umgang mit Telearbeit geben, um eben solche Fehler zu vermeiden, die zum Scheitern eines Telearbeits-Pilotprojektes führen. Erfahrungen aus laufenden oder bereits abgeschlossenen Projekten fließen ebenso in unsere Betrachtungen ein, wie wissenschaftliche und politische Betrachtungen.

Das Buch wendet sich zum einen an den Telearbeiter, der mit seiner neu gewonnen Freiheit, aber auch mit sozialen Problemen und der nötigen Technik umgehen muß. Zum anderen spricht es auch den Manager an, der einen neuen Führungsstil für die Leitung der Telearbeiter benötigt.

Außerdem soll dieses Buch den Entscheidungsträgern Chancen und Risiken der Telearbeit aufzeigen. Das Urteil für oder gegen die Einführung von Telearbeit ist mit Blick auf die Informationsgesellschaft von nicht zu unterschätzender Bedeutung. Daher sollte eine solche Entscheidung möglichst objektiv und ohne Vorurteile gefällt werden. Das zögernde Verhalten vieler Unternehmen bei der Einführung von Telearbeit und die aktuellen Probleme mit dieser neuen Arbeitsform liegen diesem Buch zugrunde.

Aufklärungsbedarf scheint noch in erheblichem Umfang zu bestehen. Diesen wollen wir befriedigen, um so unseren Beitrag zum Erhalt der wirtschaftlichen Konkurrenzfähigkeit Deutschlands und der Sicherung hiesiger Arbeitsplätze zu leisten.

2. Was ist Telearbeit?

2.1 Begriffsklärung

Bevor man sich mit der Problematik der Telearbeit im einzelnen auseinandersetzt, ist es sicherlich sinnvoll, zunächst den Begriff als solchen und einige verwandte Teleanwendungen näher zu betrachten.

2.1.1 Telearbeit

Für Telearbeit gibt es unterschiedliche Definitionen. Die meisten Fachleute sind sich zumindest darüber einig, daß Telearbeit außerhalb der Räume des Firmenstandortes erledigt wird, wobei Mittel und Methoden der Telekommunikation genutzt werden. Hinsichtlich des Spektrums der als Telearbeit aufzufassenden Tätigkeiten gibt es jedoch sehr unterschiedliche Auffassungen. Insofern bleibt weiterhin ein klärender Definitionsbedarf bestehen.

Zur schlüssigen Definition von Telearbeit scheint zunächst eine Differenzierung unumgänglich.

Telearbeit im engeren Sinne (engl. Telecommuting)
Einsatz von I&K-Technologien, um primär die Arbeit zum Arbeitenden anstatt den Arbeitenden zur Arbeit zu transportieren. Der Telearbeiter nutzt die I&K-Technologien unterstützend, um seine arbeitsvertraglichen Verpflichtungen zumindest teilweise zu Hause oder wohnortnah zu erfüllen.

Arbeitnehmer, die ihre Tätigkeit ausschließlich oder wenigstens überwiegend mit Informationen in elektronischer Form verrichten, sind somit potentielle Telearbeiter. Telearbeit im engeren Sinne kann auf unterschiedliche Weise realisiert werden:

Heimarbeit mit I&K-Technik

Hier entfällt die tägliche Fahrt, also das Pendeln zum üblichen Arbeitsplatz in der Firma oder im Büro. Statt dessen „pendeln" die Arbeitsaufträge über Datenleitungen zum Tätigen. Auf die selbe Weise erreichen die jeweiligen Ergebnisse den Arbeitgeber.

Die Tätigkeit in der Wohnung bietet sich an, wenn einmal die räumlichen Voraussetzungen gegeben sind, und wenn zum anderen der Angestellte Gründe hat, die tägliche Arbeit außer Haus zu vermeiden oder mindestens einzuschränken. Ein Berufstätiger, der beispielsweise aus familiären oder gesundheitlichen Gründen überwiegend zu Hause sein muß, bevorzugt typischer Weise diese Form der Telearbeit. Sie können dabei ihre Arbeitszeit flexibler gestalten und Kinder oder Familienangehörige besser betreuen. Bisher stehen junge Frauen oft vor der Alternative, sich für Beruf oder für Kinder zu entscheiden. Die sinkenden Geburtenraten sind alarmierend. Kann die bisherige Tätigkeit ohne oder mit geringem Qualitätsverlust in die eigene Wohnung verlagert werden, so fällt die Entscheidung für Kinder gewiß leichter.

Die meisten Arbeitnehmer streben die Tätigkeit in der eigenen Wohnung als ausschließliche Form der Beschäftigung allerdings nicht an. Sie bevorzugen, u.a. wegen der fehlenden sozialen Kontakte zu anderen Arbeitnehmern,[13] vielmehr alternierende Telearbeit (s. auch Kapitel 5 und 7). Dabei steht dem Beschäftigten weiterhin ein betrieblicher Arbeitsplatz zur Verfügung, so daß er seine beruflichen Pflichten nur zeitweise zu Hause ausübt. Insbesondere Führungskräfte eines Unternehmens und Wissenschaftler bevorzugen die alternierende Telearbeit in der eigenen Wohnung.

Arbeit im Nachbarschaftsbüro

In Nachbarschaftsbüros gehen Angestellte unterschiedlicher Arbeitgeber ihrer beruflichen Tätigkeit nach. Die Betreiber stellen die notwendige informations- und kommunikationstechnische Ausrüstung für Telearbeit zur Verfügung. Für die Arbeitgeber entfallen damit die Investitionen, die für Telearbeitsplätze in den Wohnungen notwendig wären. Diese Form der Telearbeit führt zu einer besseren Auslastung sowie vereinfachten Wartung der Geräte und erzeugt somit geringere Kosten.

Arbeitnehmer nutzen dann gern Nachbarschaftsbüros, wenn sie die tägliche Anfahrt zum möglicherweise weit entfernten Arbeitsort aus Zeit- und Kostengründen vermeiden wollen, jedoch die Arbeit in der eigenen Wohnung nicht in Frage kommt. Nachbarschaftsbüros befinden sich oft in Wohngebieten, an der Peripherie von Großstädten oder auch verkehrsgünstig im ländlichen Raum. Die Wohnortnähe trägt zur Attraktivität der Tätigkeit in einem solchen Nachbarschaftsbüro bei.

---

[13] Die sozialen Probleme werden in Kapitel 7 ausführlich besprochen.

Oft fördern die Kommunen in den Wohngebieten die Errichtung kleiner Kultur- und Freizeitzentren, in welche Nachbarschaftsbüros integriert werden, um dabei sowohl die Wohnqualität als auch das Arbeitsplatzangebot in diesen Gebieten zu verbessern. Man spricht dann von Telezentren oder Telehäusern. Derzeit entstehen gemeinschaftlich genutzte Nachbarschaftsbüros weniger durch Zusammenschluß mehrerer Arbeitgeber als durch regionale, nationale oder europäische Fördermaßnahmen.

Arbeit im Satellitenbüro

Betreiben Arbeitgeber für ihre eigenen Angestellten Außenstellen mit umfassender I&K-Technik, die Telearbeit ermöglicht, so spricht man von Satellitenbüros. Diese Form ähnelt der Arbeit im Nachbarschaftsbüro, nur daß hier die Arbeitsstätte von nur einem Arbeitgeber betrieben wird. Insofern handelt es sich hierbei rechtlich um eine betriebliche Arbeitsstätte (s. Abb. 2.1.), was die besondere Stellung des Satellitenbüros als Zweigniederlassung im Rahmen der Telearbeit begründet.

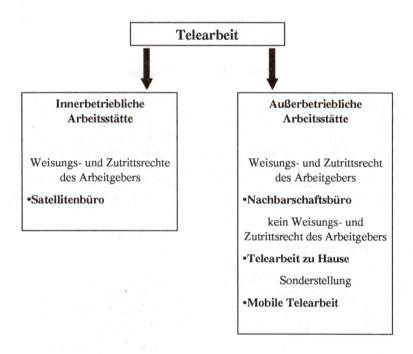

Abb. 2.1. Arbeitsstätten der Telearbeit

Der Vorteil besteht u.a. darin, daß Datenschutz und Datensicherheit leichter gewährleistet werden können. Allerdings bedarf es einer genügend großen Anzahl von potentiellen Telearbeitern in der Umgebung, um Satellitenbüros wirtschaftlich betreiben zu können.

Neben den bisher geschilderten Arten finden sich zahlreiche weitere Arbeitsformen, die Telearbeit eindeutig zuzurechnen sind. Dabei handelt es sich meist um Außendiensttätigkeiten oder um Grenzbereiche, in denen eine eindeutige Zuordnung schwer fällt. Deshalb bietet sich eine zusätzliche Definition von Telearbeit im weiteren Sinne an.

> **Telearbeit im weiteren Sinne** (engl. Teleworking)
> Einsatz von I&K-Technologien, um Arbeit entfernt von dem Ort zu verrichten, wo die Arbeitsergebnisse benötigt werden. Dabei greift der Einsatz von I&K-Technologien ändernd in konventionelle Arbeitsabläufe (Workflows) ein.

Diese Definition schließt Telearbeit im engeren Sinn ein, es kommen jedoch weitere Organisationsformen hinzu.

Arbeit an wechselnden Orten (Mobile Telearbeit)

Firmenmitarbeiter im Außendienst oder im Vertrieb arbeiten naturgemäß an wechselnden Orten. Sie können vom Hotel oder vom Kunden aus Ergebnisse ihrer Arbeit, zum Beispiel Vertragsentwürfe, Prüfberichte, Gutachten zu Versicherungsfällen o.ä. schnell an die Zentrale übermitteln und sich umgekehrt von dort aktuelle Informationen oder Anweisungen beschaffen. Sie führen dabei ihre Technik mit und benötigen lediglich entsprechende TK-Anschlüsse in den Hotels oder bei den Kunden. Mobilfunksysteme gestatten sogar völlige Unabhängigkeit.

Arbeit von Selbständigen oder leitenden Mitarbeitern an wechselnden Orten

Zunehmend nutzen leitende Mitarbeiter die moderne I&K-Technik, um Managementaufgaben von beliebigen Orten aus wahrzunehmen. Sie erreichen ihre Firma jederzeit, auch außerhalb der üblichen Bürozeiten (anytime) und von jedem Ort aus, also sowohl von der Wohnung als auch aus dem Hotel (anyplace).

Deshalb wird dafür gelegentlich der Begriff „Guerilla-Telearbeiter" verwendet. In der Form der „Guerilla-Telearbeit" liegt der Ursprung der heutigen Entwicklung.

Als einer der Vorreiter modernen Mangements per Telearbeit gilt Nicholas Negroponte, Direktor des Media Laboratorium am Massachusetts Institute of Technolologie (MIT). Negroponte hat sein Büro aufgegeben und führt Besprechungen mit seinen Mitarbeitern von einem beliebigen Ort in der Welt oder von seiner Wohnung aus via Datenleitung. Physische Anwesenheit im MIT ist nur sporadisch zu verzeichnen.

Ferndienstleistung

Freiberufler oder Angestellte eines Dienstleistungsunternehmens erledigen Wartungsarbeiten, Überwachungs- oder Installationsaufgaben von einem festen Ort aus mit Hilfe der I&K-Technologien an entfernten Anlagen. Andere beraten oder unterrichten entfernte Kunden. Die Betreuung erfordert in vielen Fällen nicht mehr die persönliche Anwesenheit.

Televerwaltung

Der Weg zu Behörden aller Art gestaltet sich oft als weit und umständlich. Wenn dann der zuständige Sachbearbeiter noch nicht einmal erreichbar ist, entsteht für den Antragsteller schnell Frust. Als Alternative bieten sich Bürgerämter als Servicezentren in Gemeinden oder Stadtteilen an, in denen Antragsteller oder Ratsuchende über Telekommunikationseinrichtungen, wie beispielsweise ein Videokonferenzsystem, mit der entfernten zentralen Behörde in Verbindung treten können. Der örtliche Behördenvertreter wirkt dann unterstützend. Er vermittelt die Verbindung zur richtigen Abteilung, ohne daß er selbst auf allen Teilgebieten der Verwaltung umfangreiche Sachkenntnis besitzen muß. Auf diese Weise läßt sich manch weiter Behördenweg vermeiden.

Auch die Bundesregierung unterstützt Televerwaltung: „Die allgemeine Verfügbarkeit der Daten macht es möglich, den ehemals notwendigen, aber wenig bürgerfreundlichen Rückzug aus der Fläche nunmehr ohne Verluste an Effizienz umzukehren, so daß Verwaltung wieder dezentral und dicht am Bürger aufgebaut werden kann.“[14]

Bei Telearbeit im weiteren Sinne steht also die schnelle und flexible Überbrückung räumlicher Distanzen mittels I&K-Technik im Vordergrund. Entsprechende Geräte und Kommunikationsdienste stehen hierfür zur Verfügung. Im Zusammenhang mit Telearbeit im engeren Sinne treten allerdings spezielle rechtliche und soziale Problemstellungen auf, die Telearbeit im weiteren Sinne nicht mit sich bringt.

---

[14] Adamscheck, B.: Neue Medien und bürgernahe Verwaltung. In: Bundesministerium für Wirtschaft: Die Informationsgesellschaft; Fakten Analysen Trends. 26-27 (1995)

2.1.2 Telekooperation

Telekooperation (engl. Telecooperation)
Nutzung von I&K-Technologien zur Verbesserung der Kommunikation sowie für neue Formen der Zusammenarbeit zwischen i.d.R. juristisch selbständigen Personen oder Organisationen (Unternehmen, Behörden etc.).

Teilnehmer der Telekooperation können beispielsweise verteilte Gruppen unterschiedlicher Organisationen sein, die ständig oder zeitweilig, etwa im Rahmen von gemeinsam zu bearbeitenden Projekten, zusammenarbeiten. Die kooperierenden Organisationen ermöglichen im Idealfall den gegenseitigen Zugriff auf relevante Informations- und Datenbestände. Firmen mit intensiven Kunden- und Lieferantenbeziehungen sowie solche, die gemeinsam auf internationalen Märkten operieren, praktizieren bereits intensiv diese besondere Form der Zusammenarbeit. Gerade kleinen und mittelständischen Unternehmen eröffnet Telekooperation neue Chancen.

In engem Zusammenhang mit der Telekooperation steht der Begriff „Virtuelle Unternehmen". Diese entstehen durch den rechtlichen Zusammenschluß einzelner Personen oder Organisationseinheiten, die über elektronische Netze wie ein einzelnes Unternehmen auftreten.

Dieses virtuelle Unternehmen verfügt nicht unbedingt über eigene Geschäftsräume oder eine umfangreiche hierarchische Organisation, es ist jedoch als eigenständige Rechtsperson geschäftsfähig. Moderne I&K-Technologie unterstützt und ermöglicht diese neuen Formen der unternehmensübergreifenden Kooperation, die teilweise nur kurzzeitig für einzelne Projekte oder andere Vorhaben bestehen.

Virtuelles Unternehmen (engl. Virtual Enterprise)
Dauernder oder zeitweiliger Zusammenschluß juristisch selbständiger und örtlich getrennter Firmen oder Einzelpersonen unter einem eigenen Firmennamen, um im Rahmen bestimmter Projekte zusammenzuarbeiten. Die Beteiligten nutzen I&K-Technik als zentrales Kommunikationsinstrument.

2.1.3 Telehandel

Der Handel mit materiellen und immateriellen Gütern wird in zunehmendem Maße über Datenleitungen vorbereitet und sogar abgewickelt. Dafür bietet sich ein neuer Begriff an.

Telehandel (engl. Teletrade, Electronic Commerce)
Unter Nutzung der I&K-Technologien werden Güter und Dienstleistungen
vertrieben, um entfernte Märkte ohne den Aufwand einer Vor-Ort-Präsenz
zu erreichen.

Softwarehäuser oder Distributoren stellen Softwareprodukte über das Internet
zur Verfügung. Die Kunden können sie gegen Bezahlung in ihren Computer
kopieren. Banken oder andere Finanzdienstleister vertreiben ihre Produkte zunehmend mit Hilfe der I&K-Technik.

Auch der Handel nutzt inzwischen moderne Kommunikationsmethoden. Seit
längerer Zeit kann der Kunde telefonisch rund um die Uhr die gewünschten
Waren bestellen. Heute stellen die Versandhäuser ihre Angebote kundenfreund-
lich im Internet zur Verfügung und für den Interessenten besteht die Möglichkeit, die Bestellung direkt vom Computer aus vorzunehmen.

In diesem Zusammenhang spielen elektronische Zahlungssysteme (elekroni-
sches Geld) eine zunehmende Rolle. Handel im Internet setzt funktionierende
Mechanismen zur Bezahlung über das Netz voraus, die eine Reihe von Forderungen erfüllen. Benutzerfreundlichkeit, Fälschungssicherheit, Vertrauen, Porta-
bilität und weitgehende Anonymität sind die wichtigsten Akzeptanzkriterien.
Parallel zum Teleshopping bestellen die privaten Haushalte mit Hilfe des Computers zunehmend unter Nutzung des interaktiven Fernsehens.[15]

Lieferanten senden ihren großen Kunden Lieferscheine und Rechnungen über
Datenleitungen zu. Die Standardisierungsbemühungen für den elektronischen
Datenaustausch im Handel, insbesondere für EDIFACT[16], kommen vielen An-
wendern deshalb nicht schnell genug voran.

Telehandel beginnt bereits mit der elektronischen Veröffentlichung von An-
gebotsaufforderungen und dem Bearbeiten der über das Netz eingehenden Angebote (engl. Electronic Tendering). Dies erleichtert den Zugang zu öffentlichen
Beschaffungsmärkten, verkürzt die Reaktionszeiten und fördert den internationalen Wettbewerb. Die Bundesregierung unterstützt Pilotprojekte zur Einführung
der Informationstechnik im öffentlichen Auftragswesen im Rahmen der Europäischen Union.[17]

---

[15] Otto, M.: Homeshopping – eine virtuelle Einkaufswelt eröffnet sich zuhause. Sowie:
Bühler, W.: Das Kaufhaus im Wohnzimmer. Beide In: Bundesministerium für Wirtschaft: Die Informationsgesellschaft; Fakten Analysen Trends. S. 36 (1995)

[16] EDIFACT: Electronic Data Interchange for Administration, Commerce and Transport,
DIN 16556

[17] Vgl.: Bundesministerium für Wirtschaft: Info 2000; Deutschlands Weg in die Informationsgesellschaft. Bericht der Bundesregierung. Bonn 1996. S. 80f.

2.1.4 Telelernen

Computerprogramme unterstützen seit geraumer Zeit neue Methoden der Wissensvermittlung und der Kontrolle der Wissensaneignung. Solches „Computer Based Training" (CBT) hat sich jedoch bisher nicht vollkommen durchsetzen können, beginnt sich aber zunehmend als Ergänzung zum konventionellen „Instructor lead Training (ILT)" zu verbreiten.

Beim Telelernen steht auf Anforderung zusätzlich zum CBT ein Tutor oder Seminarleiter über Datenleitung zur Verfügung. Per Bildtelefon, Videokonferenz oder E-Mail können die Lernenden neben dem Selbststudium so Kontakt zu Kommilitonen oder dem Lehrer suchen.

Telelernen (engl. Telelearning)
Erweiterung des rechnergestützten Lernens um die Kommunikationskomponenten mit dem entfernten Lehrer oder Tutor, der auf Anforderung zum Dialog bereit steht. Verkürzt läßt sich Tele- bzw. Fernlernen als Kombination von Computer Based Training (CBT) und Teletutoring auffassen.

Telelernen ist gegenwärtig noch nicht genügend erprobt und verbreitet; daher bedarf es umfassender Untersuchungen sowie einer breiten Diskussion in der Fachwelt. Es würde den Rahmen dieses Buches sprengen, wenn Telelernen hier eingehend diskutiert werden sollte.

2.2 I&K-Technologien für die Telearbeit

Telearbeit ist nur denkbar, wenn I&K-Technik zur Verfügung steht, diese absolut zuverlässig funktioniert und der Umgang mit ihr für den Benutzer keine Schwierigkeiten bereitet.

Für den Telearbeiter steht der Computer im Mittelpunkt der technischen Ausstattung. Dieser alleine genügt jedoch nicht, um von Telearbeit sprechen zu können. Der Telearbeiter muß in die Lage versetzt werden, seine Arbeitsergebnisse mittels leistungsfähiger Kommunikationstechnik an einen anderen Ort zu schicken, ohne dafür die Brief- oder Paketpost zu bemühen. Insofern wird Übertragungstechnik benötigt, die nicht die gelbe Post, sondern die Deutsche Telekom und/oder andere Dienstleister anbieten. Hinzu kommt Software unterschiedlicher Art.

2.2.1 Die technische Grundausstattung

Die Realisierung von Telearbeit bereitet hinsichtlich der technischen Anforderungen heute keine Schwierigkeiten. Die schnelle Entwicklung der I&K-Technologien gestattet immer leistungsfähigere Telearbeitsplätze. Insofern geht es nicht um die Frage, ob für bestimmte Aufgabenkategorien Technik zur Verfügung steht, sondern darum, welche Geräte mit welchen Leistungsparametern als betriebswirtschaftlich sinnvoll angesehen werden können.

Bei der Auswahl der Hard- und Software-Ausstattung eines Telearbeitsplatzes in einer Wohnung oder mehrerer Arbeitsplätze in einem Telearbeitszentrum stehen immer die zu erfüllenden Aufgaben im Mittelpunkt. So stellen einfache Schreibarbeiten geringere Anforderungen an die Arbeitsumgebung, als ein CAD-Arbeitsplatz. Auf Firmenseite muß ein Rechner als Remote-Access-Server zur Verfügung stehen, der dem Telearbeiter den Zugang zu den firmeninternen Rechnernetzen mit den zugehörigen Datenbeständen gestattet. Häufigkeit und Umfang der Datenübertragung beeinflussen die notwendige Kommunikationstechnik. Hier soll zunächst ein Überblick gegeben werden. Details und Leistungsparameter bespricht Kapitel 4 ausführlich.

Telefonanschluß

Das leitungsgebundene Telefonnetz verbindet in den meisten Ländern fast alle Haushalte, Firmen und Behörden miteinander. Es stellt somit für die Telearbeit die wichtigste Kommunikationstechnologie dar, zumal es auch als Zubringer zu anderen Netzen wie Datex-P dient. Der Telefonanschluß bildet die Schnittstelle zwischen öffentlichem Telefonnetz und den Geräten, die der Kommunikation oder der Informationsverarbeitung dienen, also Telefon, PC, Faxgerät. Deshalb setzt Telearbeit für den zugehörigen Arbeitsplatz einen Telefonanschluß voraus. Ein Telefon mit Anrufbeantworter gehört natürlich zur Grundausstattung eines jeden Telearbeitsplatzes. Die Ära analoger Telefonnetze in Deutschland geht zu Ende; die flächendeckende Versorgung der Telefonkunden mit digitalen Vermittlungsstellen ist im Jahre 1997 abgeschlossen. Digitale Anschlüsse garantieren eine schnellere und weitgehend fehlerfreie Datenübertragung.

Am besten, wenn auch nicht zwingend notwendig, ist ein ISDN-Anschluß. Der Basisanschluß besitzt zwei Amtsleitungen und erlaubt die hausinterne Verbindung zu maximal acht Endgeräten. Hinzu kommt eine Reihe von nützlichen Komfortmerkmalen. Es kann davon ausgegangen werden, daß jeder Telearbeitsplatz in naher Zukunft einen ISDN-Anschluß besitzen wird. Die unterschiedlichen Arten von ISDN- und anderen Kommunikationsanschlüssen erklärt Kapitel 4 näher.

Computer

Personal Computer (PC) oder Workstations für anspruchsvolle Aufgaben, die dem jeweils neuesten Stand der Technik entsprechen, stehen zusammen mit der notwendigen Peripherie (Monitor, Disketten- und CD-ROM-Laufwerke, Drukker, Scanner) im Mittelpunkt der technischen Ausrüstung für Telearbeit. Alternativ zum PC bietet sich bei Arbeit an wechselnden Orten ein tragbarer Computer (Laptop, Notebook, Thinkpad) an.

Schnittstelle zwischen Computer und Telefonanschluß

Steht kein ISDN-Anschluß zur Verfügung, so dient das Modem[18] als Schnittstelle zwischen Rechner und Telefonleitung. Es hat die Aufgabe, die digitalen Signale des Computers in analoge Signale für das Telefonnetz umzusetzen (und umgekehrt). Im alten analogen Telefonnetz ist die Umwandlung der binären Computerdaten in analoge elektronische Signale für die Übertragung über das Kupferkabel unverzichtbar.

Im ISDN werden neben den Daten (je nach Anschlußart über zwei oder mehr parallele Kanäle) auf einem gesonderten Kanal Steuerinformationen übertragen. Als Schnittstelle zwischen Computer und ISDN-Anlage dient der rechnerinterne ISDN-Adapter (meist als ISDN-Karte bezeichnet) oder ein externes ISDN-Modem. Er sorgt mit Hilfe der zugehörigen Software für eine Übersetzung der Steuerinformationen sowie für eine geordnete Übergabe der Nutzdaten vom Computer zur ISDN-Anlage und umgekehrt.

Ergänzungen

Denkbare und nützliche Ergänzungen, die nicht mehr zur Grundausstattung gehören, sind Faxgerät und Mobiltelefon. Über das Faxgerät gibt es unterschiedliche Ansichten. Manche Fachleute halten es auch bei der Telearbeit für unverzichtbar, obwohl mittels Modem oder ISDN-Karte auch der Computer Faxe versenden und empfangen kann. Oft sind jedoch herkömmliche Papiervorlagen mit dem Fax zu versenden. Dies ist ohne zusätzliche Ausstattung mit dem Rechner so nicht möglich. Das konventionelle Faxgerät stellt somit eine sinnvolle Ergänzung dar.

Ein Bildtelefon oder eine Videokonferenzausrüstung mit der zugehörigen Software gehört ebenfalls nicht zur Grundausstattung eines Telearbeitsplatzes. Sie ist für spezielle Aufgabengebiete mit Sicherheit nützlich, während sie manchmal eher hinderlich für eine effektive Arbeit ist. Videokonferenzsysteme bzw. andere Mittel der Videokommunikation dienen jedoch in vielen Fällen einer effektiveren Gestaltung der Telekooperation.

---

[18] Modem: Modulator und Demodulator

Ein sozialer Aspekt spielt hier möglicherweise ebenfalls eine Rolle: Der Telearbeiter sieht den Gesprächspartner bei einer Besprechung via Netz, er hat nicht das Gefühl der Isolation. Da derartige Ausstattungen erhebliche Kosten verursachen, kommen sie eher im Nachbarschafts- oder Satellitenbüro zum Einsatz.

2.2.2 Welche Software wird benötigt?

Standardsoftware sowie spezielle Anwendersoftware soll, wie am konventionellen Arbeitsplatz im Unternehmen, bei der Anfertigung der Arbeitsergebnisse helfen. Kommunikationssoftware sichert die fehlerlose Übertragung. Zunehmend an Bedeutung gewinnen Softwareprodukte, welche die Zusammenarbeit von Arbeitsgruppen unterstützen.

Anwendungssoftware

Die Palette reicht von der üblichen Standardsoftware (z.B. für Textverarbeitung, Tabellenkalkulation, Zeichenprogramme u.ä.) bis zu speziellen Anwenderprogrammen, die für Konstruktionsaufgaben, Versicherungsprobleme, Finanzierungsberatungen oder für die Anfertigung von Präsentationen, Werbeschriften, Katalogen etc. angewendet werden. Bei alternierender Telearbeit sollte an beiden Arbeitsorten die gleiche Arbeitsumgebung zur Verfügung stehen (s. auch Kapitel 5). Das gilt sowohl für die Hardware als auch in ganz besonderem Maße für die Software einschließlich des verwendeten Betriebssystems.

Dies bringt nicht nur Vorteile bei der Bedienung durch den Anwender. Auch die Wartung und der Service durch eine DV-Abteilung vereinfacht sich, wenn im ganzen Unternehmen sowie beim Telearbeiter identische Ausstattungen verwendet werden. Hinsichtlich der zu erwartenden Kosten sei darauf hingewiesen, daß die Software von vornherein mit der notwendigen Anzahl von Lizenzen beschafft werden muß. Beim Kauf der Hardware lassen sich oftmals günstigere Preise bei Abnahme größerer Stückzahlen erzielen.

Kommunikationssoftware

Als Grundlage für den Telearbeitsplatz wird eine Software benötigt, die den Auf- und Abbau einer Verbindung über das Telekommunikationsnetz gewährleistet. Diese Software wird in der Regel mit dem für den Computer bestimmten ISDN-Adapter oder mit dem Modem mitgeliefert, oder sie ist in andere Kommunikationssoftware integriert.

Die Basissoftware für die Kommunikation unterstützt den Informationsaustausch zwischen den Rechnern des Telearbeitsplatzes und des Unternehmens ebenso, wie die Kommunikation mit Partnern, die nicht zur betreffenden Firma gehören. Der Transfer der Daten kann dabei auf sehr unterschiedliche Weise erfolgen. Teilweise ergänzen sich unterschiedliche Kommunikationsfunktionen, sie können aber auch alternativ angewendet werden. Einige der wichtigsten seien hier genannt:

- *Filetransfer*: Der Austausch von Dateien zwischen dem Server der Zentrale und dem Telearbeitsplatz erfolgt beispielsweise zur Übermittlung von Daten für den Arbeitsauftrag und umgekehrt der Arbeitsergebnisse. Eine Verbindung zum Telefonnetz besteht nur während der Datenübertragung. Dazwischen bleibt der Computer offline. Diese Art der Telearbeit verursacht geringe Übertragungskosten.
- *Terminalemulation* bzw. *PC-Host-Kommunikation*: Der Computer des Telearbeitsplatzes dient nur als Terminal für den Zentralrechner (Host) am Firmenstandort. Das ist notwendig, wenn der Telearbeiter Software benötigt, die nur für den Zentralrechner zur Verfügung steht. Dies ist oftmals bei aufwendigen Konstruktions- oder Simulationsprogrammen der Fall. Die eigentliche Rechenleistung erbringt der Zentralrechner (Host, meist ein Rechner der Mainframe-Klasse). Der PC fungiert nur als Ein- und Ausgabegerät ohne eigene Intelligenz (Terminal). Der hierbei erforderliche Onlinebetrieb über größere Zeiträume treibt die Kommunikationskosten in die Höhe.
- *E-Mail*: Elektronische Post dient der asynchronen Übermittlung von Nachrichten zu einem beliebigen Zeitpunkt, d.h. der Adressat muß im Gegensatz zum Informationsaustausch per Telefon nicht gleichzeitig die Nachricht zur Kenntnis nehmen. Sie wird in einem Mailserver bis zum Abruf deponiert. An diese Botschaft kann eine Datei beliebiger Art angehängt werden; sie muß natürlich in einem Format vorliegen, das auf der Gegenseite verstanden werden kann. Software, die das Versenden von E-Mails unterstützt, erlaubt das Verteilen von Kopien eines elektronischen Briefes an mehrere Empfänger mit Hilfe von Verteilerlisten.
- *Telefax*: Wo Kommunikationspartner nicht per Filetransfer oder E-Mail erreichbar sind, ist noch immer das Telefax unverzichtbar. Mit Hilfe entsprechender Faxsoftware ist das Versenden sowie der Empfang von Faxen über den Computer möglich (s. oben).
- Zugang zu *Onlinediensten* und zum *Internet*: Wenn zwischen Telearbeitsplatz und Unternehmensstandort große Entfernungen bestehen, bietet sich die Nutzung des Internet oder von Online-Diensten für die Datenübertragung an, sofern zu diesen Diensten eine Zugangsmöglichkeit zum Ortstarif besteht. Dafür ist entsprechende Zugsangssoftware notwendig. Der Zugriff auf das Internet und zu anderen Online-Diensten kann sich für die eigentliche Arbeitsaufgabe aber auch als Hemmnis erweisen. Trotzdem besteht in vielen Unternehmen der Trend zur verstärkten Nutzung des Internet, beispielsweise zur Anbindung von Telearbeitern an das Unternehmen (Intranet, s. Kapitel 4).

Ergänzungen

Ergänzungen, die nicht zur Grundausstattung gehören, sind u.a. Software zur Unterstützung der Gruppenarbeit (CSCW), Co-Autorensysteme, Workflowmanagementsysteme sowie Tele- oder Videokonferenzsysteme.

Innerhalb ihrer neuen Office-Software bieten einige Hersteller Programmbausteine an, die beispielsweise das Führen eines Gruppenterminkalenders erlauben oder andere der genannten Aufgaben realisieren (s. Kapitel 4).

2.3 Beispiele für Telearbeit

In den USA und einigen europäischen Ländern, darunter auch Deutschland, gibt es bereits Erfahrungen mit Telearbeit. Erste Versuche gab es in den siebziger und achtziger Jahren in den USA (dort unter dem Einfluß der Ölkrise) und Skandinavien (Telehäuser in ländlichen Regionen). Ein 1982 begonnener Modellversuch der Landesregierung von Baden-Württemberg mit 17 dezentralen Arbeitsplätzen auf der Basis von Teletex bewirkte in Deutschland noch keinen Durchbruch. Die Kosten lagen damals zu hoch.[19]

Nach einer Phase relativer Stagnation gab es zu Beginn der neunziger Jahre auch in Deutschland erneute Anläufe, Telearbeit in größerem Umfang einzuführen. Das 1991 begonnene Modellprojekt der IBM Deutschland zeigte beeindruckend, daß Telearbeit zum Nutzen von Unternehmen *und* Arbeitnehmern eingeführt werden kann.

Gegenwärtig schwanken die veröffentlichten Zahlen über die Nutzung von Telearbeit recht erheblich. Optimistische Schätzungen nennen für Deutschland mit Stand von 1996 etwa 150.000 Telearbeiter. Hochrechnungen auf der Basis des Bangemann-Berichts prognostizieren für das Jahr 2000 hierzulande etwa 800.000 Telearbeitsplätze.[20] Bundesregierung und verschiedene Landesregierungen fördern entsprechende Pilotprojekte. Im folgenden soll auf einige Beispiele aufmerksam gemacht werden.[21]

2.3.1 IBM - der Vorreiter in Deutschland

Telearbeit wird in Deutschland schon weit länger praktiziert, als es der eine oder andere vielleicht vermutet. Abgesehen von den vielen sogenannten „Guerilla"-

---

[19] Vgl.: Kordey, N., Korte, W.: Telearbeit erfolgreich realisieren. Braunschweig Wiesbaden: Vieweg 1996. S. 21

[20] Vgl.: Bundesministerium für Wirtschaft und Bundesministerium für Arbeit u. Sozialordnung: Telearbeit; Chancen für neue Arbeitsformen, mehr Beschäftigung, flexible Arbeitszeiten. Ein Ratgeber. Bonn 1996. S. 8

[21] Weitere Beispiele sind genannt in: Bundesministerium für Forschung und Technologie (BMBF): Telearbeit; Definition, Potential und Probleme. Report. Bonn 1996.

Telearbeitern[22] gilt die deutsche IBM-Niederlassung als einer der Telearbeits-Pioniere in Europa. Bereits 1991 schloß die IBM Deutschland GmbH mit dem Betriebsrat eine Betriebsvereinbarung über „außerbetriebliche Arbeitsstätten" ab.

Das Angebot im Rahmen der Vereinbarung richtete sich zunächst vor allem an Führungskräfte und sollte diese ermutigen, einen Teil ihrer Arbeitszeit zu Hause zu absolvieren. Gut 150 Manager nahmen direkt an dem Modellversuch teil. Mittlerweile liegt die Zahl der Telearbeiter bei IBM um ein Vielfaches höher.

Im Januar 1992 zeichnete die Deutsche Wirtschaft die Betriebsvereinbarung der IBM mit dem „Innovationspreis 1991" aus. Erstmals erhielt hiermit nicht ein Produkt oder eine technische Erfindung, sondern eine organisatorische Innovation den begehrten Preis.

Mit der frühen Einführung von Telearbeit insbesondere auf der Führungsebene, zielte die IBM in zwei Richtungen. Zum einen wollte man selber Erfahrungen im Umgang mit dieser neuen Arbeitsform sammeln und somit das gesamte Unternehmen auf die Herausforderungen der Informations-Gesellschaft vorbereiten (s. auch Kapitel 1). Ebenso ging es aber auch darum, sich dem seit Ende der 80er Jahre durch die Gewerkschaften und die breite Öffentlichkeit induzierten Negativimage mit fundierten wissenschaftlichen Erkenntnissen entgegenzustellen.

Im Rahmen des Telearbeits-Projektes entstanden so verschiedene Studien und Erfahrungsberichte, die überwiegend ein positives Bild zeigen. Vorteile und Potentiale der Telearbeit wurden hier schon früh erkannt, ebenso aber auch die möglichen Gefahren und Schwierigkeiten. Auf Grund des langen zeitlichen Horizonts liegen den folgenden Betrachtungen zum Thema Telearbeit die Erfahrungen der IBM-Studien neben anderen frühen Pilotprojekten implizit an vielen Stellen zu Grunde.

Mittlerweile nutzen zahlreiche IBM-Führungskräfte die Möglichkeit, alternierende Telearbeit (s. Kapitel 5 und 7) zu praktizieren. Hinzu kommt der breite Einsatz mobiler Kommunikations- und Rechnertechnik im Außen- und Kundendienst der IBM. Zum weiteren Ausbau der Telearbeitsplätze bei der IBM unterzeichnete der EDV-Konzern Anfang 1996 einen Tarifvertrag mit der Deutschen Angestellten Gewerkschaft (DAG) zur Vereinbarkeit von Beruf und Familie. Dieses Rahmenwerk richtet sich vor allem an Mitarbeiter, die Erziehungs- oder Pflegezeit beantragen. Ihnen soll via Telearbeit die Möglichkeit gegeben werden, weiter am Berufsleben teilzuhaben.

---

[22] Als Guerilla-Telearbeiter bezeichnet man Formen der Telearbeit, die zwar deutlich als solche zu identifizieren sind, in ihrer Entstehung aber nicht bewußt als Telearbeitsplatz gedacht waren. Beispielsweise kann jeder freie Journalist, der mit einem PC arbeitet, als Telearbeiter gelten und als solcher schon seit den frühen 80er Jahren „praktizieren", ohne sich bewußt als Telearbeiter einzustufen.

2.3.2 Telearbeit in NRW - Das virtuelle Büro

In Nordrhein-Westfalen haben 1996 Vorbereitungen für einen Feldversuch zur Telearbeit begonnen. Dieser Feldversuch „Telearbeit in NRW - Das virtuelle Büro" wird durch das Wirtschaftsministerium sowie durch private Initiativen gefördert und begleitet.

Das Projekt soll dazu dienen, mit der Schaffung von etwa 1000 Telearbeitsplätzen in NRW einen Beitrag zur Verbreitung innovativer Arbeits- und Organisationsformen sowie zur Verbesserung der Situation insbesondere in strukturschwachen Gebieten zu leisten. Die Verantwortlichen hierfür wollen Erfahrungen sammeln, die zu verallgemeinerungswürdigen Antworten auf aktuelle Fragen im Zusammenhang mit Telearbeit führen sollen. Im einzelnen geht es dabei um

- den Vergleich unterschiedlicher Telearbeitsformen wie alternierende Telearbeit, die Nutzung von Telearbeitsbüros oder Teleservicezentren.
- die Erprobung von Telekommunikationstechnik unter Nutzung der flächendeckend vorhandenen ISDN-Infrastruktur.

Im Mittelpunkt begleitender Forschungsarbeiten stehen weiterhin ökonomische, soziologische sowie ökologische Effekte.

2.3.3 Das dezentrale Schreibbüro in Sachsen

Im Rahmen einer auf zwei Jahre befristeten Förderung des BMBF entstand im Freistaat Sachsen das Projekt „Telescript - Dezentrales Schreibbüro". Hier besteht das Ziel darin, Dienstleistungsangebote für Schreibarbeiten mit

- Online-Auftragserteilung
- weitgehend automatischer Zuordnung freier Ressourcen zu den Aufträgen
- globaler Auftragsverwaltung

zu entwickeln.

Gleichzeitig geht es um die Gewinnung von Erfahrungen über den Einsatz der zugehörigen Technik sowie die Arbeit in verteilten Organisationen. Schreibbüros in verschiedenen strukturschwachen Regionen bilden im Verbund eine leistungsfähige virtuelle Einheit, das auf der Basis der Telekooperation arbeitet. Behörden, große Unternehmen und Selbständige ohne eigenes Büro zählen zu potentiellen Kunden des virtuellen Schreibbüros als Dienstleistungsanbieter.

Auch dieses Projekt nutzt vorhandene Telekommunikationstechnik (ISDN, X.400). Gleichzeitig geht es aber auch um die Einführung innovativer Techniken wie Sprachserver und Spracherkennung.

2.3.4 Telearbeitszentren in Österreich

Die Stadt Wien startete 1996 zusammen mit Telekommunikationsfirmen, darunter die Kapsch AG und Siemens, zwei Pilotprojekte zur Telearbeit.[23] In zwei am Stadtrand gelegenen Bezirken der österreichischen Hauptstadt entstanden Telearbeitszentren, die primär einer besseren Versorgung dieser Gebiete mit Arbeitsplätzen dienen sollen. Gleichzeitig leistet das Projekt einen Beitrag zur Reduzierung des Pendlerverkehrs. Für die Firmen, die solche Telearbeitszentren nutzen, stellen die Nachbarschaftsbüros eine kostengünstige Ressourcenteilung bereit.

Die Wiener Stadtplaner setzen in diesem Modellversuch eher auf Telearbeitszentren am Rand der Großstadt und weniger auf Heimarbeit, um von vornherein den Gefahren sozialer Isolation zu begegnen. Solche Zentren, die möglichst verkehrsgünstig in der Nähe von Stationen öffentlicher Verkehrsmittel oder Park-and-Ride-Anlagen liegen sollten, könnten nach Auffassung der Stadtplaner mit anderen Dienstleistungseinrichtungen sowie Geschäften kombiniert werden.[24]

Bereits 1994 begannen Versuche mit Telearbeitszentren in ländlichen Gegenden Österreichs. In Freistadt im Mühlviertel sowie in Zwettl entstanden Telehäuser. Sie werden als Nachbarschaftsbüros ebenfalls von mehreren Firmen für Telearbeit genutzt. Gleichzeitig dienen sie als Servicezentren für die heimische Industrie sowie für die Tourismusbranche. Das Telehaus in Zwettl beispielsweise unterstützt das Marketing heimischer Produkte und organisiert Schulungen.

2.4 Telearbeit : Vorteile für wen?

„Telearbeit schafft für viele Seiten Vorteile." Im folgenden soll diese Behauptung aus der Einleitung etwas genauer betrachtet werden. Voraussetzung ist, daß Telearbeit so realisiert wird, daß Potentiale für bessere Arbeitsbedingungen und geringere Arbeitskosten bei mindestens gleicher Qualität der Arbeit voll ausgeschöpft werden.

2.4.1 Gründe, Telearbeiter zu werden

Arbeitnehmer haben viele Gründe, Telearbeit zu wählen, wenn es die Art ihrer Tätigkeit erlaubt.

---

[23] s. auch: „Der Standard". Wiener Tageszeitung. Ausgabe vom 16.2.1996
[24] ebenda vom 12.11.1994

Reduzierung von Pendelzeiten und Fahrtkosten

Die Reduzierung der Fahrten zwischen Wohnung und Firma bringt mehr Freizeit, weniger Fahrtkosten und weniger Streß bei der täglichen Anreise zum Arbeitsplatz. Dieser Aspekt spielt vor allem dann eine Rolle, wenn die Entfernung zwischen Wohnort und Firmenstandort groß ist. Hinzu kommt eine Verringerung des Unfallrisikos. Extreme Wetterverhältnisse (Schnee, Glatteis, Nebel, Sturm) beeinflussen den Arbeitsbeginn vieler Angestellter nicht, wenn sie Telearbeit betreiben.

Größere Flexibilität bei den Arbeitszeiten

Telearbeiter sind meistens nicht an starre Arbeitszeiten gebunden. Sie können sich zumindest einen Teil der wöchentlichen Arbeitszeit nach eigenen Vorstellungen einteilen. Manche bevorzugen für ihre Arbeit den Abend, andere die frühen Morgenstunden. Allerdings gibt es viele Aufgabengebiete, welche die Erreichbarkeit zu bestimmten Zeiten verlangen, so daß mit dem Arbeitgeber Kernarbeitszeiten zu vereinbaren sind (s. Kapitel 5). Das ist beispielsweise notwendig bei Kundenberatung oder bei Teamarbeit an Projekten, die gegenseitige Abstimmungen voraussetzen.

Bessere Vereinbarkeit von Beruf und Familie

Die oben erwähnte Reduzierung oder der Wegfall der Fahrzeiten zum Arbeitsort sowie flexible Arbeitszeiten und Teilzeitmodelle ermöglichen Berufstätigen oft überhaupt erst, Kinder oder pflegebedürftige Familienangehörige zu betreuen. In vielen Fällen erfordert der Gesundheitszustand eines Familienangehörigen zwar die Anwesenheit zu Hause, erlaubt jedoch durchaus eine Tätigkeit am Schreibtisch bzw. am Computer. Junge Mütter oder Väter müssen nicht ihr Arbeitsverhältnis für längere Zeit aufgeben; sie können in gegenseitiger Abstimmung dank der Telearbeit Kinderbetreuung und Beruf miteinander in Einklang bringen.

Aber es sei vor der Illusion gewarnt, daß Telearbeit und Kinderbetreuung permanent gleichzeitig und im selben Raum gut zu vereinbaren sind. Vom Telearbeiter wird Konzentration auf seine Aufgaben erwartet, insofern darf er nicht ständig abgelenkt werden. Telearbeit erlaubt jedoch die Verschiebung der Arbeitszeit in störungsfreie Tagesabschnitte, auch bei Arbeit in Nachbarschaftsbüros oder Telehäusern anderer Art.

Ungestörte Arbeit für kreative Tätigkeiten

Wissenschaftler, Hochschullehrer und Angehörige vieler anderer Berufsgruppen wissen, daß sie an ihrem Büroarbeitsplatz selten ungestört arbeiten können. Unangemeldete Besucher oder häufige Telefonanrufe erlauben oft kein kreatives

Schaffen. Die Tätigkeit zu Hause führt dann zu größerer Effektivität, wenn I&K-Technik den Zugriff zu allen benötigten Informationsquellen erlauben, die auch im Forschungsinstitut, an der Universität oder einem anderen Arbeitsplatz zugänglich sind.

Größere Motivation und Mitarbeiterzufriedenheit

Telearbeit verlangt hohe Eigenverantwortung und Disziplin. Dem Telearbeiter kommt mehr Verantwortung zu, er erfährt ein größeres Selbstwertgefühl. Zufriedenheit und Motivation nehmen bei den meisten Mitarbeitern zu, wenn die Rahmenbedingungen für diese moderne Tätigkeitsform richtig gestaltet werden können.

2.4.2 Gründe, Telearbeit anzubieten

Arbeitgeber, welche die Einführung von Telearbeit erwägen, fragen sicher zu Recht nach Vorteilen, die dieser Schritt für ihr Unternehmen bringen kann. Positive Effekte dürfen dabei insbesondere diejenigen erwarten, die in der Dienstleistungsbranche tätig sind und als Hauptprodukt Informationen erzeugen oder bearbeiten. Aber nicht nur hier macht Telearbeit auch aus Sicht des Arbeitgebers Sinn.

Höhere Produktivität und Kreativität

Eigenverantwortliche und weitgehend ungestörte Telearbeit führt in der Regel zu höherer Produktivität. Diese kann einerseits durch den Arbeitnehmer in mehr Freizeit umgesetzt werden, andererseits kann sie bei entsprechender Motivation zu besseren Betriebsergebnissen führen.

Reduzierung teurer Büroflächen

Büromieten in Ballungszentren sind teurer als in den Vororten der Großstädte oder in ländlichen Gebieten. Durch die Einrichtung eines Satellitenbüros im Vorort lassen sich Mietkosten für die benötigten Büroflächen reduzieren. Alternierende Telearbeit kann darüber hinaus so organisiert werden, daß mehrere Beschäftigte sich einen Schreibtisch sowie den dort befindlichen Computer teilen. Dies reduziert den absoluten Bedarf an Büroraum und Rechnerausstattung (s. Kapitel 5).

Attraktivität des Unternehmens für Arbeitsuchende

Qualifizierte Arbeitskräfte müßten aus familiären oder gesundheitlichen Gründen oft auf einen Arbeitsplatz verzichten, auch wenn der Arbeitgeber sie benötigt. Unternehmen mit Telearbeitsplätzen sind gerade für hoch qualifiziertes Personal sehr attraktiv. Damit erschließen sich neue Arbeitskräftepotentiale.

Schnellere Auftragsbearbeitung, höhere Kundenzufriedenheit

Viele Arbeitsaufgaben verlangen eine schnelle Erledigung, z.B. Versicherungs-fälle, Fernberatung oder eilige Übersetzungsaufträge. Telearbeitskräfte erledigen so etwas dank größerer Flexibilität meistens schneller als Angestellte mit starren Büroarbeitszeiten. Auf diese Weise wächst die Kundenzufriedenheit.

Erfahrungsvorsprung durch rechtzeitige Einführung

Telearbeit wird zweifellos stetige Verbreitung finden. Wer sich heute darauf einstellt und entsprechende Arbeitsplätze schafft, gewinnt einen Erfahrungs- und damit Wettbewerbsvorsprung gegenüber späteren Einsteigern.

2.4.3 Soll die Gesellschaft Telearbeit fördern?

Aus gesamtgesellschaftlicher Sicht führt Telearbeit zu einer Reihe positiver Effekte, so daß Politiker, Kommunen, Gewerkschaften und Umweltverbände gleichermaßen an der Förderung dieser innovativen Arbeitsform interessiert sein müßten.

Neue Arbeitsplätze

Telearbeit schafft neue Arbeitsplätze vor allem in strukturschwachen Regionen und kompensiert damit zumindest teilweise den durch Rationalisierung entste-henden Verlust von Arbeitsplätzen in vielen Branchen. Dabei erhalten insbeson-dere Frauen mit Kindern und Behinderte neue Chancen für interessante Tätig-keiten.

Weiterhin ist zu erwarten, daß die Investitionen auf dem Gebiet der I&K-Technik durch Telearbeit neue Impulse erhalten. Damit entstehen auch in dieser Branche neue Beschäftigungsmöglichkeiten (s. Kapitel 1).

Verkehrsreduzierung

Telearbeitsplätze helfen bei der Reduzierung des Berufsverkehrs. Damit sinkt die Schadstoffbelastung vor allem in Ballungsräumen. Ein Aspekt, der von wach-sender Bedeutung sein wird.

2.4.4 Kostentransparenz ist notwendig

Neben Vorurteilen (s. Kapitel 1) stellen die mit Telearbeit verbundenen Kosten die wohl größte Einführungsbarriere dar. Die Schaffung von Telearbeitsplätzen verlangt Transparenz und Aufklärung hinsichtlich der notwendigen Investitionen. Die bisher veröffentlichten Aussagen über die Kosten bei der Schaffung und beim laufenden Betrieb von Telearbeitsplätzen lassen jedoch keine genauen Schlüsse für deren weitere Entwicklung zu. Dazu sind einerseits die Rahmenbedingungen zu vielfältig, andererseits erfahren viele Pilotprojekte staatliche Förderung.

Wer heute Telearbeit planen will, kann davon ausgehen, daß die zu erwartenden Ausgaben für die technische Grundausstattung stabil bleiben werden, weil bei sinkenden Hardwarepreisen gegenläufig die Ansprüche und Wünsche der Anwender steigen. Die Betriebskosten, insbesondere die Verbindungskosten, können nur sinken, wenn die Diensterbringer ihre Preise senken. Damit ist mit Blick auf das bereits erwähnte Ende des Telekommonopols zu rechnen.

Schätzungen des Zentralverbandes der Elektro- und Elektronikindustrie (ZVEI) sowie des Bundesministeriums für Arbeit und Sozialordnung gehen davon aus, daß ein Telearbeitsplatz mit PC, ISDN-Karte oder Modem, Software und Drucker etwa 10.000,- DM kosten wird. Die Angaben zu den Betriebskosten schwanken zwischen 300,- DM und 500,- DM bei überwiegender Kommunikation mit Filetransfer. Bei Dialogbetrieb mit den Firmenrechnern liegen die Kosten mit monatlich ca. 1.000,- DM weitaus höher (s. auch Kapitel 4)

3. Anwendungsgebiete für Telearbeit

3.1 Überblick

Das Anwendungsgebiet für Telearbeit ist vielfältig, zahlreiche Arbeitsplätze sind für diese neue Arbeitsform potentiell geeignet. Bereiche, in denen Arbeitnehmer verstärkt mit elektronischen Dokumenten und dem Rechner Aufgaben erledigen, sind geradezu prädestiniert für die Einrichtung eines Telearbeitsplatzes. Einige Berufsbilder erweisen sich hierbei geeigneter als andere. Im Einzelfall kann Telearbeit, trotz eines vorhandenen Bildschirmarbeitsplatzes, eine ungeeignete Arbeitsform darstellen. Im folgenden soll ein Überblick über sinnvolle Anwendungsgebiete sowie denkbare Anwender der Telearbeit gegeben werden.

3.1.1 Welche Tätigkeiten sind für Telearbeit geeignet?

Telearbeit wird an dezentralen (außerbetrieblichen) Arbeitsplätzen unter Nutzung von I&K-Technik ausgeführt. Damit läßt sich bereits ein grober Rahmen der Tätigkeiten abstecken, die für Telearbeit geeignet sind: Aufgaben, die sich an einem Bildschirmarbeitsplatz erledigen lassen, kommen im allgemeinen für Telearbeit in Frage. Die Ergebnisse solcher Tätigkeiten sollten dabei meßbar oder in irgend einer anderen Art abrechenbar oder bewertbar sein. Das Produkt, das bei Bildschirmarbeit entsteht, ist in der Regel immateriell, beinhaltet also Informationen, die zum Auftraggeber über ein Kommunikationsmedium transportiert werden können.

Die Tätigkeit an außerbetrieblichen Arbeitsplätzen unterliegt verständlicherweise gewissen Restriktionen. Telearbeit kann zumindest zu Hause nicht durchgeführt werden, wenn Angestellte für ihre Arbeit ständig Unterlagen benötigen, bei denen sich entweder wegen ihrer Sensibilität ein Mitnehmen verbietet oder die wegen zu großen Umfangs nicht transportiert werden können. Das Gleiche gilt für Tätigkeiten mit regelmäßigem Publikumsverkehr.

Natürlich gibt es Ausnahmen. So können etwa Akten problemlos im Satellitenbüro deponiert werden. Das Satellitenbüro entspricht einem betrieblichen Arbeitsplatz (s. Kapitel 2). Entsprechend ist eine sichere Unterbringung möglich, da es sich um firmeneigene Räume handelt, über die der Arbeitgeber Weisungsbefugnis hat. Dort ist auch ohne weitere Schwierigkeiten der Empfang von Geschäftspartnern oder Kundschaft denkbar (s. Kapitel 8).

Vor einigen Jahren war noch die Auffassung verbreitet, daß sich vor allem einfache Tätigkeiten wie Daten- und Textverarbeitung für Telearbeit eignen. Inzwischen gilt das Interesse verstärkt qualifizierten Aufgaben. Beispiele dazu sollen in den folgenden Abschnitten besprochen werden.

Für Telearbeit geeignete Beschäftigungsfelder lassen sich im wesentlichen wie folgt charakterisieren[25]:

- *Hoher Anteil von Informationsverarbeitung*
  Erarbeitung und Ergebnisübermittlung finden weitgehend am Computer oder an einem anderen geeigneten informationsverarbeitenden Gerät statt. Insofern sind insbesondere informatiknahe Berufe für Telearbeit prädestiniert.
- *Phasen längerer und konzentrierter Arbeit an einem Thema*
  Statt an ständig wechselnden kleineren Aufgaben, möglicherweise mit Publikumsverkehr, arbeitet der Telearbeiter weitgehend ungestört an größeren Problemen. Das kann zum Beispiel bei umfangreichen Übersetzungsaufträgen oder bei der Anfertigung von Gutachten der Fall sein. Derartige Arbeitsaufgaben verlangen meistens keine schnelle Ergebnislieferung.
- *Meßbare oder anderweitig überprüfbare Ergebnisse*
  Da die bei Arbeit im Firmensitz üblichen Kontrollmöglichkeiten bei Telearbeit fehlen, sollten die Arbeitsergebnisse für einen überschaubaren Zeitraum definiert und kontrollierbar sein. Diese Forderung liegt sowohl im Interesse des Arbeitgebers als auch des Arbeitnehmers (s. auch Kapitel 6).
- *Geringer Bedarf an direkter Kommunikation*
  Wo die sog. Face-to-Face-Kommunikation ständig oder häufig stattfinden muß, sollte möglichst auf Telearbeit verzichtet werden. Wenn auch Kommunikation mit Besuchern, Vorgesetzten, Mitarbeitern oder Beschäftigten heute mit Hilfe von Videokonferenzsystemen oder einfach per Telefon stattfinden kann, so ist der direkte menschliche Kontakt vielfach immer noch nicht zu ersetzen. Andererseits läßt sich die Arbeit in den meisten Fällen so organisieren, daß auf die Anwesenheit in der Firma mindestens an einem Tag pro Woche verzichtet werden kann (s. Kapitel 5).
- *Kein ständiger Zugriff auf Akten, Produkte, Muster u.ä.*
  Arbeitsfelder, in denen Informationen und Arbeitsunterlagen überwiegend in elektronischer Form zur Verfügung stehen erfüllen die Voraussetzungen für Telearbeit ideal. Bei notwendigem Zugriff auf Unterlagen, die nicht am Telearbeitsplatz zur Verfügung stehen, erschwert sich die Tätigkeit für den Telearbeiter mitunter erheblich. In vielen Fällen kann jedoch der Arbeitnehmer, sofern sich Telearbeit aus anderen Gründen anbietet, den Zugriff auf die Zei-

---

[25] Vergl.: Bundesministerium für Bildung, Wissenschaft, Forschung und Technologie: Elektronischer Leitfaden zur Telearbeit. Bonn 1996. S. 15

ten der Anwesenheit in der Firma beschränken. Hierin liegt ein klassisches Argument für den Einsatz alternierender Telearbeit (s. auch Kapitel 5).

- *Planbare Präsenzzeit im Unternehmen*
Der Anteil von nicht oder nur schwer planbaren Arbeitsaufgaben, die unbedingt die Anwesenheit im Unternehmen erfordern, sollte gering sein. Der Wechsel zwischen Arbeit im Unternehmen und am außerbetrieblichen Arbeitsplatz muß für einen gewissen Zeitraum überschaubar sein, weil sonst die angestrebte Zeitsouveränität des Telearbeiters nicht realisiert werden kann (s. Kapitel 5).

- *Akzeptanz durch Vorgesetzte*
Die Unternehmensleitung akzeptiert Telearbeit offenbar zumindest dort recht schnell, wo die Tätigkeiten auf Kundennähe und Kundenbindung ausgerichtet sind und wo auf diese Weise die Erreichbarkeit von Geschäfts- und Kooperationspartnern verbessert wird. Das ist in der Regel bei mobiler Telearbeit sowie bei Ferndienstleistungen der Fall.

Der Besuch von Servicetechnikern oder Vertriebsbeauftragten wurde bereits lange vor der Nutzung von I&K-Technik praktiziert. Die Übermittlung von Vertrags-, Bestell- oder Meßdaten über Datenleitungen bzw. über Mobilfunk ist heute ohne Schwierigkeiten möglich. Für diese Form, die allerdings nicht mehr zur Telearbeit im engeren Sinne gehört, gibt es hinreichend großes Interesse. Gezielte Fördermaßnahmen sind hier nicht notwendig.

Bei Telearbeit zu Hause oder in Telearbeitszentren sind zwar viele Vorteile für Arbeitnehmer und Gesellschaft erkennbar, die wirtschaftlichen Vorteile für die Arbeitgeber sind dagegen oft schwer nachweisbar[26] (vgl. dazu auch Kapitel 1).

Hier erweisen sich Pilotprojekte als nützlich, die durch staatliche oder andere Initiativen eine Anschubförderung erhalten. Sie werden darüber hinaus begleitet durch entsprechende Auswertungs- bzw. Forschungsarbeiten (s. Kapitel 2). Die Abbildung soll das Spannungsfeld der unterschiedlichen Vorteilssichten verdeutlichen.

Angesichts der obigen Charakteristika ist das Spektrum der für Telearbeit geeigneten Tätigkeitsfelder recht breit:

- Daten- und Texterfassung
- Sekretariatsaufgaben
- Schreib- und Redigierarbeiten
- Bestellungen
- Programmieren
- Übersetzen
- Design, Architektur
- Rechnungswesen

---

[26] Vgl.: Ebenda, S. 10

Im Gegensatz zu den Erfahrungen im Ausland, vor allem in den USA und Großbritannien, gelten Managementtätigkeiten in Deutschland noch als eher ungeeignet für Telearbeit. Das Pilotprojekt der IBM bestätigen allerdings das Gegenteil (s. Kapitel 2). Erhebliche Unterschiede sind zudem in den Bereichen Vertrieb/Marketing sowie Forschung/Entwicklung zu verzeichnen.

Bevor sich der Arbeitgeber bei bestimmten Tätigkeiten für die Einrichtung von Telearbeitsplätzen entscheidet, ist somit nicht nur die Tätigkeitsart an sich auf ihre Eignung für Telearbeit zu untersuchen, sondern sämtliche Rahmenbedingungen müssen sorgfältig geprüft werden, insbesondere die Akzeptanz im Management (s. auch Kapitel 9).

In den folgenden Abschnitten sollen einige der möglichen Beschäftigungsformen etwas näher betrachtet werden. Weiterhin geht es um die Frage, welcher Personenkreis und welche Branchen am ehesten für diese neue Form der Arbeit geeignet sind.

3.1.2 Wer sollte Telearbeit einführen?

Viele Unternehmen haben in Zukunft zu entscheiden, ob sie Telearbeit einführen sollten bzw. ob die nötigen Bedingungen dafür überhaupt gegeben sind. Die Firmenleitungen sind oft unsicher hinsichtlich der Aufgabengebiete, der geeigneten Arbeitskräfte, der notwendigen technischen und organisatorischen Voraussetzungen sowie vor allem der zu erwartenden betriebswirtschaftlichen Ergebnisse.

Nur derjenige Entscheidungsträger wird die Einführung von Telearbeit ernsthaft erwägen, der für das Unternehmen die bereits angesprochenen Vorteile erhofft. Zu berücksichtigen sind hierbei insbesondere:

- größere Mitarbeitermotivation
- Einsparung teuren Büroraums
- besserer Kundenservice
- flexibler Personaleinsatz
- Kostensenkungen
- Verbesserung des Firmenimages
- Sammeln von Erfahrungen

Einführung von Telearbeit verlangt zunächst die Bereitschaft, sich mit einigen Problemen im Umfeld dieser innovativen Arbeitsform auseinanderzusetzen:

- Gibt es im Unternehmen Aufgaben, die auch in Form der Telearbeit zu lösen wären?
- Gibt es im Unternehmen schon Arbeitnehmer, die Bereitschaft zeigen, Telearbeit zu praktizieren? Oft geht die Initiative sogar von Arbeitnehmern aus,

die ohne die Möglichkeit von Telearbeit gezwungen wären, ihre Arbeit aufzugeben.

- Erfüllt ein gewisser Teil dieser Arbeitnehmer die üblicherweise geforderten Voraussetzungen für Telearbeit? (s. auch Kapitel 7)
- Welche konkreten Vorteile und Schwierigkeiten sind bereits zu Beginn erkennbar?
- Ist im Unternehmen bereits eine Verbindung zu öffentlichen oder privaten Netzen vorhanden, die zur Kommunikation mit den Telearbeitern genutzt werden kann? Die Schnittstellen nach außen reichen von der ISDN-Anlage eines kleinen Unternehmens bis zu leistungsfähigen Kommunikationsservern bei großen Firmen.
- Bestehen Kooperationsbeziehungen mit Geschäftspartnern auf der Basis von EDI (Electronic Data Interchange), so daß Erfahrungen bei der rechnergestützten Kommunikation genutzt werden können?

Die erfolgreiche Einführung von Telearbeit verlangt Bereitschaft zum Umdenken. Das betrifft sowohl die Gestaltung der betrieblichen Informationsverarbeitung als auch die Zusammenarbeit mit den Telearbeitern. Von diesem wird wiederum erwartet, daß er die Chancen dieser innovativen Tätigkeitsform zu nutzen versteht und mindestens genau so effektiv wie am betrieblichen Arbeitsplatz arbeitet. Nicht jeder bringt die dafür notwendige Selbstdisziplin und Selbständigkeit mit. Das für Telearbeit zuständige Management muß deshalb sorgfältig auswählen, das Prinzip der Freiwilligkeit beachten und dafür Sorge tragen, daß auch bei Arbeit zu Hause oder im Nachbarschaftsbüro die Identifikation mit dem Unternehmen nicht verloren geht (s. auch Kapitel 7).

Behinderte werden vielfach lieber einen Telearbeitsplatz einnehmen als eine Stelle direkt im Unternehmen: Die tägliche Anfahrt entfällt ebenso wie der beschwerliche (leider oft nicht behindertengerechte) Weg zwischen Parkplatz oder Bushaltestelle und Arbeitsplatz in der Firma. Arbeitsamt bzw. Versicherungsträger beteiligen sich möglicherweise an der Ausstattung des Telearbeitsplatzes.

Der größte Widerstand gegen die Einführung von Telearbeit ist meist auf mittlerer Führungsebene zu finden. Das Management fürchtet oft, daß Telearbeit die Kontrolle der Arbeitnehmer erschwert. Insofern gilt es, neue Management- und Kontrollmethoden zu erproben und einzuführen (s. Kapitel 6).

Leser von Stellenanzeigen im Internet gewinnen gegenwärtig den Eindruck, daß das Interesse für Telearbeit bei Arbeitnehmern, Arbeitsuchenden und Freiberuflern weit größer ist, als bei Arbeitgebern. So gab es im September 1997 bei einer Telearbeitsvermittlung im Internet zwar 18 veröffentlichte Arbeitsgesuche, aber nicht ein einziges Arbeitsangebot.[27]

Bei der Entscheidung zur Einführung von Telearbeit sind neben möglichen Vor- und Nachteilen die tiefgreifenden Auswirkungen der neuen Arbeitsform auf die Unternehmensorganisation zu berücksichtigen. Business Reengineering wird

---

[27] s. hierzu: http://www.telearbeitsvermittlung.de

vielfach zu anderen Formen der Datenhaltung führen: Downsizing, die Auslagerung von Datenbeständen vom Mainframe-System auf dezentrale Server, die möglicherweise von den Telearbeitern leichter erreichbar sind, kann sich als nützlich erweisen.

In diesem Zusammenhang muß sogar die Auslagerung von informationsverarbeitenden Aufgabenkomplexen an externe Dienstleister, also Outsourcing, geprüft werden. Unternehmen konzentrieren sich wieder zunehmend auf ihre Kernkompetenzen. Andere Aufgabengebiete, wie beispielsweise Buchhaltung, Werbung und Kundenakquisition, erledigen Dienstleister, die oftmals durch Ausgründungen entstehen.

Dabei können die externen Dienstleistungsunternehmen ihrerseits Telearbeiter beschäftigen. Wenn einzelne Telearbeitsplätze oder Aufgaben ausgelagert werden sollen, gibt es allerdings sehr häufig Bestrebungen, aus Arbeitnehmern mit Arbeitsverträgen selbständige Kooperationspartner mit Werkverträgen zu machen. Das liegt i.d.R. jedoch nicht im Interesse des Arbeitnehmers. Auf dieses Problem geht Kapitel 8 detailliert ein.

Auch Führungskräfte können (z.B. alternierende) Telearbeit praktizieren. Ihre technische Ausstattung sollte Mobilität zulassen, so daß sie mit dem Firmensitz von unterschiedlichen Orten aus kommunizieren können. Für schnelle Entscheidungen müssen sie sich nicht vor Ort befinden; als Hilfsmittel bei der Übermittlung von Informationen und Entscheidungen stehen ihnen neben Telefon und Faxgerät der (tragbare) Computer für E-Mails und Dateitransfer zur Verfügung.

Oft sind Universitäten sowie andere Bildungs- oder Forschungseinrichtungen Vorreiter, ohne daß dafür eigene Betriebsvereinbarungen bestehen. Professoren arbeiten effektiver zu Hause. Sie können mit Hilfe der zur Verfügung stehenden Technik auf die digitalisierten Ressourcen ihrer Einrichtung zugreifen.

Daß sie trotzdem zu bestimmten Zeiten für Studenten erreichbar sein sollten, bedarf sicher keiner Erklärung. Vielfach zwingt die Enge der Büroräume Mitarbeiter zur Tätigkeit in der eigenen Wohnung, also zur Telearbeit. Die Effektivität ihrer ungestörten Arbeit zu Hause dürfte in den meisten Fällen höher als bei konventioneller Form der Tätigkeit sein. Diese Überlegungen lassen sich auf Forschungsteams und andere Arbeitsgruppen ausdehnen, wenn verfügbare Hard- und Software am Telearbeitsplatz den spezifischen Erfordernissen entsprechen.

Demnach kann Telearbeit prinzipiell in fast allen Branchen eingeführt werden. Allerdings gibt es Bereiche, die in besonderem Maße dafür geeignet sind oder Unternehmen, die aus anderen Gründen Telearbeit vorantreiben. Große Pilotanwender in Deutschland, wie IBM oder die Deutsche Telekom, kommen aus dem I&K-Umfeld. Softwarefirmen, DV-Dienstleister, Banken und Versicherungen sowie das graphische Gewerbe haben diese innovative Tätigkeitsform früher als andere Branchen als vorteilhaft für Arbeitgeber und Arbeitnehmer erkannt.

Kordey und Korte[28] verweisen darauf, daß es in staatlichen Verwaltungen Nachholbedarf gibt. Als Begründung nennen sie u.a. die schlechtere technische Ausstattung, in deren Folge viel mehr akten- bzw. papierbasiert gearbeitet wird. Andere Gründe liegen danach beim starren Management und bei Vorbehalten der Personalvertretungen. In unseren Augen bilden gerade im öffentlichen Bereich Kosten und fehlende finanzielle Mittel ein besonderes Hemmnis bei der Verbreitung von Telearbeit.

Es wäre zu begrüßen, wenn die von der Bundesregierung geförderten Initiativen (s. auch im folgenden Abschnitt) den Behörden auf allen Ebenen Impulse für Telearbeit verleihen würden. Immerhin kann bei den Führungskräften der öffentlichen Verwaltungen zunehmend ein Interesse an Telearbeit festgestellt werden (vgl. Tabelle 3.1.)

Tabelle 3.1. Anteil der Führungskräfte, die an der Einführung von Telearbeit Interesse zeigen[29]

Branchen	Interesse
Kreditinstitute	76 %
Handel und Verkehr	47 %
Sonstige Dienstleistungen	45 %
Öffentliche Verwaltung	40 %
Bauwesen	39 %
Produzierendes Gewerbe	37 %
Landwirtschaft und Energie	23 %

Ein großes Potential für Telearbeit besitzt der Mittelstand. Allerdings zögern die verantwortlichen Führungskräfte sehr oft noch mit einer allgemeinen Einführung. Dieses Zurückhalten hat die Bundesregierung erkannt und 1996 mit der Vorbereitung einer Fördermaßnahme „Telearbeit im Mittelstand" begonnen. Bundesforschungsminister Rüttgers forderte den Mittelstand ausdrücklich auf, hier aktiv zu werden. Er kündigte zusammen mit der Deutschen Telekom AG an, daß für Mittelständler Fördermittel in Höhe von 40 Mio. DM bereitgestellt werden. Das Ziel besteht darin, möglichst schnell in etwa 500 kleinen und mittelständischen Unternehmen 2500 Telearbeitsplätze zu schaffen.[30]

Freiberufler, die in ihrer Wohnung oder in einem wohnortnahen Büro Tätigkeiten ausüben, sind Telearbeit im weiteren Sinne (vgl. Kapitel 2). Sie benutzen im Prinzip die gleiche I&K-Technik wie Angestellte, nur als Selbständige ohne Abhängigkeitsbeziehung (s. Kapitel 8).

---

[28] Vgl.: Kordey, N., Korte, W.: Telearbeit erfolgreich realisieren. Braunschweig Wiesbaden: Vieweg 1996. S. 65

[29] Vgl.: Bundesministerium für Wirtschaft und Bundesministerium für Arbeit und Sozialordnung: Telearbeit; Chancen für neue Arbeitsformen, mehr Beschäftigung, flexible Arbeitszeiten. Ein Ratgeber. Bonn 1996. S. 20

[30] Entsprechend einer Pressekonferenz von Minister Rüttgers am 10. März 1997

Als Beispiel sei der Fachjournalist genannt, der bei einer Zeitschrift fest ange-
stellt sein kann, der aber ebenso als freier Journalist möglicherweise die Arbeit
für mehrere Zeitschriften bevorzugt. Die Tätigkeitsform unterscheidet sich in
beiden Fällen praktisch nicht: Die Herstellung eines Beitrages kann zu Hause
erfolgen und der Transport des Arbeitsergebnisses erfolgt über das öffentliche
Telefonnetz. Nur handelt es sich im ersten Fall um Telearbeit, im zweiten genau
genommen um Telekooperation (s. Kapitel 2).

Ergänzend zu den vorhandenen Arbeitsprofilen wird die schnelle Entwicklung
und Verbreitung der I&K-Technologien neue Berufe und für bestehende Berufe
neue Tätigkeitsmerkmale hervorbringen. Damit entstehen permanent auch neue
Anwendungsgebiete für Telearbeit.

3.2 Einige Anwendungsfelder

Im folgenden soll der Versuch unternommen werden, Anwendungsfelder zu
gliedern. Die Grenzen sind jedoch fließend; die Zuordnung mancher der aufgeführten Tätigkeiten könnte daher durchaus anders erfolgen.

3.2.1 Der EDV-Bereich

Wie an anderer Stelle bereits erwähnt wurde, eignen sich im Grunde genom-
men alle Bildschirmarbeitsplätze für Telearbeit. Insofern sollten vor allem die
Tätigkeiten im EDV- bzw. Informatikumfeld daraufhin überprüft werden, ob ihre
Ausübung im Rahmen von Telearbeit sinnvoll ist. Hier einige Beispiele:

- Softwareentwicklung
- Datenbankentwicklung
- Programmpflege
- Tests und Vergleich unterschiedlicher Software
- Dokumentationen und Handbücher für Standard- oder Anwendersoftware
- Betreuung einer Hotline
- HelpDesk
- Netzwerkadministration
- Datenerfassung
- Entwicklung von Multimedia-Anwendungen
- Entwicklung von Präsentationen für das Internet
- Datenkonvertierungsdienste
- Planung und Entwicklung betrieblicher Anwendungssysteme
- Fernwartung

Softwareentwicklung und Programmierung

Softwareentwicklung gehört zu den Tätigkeiten, die Ruhe und Konzentration benötigen. Die dafür notwendigen Unterlagen können entweder mitgenommen oder über Datenleitungen zum Telearbeiter transportiert werden. Die Modularisierung von Softwarepaketen und modernen Entwicklungssystemen erlaubt getrenntes Arbeiten. Objektorientierte Programmierung und Technologien unterstützen diese Entwicklung. Abstimmungen im Team sind ohne weiteres mit E-Mail möglich. Bei der Einrichtung von Telearbeitsplätzen für Programmpflege, Softwaretests oder die Erarbeitung von Dokumentationen, Handbüchern und textbasierten Online-Hilfen gelten ähnliche Rahmenbedingungen wie bei der Softwareentwicklung.

Help Desk, Hotline-Service

Die Betreuung einer Hotline verlangte früher die Anwesenheit des Betreuers in der Firma, da die den Kunden genannte Telefonnummer an den Firmensitz gebunden war. Der ISDN-Anschluß in der Firmenzentrale ermöglicht ein flexibles Weiterleiten der Anrufer an denjenigen Telearbeiter, der gerade Dienst hat, unabhängig davon, wo er seiner Tätigkeit nachgeht.

Wartung und Administration

Fernwartung von Anlagen und Netzwerkadministration erfolgt auf ähnliche Weise, wenn es sich als zweckmäßig erweist. Der Supervisor eines Abteilungsnetzes kann mit Hilfe entsprechender Managementsoftware zu jeder Tages- oder Nachtzeit, gleichgültig, ob vom betrieblichen Arbeitsplatz oder von der eigenen Wohnung aus, die ordnungsgemäße Arbeit der Server und Clients im Netz kontrollieren. Er kann feststellen, wo Ausfälle zu verzeichnen sind oder ob ein Computer vom LAN getrennt wurde.

Datenerfassung

Datenerfassung gehört zu den einfachen Routinetätigkeiten, die in der Anfangszeit der Telearbeit eine größere Rolle spielten. Inzwischen erfolgt Datenerfassung immer mehr automatisiert mit Hilfe von Scannern oder anderer Technik.

Multimedia-Entwicklung

Telearbeiter können Multimedia-Anwendungen entwickeln. Dabei benötigen sie für ihre Tätigkeit allerdings eine hinreichend leistungsfähige technische Ausstattung der Arbeitsplätze einschließlich der Übertragungsmöglichkeiten. In Delmenhorst wurde mit dem Projekt „Arbeiten und Wohnen an der Datenbahn" begonnen. Es entsteht das „MedienZentrum Nordwolle" mit einem breiten Angebot an digitalen Dienstleistungen für multimediale Anwendungen aller Art.[31]

Eine der notwendigen Voraussetzungen für den Erfolg dieses in Vorbereitung auf die EXPO 2000 initiierten Projekts besteht in der Schaffung der zugehörigen breitbandigen Netzinfrastruktur einschließlich der Anbindung an multimediafähige Weitverkehrsnetze. Es ist zu erwarten, daß auf dem Gelände des Medienzentrums die gesamte Palette möglicher Telearbeitsplätze (Nachbarschaftsbüros, Satellitenbüros, Wohnung) für multimediale Aufträge entsteht.

Ein relativ junges, aber besonders zukunftsträchtiges Arbeitsfeld entsteht durch den stark steigenden Bedarf an Firmenpräsentationen im World Wide Web (WWW), also an der Herstellung von sog. Homepages und Webseiten. Webdesigner (als Telearbeiter) bieten derartige Leistungen an.

Planung und Entwicklung betrieblicher Anwendungssysteme

Die Planung und Entwicklung betrieblicher Anwendungssysteme gehört insbesondere zu den Aufgabengebieten des Informationsmanagements und verlangt in der Regel Teamarbeit. Die dabei notwendigen Teilaufgaben lassen sich allerdings so verteilen und koordinieren, daß sie zumindest teilweise mit Telearbeit erledigt werden können.

Als Beispiele seien die zu benutzenden Darstellungstechniken bei der Abbildung von Organisationsstrukturen, Abläufen und Prozessen genannt. Die Projektverantwortlichen können Routineaufgaben, wie die Auswertung von Befragungen, ebenso an Telearbeiter verteilen wie kreative Aufgaben. Zum Projektmanagement gehört die Zerlegung der Gesamtaufgabe in planbare und kontrollierbare Teilaufgaben[32]. Damit werden bereits Voraussetzungen für Telearbeit geschaffen, denn Kontrollierbarkeit gehörte zu den Grundforderungen bei der Einführung dieser Arbeitsform.

3.2.2 Sekretariats- und Büroaufgaben

Der Großteil der Aufgaben in Sekretariaten und Büros wird mit Unterstützung der I&K-Technik erledigt, z.B.

- Herstellen von Dokumenten, Schreibarbeiten
- Sachbearbeitungsaufgaben unter Nutzung von Standardsoftware
- Telefonate
- Archivieren von Dokumenten
- Versenden oder Weiterleiten von Post (darunter per E-Mail oder per Fax)

---

[31] Vgl.: Nordwolle-Journal. Unter: http://www.nordwolle.de
[32] Lehner, F. et al.: Organisationslehre für Wirtschaftsinformatiker. München Wien: Hanser 1991

- Buchhaltung, Controlling

Sofern eine Sekretärin die Aufgabe hat, Besucher vom Chef fernzuhalten oder zu ihm zu bringen, kann auch weiterhin auf die Anwesenheit am Arbeitsplatz nicht verzichtet werden. Briefe, die quasi sofort zu schreiben (und auch zu unterschreiben) sind, gehören sicher nicht in das entfernte virtuelle Sekretariat. Andererseits lassen sich viele der oben genannten Aufgaben zu Hause oder im Nachbarschafts- bzw. Satellitenbüro effektiver erledigen.

Umfangreiche Schreibarbeiten, aber auch kleinere, die wenig dringlich sind, können einem Schreibbüro übertragen werden. Dieses verteilt die Aufgaben an Telearbeiter. Ein Pilotprojekt mit derartigen Aufgaben wurde bereits in Kapitel 2 vorgestellt. Reine Texterfassungsaufgaben, wie sie in Verlagen typisch waren, nehmen allerdings zunehmend ab. Die Verlage verlangen von ihren Autoren oft das fertig formatierte Manuskript als Dokument einer gängigen Textverarbeitung. Neue Arbeitsfelder für Telearbeiter oder Freischaffende entstehen hier beispielsweise in der Texterfassung, der Textkorrektur oder dem Layout.

Kleine Unternehmen oder Selbständige nutzen bereits die Leistungen von Telehäusern, die Telefonvermittlung, Korrespondenz oder Auskunftsleistungen für ihre Kunden anbieten. Als Beispiele seien kleine Teleservice-Unternehmen in Bayern und in Hessen genannt, die für ihre Auftraggeber als virtuelle Sekretariate zur Verfügung stehen. [33]

Sachbearbeitungsaufgaben sollten hinsichtlich ihrer Eignung für Telearbeit geprüft werden. In vielen Fällen kann der Telearbeiter auf elektronische Archive zurückgreifen. Hier ist diese Arbeitsform sehr geeignet. Soweit er Unterlagen benötigt, die nicht auf Datenträgern gespeichert vorliegen, ist die Erledigung der betreffenden Aufgaben im Rahmen alternierender Telearbeit denkbar.

3.2.3 Vertrieb, Werbung

Innerhalb des Vertriebs von materiellen und immateriellen Produkten finden sich viele Tätigkeiten, die für Telearbeit geeignet sind. Hier einige Beispiele:

- Kalkulation
- Beantwortung von Kundenanfragen
- Auftragsbearbeitung
- Herstellung von Begleitpapieren
- Herstellung und Übermittlung von Lieferscheinen, Rechnungen
- Zahlungskontrolle
- Herstellung von Werbeschriften und Katalogen
- Tätigkeiten für Public Relation und Sales Promotion

---

[33] Vgl.: Bundesministerium für Wirtschaft und Bundesministerium für Arbeit und Sozialordnung: Telearbeit; Chancen für neue Arbeitsformen, mehr Beschäftigung, flexible Arbeitszeiten. Ein Ratgeber. Bonn 1996. S. 21, 33

Die hier genannten Tätigkeiten gehören dabei keinesfalls zu den einfachen Routinejobs. Telearbeiter, die derartige Aufgaben übertragen bekommen müssen spezielle Fachkenntnisse besitzen.

Für Kalkulationsaufgaben ebenso wie für die Angebotserstellung und Auftragsbearbeitung wird der Zugriff zu den entsprechenden betrieblichen Datenbeständen benötigt. Derartige Aufgaben verlangen Arbeitnehmer, die absolut vertrauenswürdig sind, da ihnen der Zugang zu besonders sensiblen betrieblichen Daten ermöglicht werden muß. Die mündliche oder schriftliche Beantwortung von Kundenanfragen im Vorfeld der Auftragserteilung stellt ein ähnlich verantwortungsvolles Tätigkeitsfeld für Telearbeiter dar.

Der elektronische Datenaustausch im Rahmen von Kunden-Lieferanten-Beziehungen hat sich in den letzten Jahren immer mehr durchgesetzt. Branchenspezifische Standards für Electronic Data Interchange (EDI) werden in den kommenden Jahren schrittweise abgelöst durch den branchenübergreifenden Standard EDIFACT (Electronic Data Interchange for Administration, Commerce and Transport). Bei richtiger Organisation stehen dem Telearbeiter die entsprechenden Informationen zur Verfügung, so daß er die Lieferunterlagen samt Rechnung herstellen und dem Kunden sowie ggf. den Zollbehörden die entsprechenden Informationen im EDIFACT-Format über öffentliche Netze zusenden kann.

Firmen, die für ihre eigenen Produkte bzw. im Kundenauftrag Werbeschriften oder Kataloge herstellen, können einen Teil der dafür notwendigen Arbeiten dezentral ausführen. Telearbeiter entwerfen Texte, scannen Bilder, gestalten Abbildungen sowie das gesamte Layout. Den Arbeitnehmern stehen dafür Text-, DTP- und Graphikprogramme zur Verfügung. Ein Teil der notwendigen und hochwertigen technischen Ausstattung, insbesondere leistungsfähige Farbdrucker oder Satzbelichter, kann im Firmensitz verbleiben. Teleheimarbeiter können für ihr Unternehmen telefonische Direktwerbung, Vorbereitungen für gezielte Werbeaktionen und andere Aufgaben im Rahmen von Public Relations übernehmen.

Die wachsende Bedeutung des Internet verlangt im Grunde genommen für alle Unternehmen Präsenz im Netz der Netze. Bundesforschungsminister Rüttgers beklagt, daß insbesondere Mitelständler in zu geringem Umfang mit eigenen Homepages im Internet vertreten sind. Anfang 1997 waren es nur etwa 3 %[34]

Die Unternehmen benötigen für die Herstellung einer Homepage, für ihre Produktwerbung sowie für andere Präsentationen entweder eigene qualifizierte Kräfte oder die Hilfe entsprechender Dienstleister. Für Telearbeit erschließt sich hier ein breites Tätigkeitsfeld, zumal auch elektronische Dokumente regelmäßig gepflegt werden müssen. Potentielle Kunden verlieren für Informationen, die geringe Aktualität aufweisen, schnell ihr Interesse und dementsprechend das Unternehmen seine Kunden.

---

[34] Vgl.: Pressekonferenz von Minister Rüttgers am 10. März 1997

3.2.4 Produktentwurf, Konstruktion

Entwurf und Konstruktion von technischen Erzeugnissen erfolgen gegenwärtig fast ausschließlich rechnergestützt. Selbst Modedesigner nutzen den Computer. Faßt man den Produktbegriff hinreichend weit, so werden neben Wohnhäusern und Gebäuden nahezu Erzeugnisse aller Art am Rechner entworfen. Das Spektrum der zugehörigen Tätigkeiten am Bildschirm ist weit gefächert:

• Technische Zeichnungen
• Konstruktion, CAD
• Architekturleistungen für Gebäude, Inneneinrichtungen, Gärten
• Stadt- und Gebietsplanung
• Design
• Anfertigen statischer Unterlagen für Bauten
• Kalkulation

Der Umfang der Aufgaben und der Grad der Zusammenarbeit im Team beeinflussen die Entscheidung, in welcher Form hier Telearbeit denkbar ist. Die Telearbeiter benötigen für ihre Arbeit i.d.R. leistungsfähige Workstations, so daß für einige Tätigkeiten weniger der Heimarbeitsplatz in Frage kommt. Satellitenoder Nachbarschaftsbüros bieten mit ihren leistungsfähigeren und effektiver nutzbaren Ressourcen allerdings eine überlegenswerte Alternative.

3.2.5 Dienstleistungen, Verwaltung

Dienstleistungen sind für die Telearbeit besonders interessant. Sie sind zu unterscheiden hinsichtlich der Art des Kontakts mit dem Kunden und dem Auftraggeber. Zum sogenannten Teleservice gehören Tätigkeiten, bei denen während ihrer Ausübung eine Online-Verbindung mit dem Kunden oder Auskunftsuchenden besteht. Telefonische Kundenberatung, wie die bereits oben erwähnte Betreuung einer Hotline, gehört beispielsweise zum Teleservice.

Bei anderen Dienstleistungen besteht nur temporär eine Kommunikationsverbindung zum Kunden. Die eigentliche Tätigkeit wird dennoch oft mit Hilfe der I&K-Technik ausgeübt. Das geschieht zum Beispiel bei Patentrecherchen im Kundenauftrag. Im folgenden sollen Beispiele für Dienstleistungen genannt werden, die sich besonders für Telearbeit eignen.

• Telefonische Auskünfte oder Informationsdienste
• Telefonische Auftragsannahme
• Kundenberatung für Geräte bei Störungen oder anderen Problemen
• Finanzdienstleistungen
• Versicherungsdienstleistungen
• Platz- oder Kartenreservierungen für Veranstaltungen, Bahn, Flug

* Informationsvermittlungen
* Maklertätigkeiten
* Übersetzungen
* Gutachtertätigkeiten
* Logistik-Dienste

Telefonische Dienstleistungen

Telefonische Beratung, Auskunftserteilung sowie Auftragsannahmen unterschiedlicher Art sind ein ideales Feld für Telearbeiter. Tätigkeiten, in deren Mittelpunkt das Telefon steht, können hervorragend in die eigene Wohnung verlegt werden. Der telefonische Kontakt erfolgt auf der Basis einer veröffentlichten Telefonnummer. Die bei diesem Anschluß eingehenden Gespräche werden ggf. zum betreffenden Telearbeiter umgeleitet.

Manche der Telefondienste verlangen die ständige Erreichbarkeit des „diensthabenden" Arbeitnehmers während einer festgelegten Zeit. Dadurch kommt es zwar zur Einschränkung der Flexibilität seiner Arbeitszeit, er hat jedoch immer noch den wichtigen Vorteil, daß er nicht zum eigentlichen Arbeitsort pendeln muß (s. Kapitel 5). Erfordert ein Service Erreichbarkeit rund um die Uhr (z.B. Notdienste wie Pannen- oder Abschleppdienst), so kann die Rufumleitung bei Ablösung umgestellt werden.

Es gibt inzwischen Servicefirmen, die neben anderen Leistungen Auskunfts- und Auftragsannahmedienste für Dritte ausführen und hierfür Telearbeitskräfte beschäftigen. Technische Kundenberater großer Firmen arbeiten vergleichbar den Beratern im EDV-Umfeld an der telefonischen Hotline.

Dienstleister, die Platzreservierungen für Veranstaltungen sowie für Reisende anbieten, benötigen den Echtzeitzugriff zu den Informationsbeständen der Veranstalter, der Bahn oder der Fluggesellschaften. Telearbeiter, die derartige Aufgaben erledigen, benötigen also entsprechende Ausstattung und Zugriffsberechtigungen.

Informationsdienste und Informationsbeschaffung

Die zunehmende Flut von Informationen, die in Datenbanken oder auf Internet-Servern weltweit verstreut sind, droht an Unübersichtlichkeit so, daß einzelne Wissenschaftler oder Forscherteams mit der Aufgabe überfordert sind, die für sie relevanten Informationen zu finden und aufzubereiten. Aber nicht nur Wissenschaftler sind an Informationen aus dem Internet und aus Datenbanken interessiert.

Vertriebsmitarbeiter eines Unternehmens wollen Absatzmöglichkeiten auf internationalen Märkten prüfen, Verantwortliche für Beschaffung benötigen eine Übersicht über potentielle Zulieferer in bestimmten Regionen. Hier helfen „Informationsbeschaffer", englisch auch als „Informationbroker" bezeichnet, bei der Suche nach den gewünschten Daten.

Übersetzung und Gutachten

Viele Übersetzer bieten ihre Dienste in Zukunft innerhalb virtueller Übersetzungsbüros oder als Freiberufler an. Übersetzungen von Büchern, Zeitschriftenartikeln, Gutachten und anderen umfangreichen Schriftstücken erlauben die Arbeit in der eigenen Wohnung. Aber auch eilige Übersetzungsaufträge für Dokumente kleineren Umfangs, Redigieren oder Überprüfen vorhandener fremdsprachlicher Texte sind potentielle Anwendungsgebiete für Telearbeit.

Die Übersetzer verrichten ihre Tätigkeit möglicherweise in weltweit verstreuten Büros. Die Arbeitsergebnisse stehen dennoch bei Bedarf überall sehr schnell zur Verfügung. Die Kompetenz wird somit von verteilten Arbeitsplätzen dorthin geholt, wo sie jeweils benötigt wird.

Ein weiterer Vorteil für den Arbeitgeber (oder bei Inanspruchnahme der Leistungen von Freiberuflern für den Auftraggeber) besteht darin, daß mit Telearbeit viel öfter Mehrsprachigkeit zur Verfügung steht als im konventionellen Übersetzungsbüro. Interessierte finden im Internet Angebote für Deutsch – Englisch – Französisch – Niederländisch - Schwedisch oder Deutsch – Lettisch – Russisch - Estnisch. Ebenso können Gutachten unterschiedlichster Art in Telearbeit entstehen und übersetzt werden.

Finanzdienstleistungen und Versicherung

Neue kommunikationstechnische Möglichkeiten sowie der zunehmende Wettbewerbsdruck zwingen die Banken zu innovativen Methoden bei Finanzdienstleistungen. Produkte werden hier in Zukunft immer weniger über teure Filialen oder Außendienstler, sondern vielmehr im Direktvertrieb dem Kunden angeboten. Das Ziel besteht darin, Finanzdienstleistungen individuell auf den Kunden zuzuschneiden. Dabei kann es sich z.B. um den Verkauf von Investmentfonds oder um die Finanzierung einer Immobilie handeln. Als Vertriebsweg wird das Internet bzw. das WWW genutzt.

Im Interesse einer individuellen Beratung des Kunden kommt als zweiter Kommunikationsstrang des Telefon hinzu. Der Klient kann den Finanzdienstleister über WWW und Telefon aufsuchen, d.h. die digitale Kommunikation wird durch die Sprachkommunikation ergänzt. Auf diese Weise wird Interaktion zwischen beiden Partnern ermöglicht.[35]

Der Finanzdienstleister kann als Telearbeiter tätig sein, da er in der Lage ist, sowohl Verbindung zum Kunden als auch zur Bankzentrale aufzunehmen. Versicherungsunternehmen arbeiten auf ähnlicher Basis und gehören somit zu den Branchen, in denen Telearbeitsplätze für Kundenbetreuer entstehen werden.

---

[35] Roemer, M., Buhl, H. U.: Das World Wide Web als Alternative zur Bankfiliale; Gestaltung innovativer IKS für das Direktbanking. Wirtschaftsinformatik 6 (28. Jhrg.), 565-577 (1996)

Öffentliche Verwaltung

Viele der im Büroumfeld als geeignet identifizierten Tätigkeiten sind auch im Verwaltungsumfeld zu finden. Somit bietet sich auch hier die Einführung von Telearbeit an. Vorgangsbearbeitung, z.B. die Gesamtheit der Bearbeitungsschritte bei einem Genehmigungsverfahren, verlangt den Zugriff elektronisch gespeicherte Informationen, aber auch zu Akten, die nicht in digitalisierter Form vorliegen. Vor der konkreten Einführung von Telearbeit bedarf es hier sorgfältiger Voruntersuchungen.

Ähnliches gilt auch für die bereits angesprochenen Bürgerbüros, von denen aus ein Antragsteller oder Auskunftsuchender mit seiner zuständigen Behörde verbunden wird (s. Abschnitt 2.1.1).

Impulse für Telearbeit in Ministerien und anderen Bundesbehörden wird sicher der geplante Informationsverbund Bonn - Berlin (IVBB) bringen. Im Anschluß an den Umzug von Bundestag und einigen Ministerien nach Berlin soll so die Kommunikation mit den in Bonn verbliebenen Behörden gesichert sein, indem faktisch Satellitenbüros für Telearbeit eingerichtet werden.

4. Die richtige Technik

Die Ausrüstung von Telearbeitsplätzen bereitet prinzipiell keine Schwierigkeiten. Die notwendige Technik hat sich für andere Aufgaben bereits bewährt und ist finanziell erschwinglich. Trotzdem bedarf es sorgfältiger Überlegungen, bevor die Entscheidungen über die zu installierenden Geräte fallen können.

4.1 Der Telearbeitsplatz

Die technische Grundausstattung eines Telearbeitsplatzes wurde bereits in Kapitel 2 besprochen. Hier soll das Problem der Gestaltung, Einrichtung und Organisation einer ergonomischen Arbeitsumgebung ausführlicher im Kontext mit der Hard- und Softwareausrüstung in der Unternehmenszentrale besprochen werden.

4.1.1 Was beeinflußt die Ausstattung des Telearbeitsplatzes?

Die Ausstattung des Telearbeitsplatzes wird im wesentlichen von folgenden Faktoren beeinflußt[36]:

- *I&K-Technik im Unternehmen*
  Bei der im Unternehmen vorhandenen I&K-Technik geht es vor allem um die Kompatibilität von Hard- und Software zwischen unternehmensinternen und externen Komponenten. Generell gilt die Forderung, daß der Telearbeitsplatz mit dem innerbetrieblichen identisch sein soll. Deshalb muß dafür Sorge getragen werden, daß an den inner- und außerbetrieblichen Arbeitsplätzen Hardwareausstattung, Betriebssystem und Anwendungssoftware identisch sind.
  Weiterhin sollte die Leistungsfähigkeit der Datenübertragungseinrichtungen nicht zu stark differieren. Wenn beispielsweise im Unternehmen ein ISDN-Server zur Verfügung steht, so sollte für den Telearbeitsplatz ebenfalls ein entsprechender ISDN-Anschluß vorhanden sein. Der DV-Einsatz im Unternehmen bestimmt ebenfalls die notwendigen Einrichtungen am Telearbeitsplatz.

---

[36] Vgl. Kordey, N., Korte, W.: Telearbeit erfolgreich realisieren. Braunschweig Wiesbaden: Vieweg 1996. S. 156

- *Art der Tätigkeit im Rahmen der Telearbeit*
  An anderer Stelle wurde bereits darauf verwiesen, daß unterschiedliche Tätig-keiten zu erheblichen Unterschieden beim bereitzustellenden Computer, bei der Peripherie sowie bei der zu installierenden Software führen. So werden die Anforderungen für Aufgaben, die überwiegend im Bereich der Textverar-beitung liegen, geringer sein als für Statikberechnungen oder für Konstrukti-onstätigkeiten.
- *Anforderungen an die Kommunikationsformen*
  Hier geht es darum, ob eine ständige Verbindung zwischen Telearbeiter und Unternehmenszentrale realisiert werden muß oder ob lediglich ein mehr oder minder regelmäßiger Filetransfer stattfinden soll und wie hoch der Anteil von Sprachkommunikation ist.
  Für eine permanente Verbindung wird eine Standleitung eingerichtet, die natürlich relativ hohe Kosten verursacht. Eine Wählverbindung, die nur für die Zeit der Datenübertragung (Filetransfer) zu bezahlen ist, dürfte für die meisten Telearbeitsplätze ausreichen. Muß der Telearbeiter viel telefonieren, sind getrennte Leitungen für Sprach- und Datenkommunikation zwingend er-forderlich. Das wird am besten durch einen ISDN-Anschluß ermöglicht (s. Abschnitt 4.2).
- *Organisationsformen der Telearbeit*
  Soll Telearbeit als Heimarbeit in der Wohnung stattfinden, so muß ein Ein-zelarbeitsplatz eingerichtet werden, während in Telearbeitszentren (dazu sol-len hier insbesondere Nachbarschaftsbüros und Satellitenbüros zählen) die Arbeitsplätze i.d.R. über ein LAN (Lokales Netz) miteinander verbunden werden. Die Kommunikation mit der Zentrale erfolgt dann über einen Remote Access Server (s. Abschnitt 4.2). Zusatzgeräte, die für Heimarbeit aus Ko-stengründen nicht in Frage kommen, können in Telearbeitszentren durchaus sinnvoll sein.

Allgemeine Anforderungen an die Technik

Der Technikbegriff ist vielfach negativ besetzt; Technik gilt oft als kompliziert. Gerade im Bereich der elektronischen Datenverarbeitung zeigt die Entwicklung der letzten Jahre, daß integrierte Systeme immer komfortabler und auch für den Laien leichter zu bedienen sind. Viele Telearbeiter besitzen keine tiefergehenden technischen Kenntnisse, die sie in die Lage versetzen, Wartung oder Reparaturen an ihrer Hardware selbst auszuführen. Deshalb sind an die Technik einige grundlegende Forderungen zu richten:
- Bedienerfreundlichkeit
  Die Forderung nach Bedienerfreundlichkeit bezieht sich auf sämtliche Geräte, auf den leichten Austausch von verbrauchten Betriebsmitteln (Farbpatronen, Tonerkassetten u.ä.) sowie auf das problemlose Beheben von elementaren Fehlern. Daß Software nutzerfreundlich und tolerant gegenüber häufig vor-

kommenden Fehlbedienungen sein sollte, bedarf keiner Begründung. Das Einhalten von Standards und exakte Bedienungsanleitungen bzw. Handbücher sind hierzu unerläßlich.

- Zuverlässigkeit
  Am Telearbeitsplatz in der Wohnung stehen keine hauseigenen Techniker oder Austauschgeräte zur Verfügung. Deshalb ist bei der Auswahl der Technik auf Zuverlässigkeit besonderer Wert zu legen. Das gilt auch für die eingesetzte Software. Fehlerbehaftete Software führt zu Programmabstürzen und in manchen Fällen zu ärgerlichen und frustrierenden Datenverlusten. Für den Telearbeiter bringt sie zusätzlich Verunsicherung, da er oft nicht erkennen kann, wo die Ursache eines Fehlers liegt. Je größer die Zuverlässigkeit von Hard- und Software ist, desto geringer wird der notwendige Betreuungsaufwand des Telearbeiters durch das Unternehmen.
  Das senkt die Kosten, die im Bereich der Wartung von DV-Anlagen im Unternehmen anfallen. Gleichzeitig kann sich der Telearbeiter ganz auf seine eigentliche Tätigkeit konzentrieren. Er wird nicht durch Störungen der technischen Ausstattung gebremst, was die Produktivität erhöht.
- Erlernbarkeit / Beherrschbarkeit
  Schulungen gehören zur Vorbereitung von Telearbeitsprojekten. Die künftigen Telearbeiter müssen alles Wesentliche, das zu ihrem künftigen Arbeitsplatz gehört, kennenlernen. Selbst nach Einführung von Telearbeit benötigen sie Informationen über neue Entwicklungen, die ihre Arbeitsumgebung betreffen. Vor allem Führungskräfte, die sich mit Telearbeit befassen, müssen intensiv weitergebildet werden.

4.1.2 Telearbeit in der Wohnung

Teleheimarbeit soll hier exemplarisch betrachtet werden. Telearbeit im Satelliten- oder Nachbarschaftsbüro ähnelt von der Ausstattung her mehr der Arbeit im Unternehmen und wird insofern nicht im Mittelpunkt dieser Betrachtungen stehen. Der Telearbeitsplatz in der Wohnung sollte einige Grundforderungen erfüllen:

- Eigenes Arbeitszimmer
  Das gesonderte Arbeitszimmer ermöglicht ungestörtes Arbeiten sowie die Erfüllung der Forderungen hinsichtlich des Datenschutzes und der Datensicherheit. Andere Lösungen sind für regelmäßige Telearbeit zu Hause kaum denkbar.
- Unzugänglichkeit des Arbeitsplatzes
  Das Arbeitszimmer und damit der Arbeitsplatz sollen für Fremde sowie für Kinder der eigenen Familie, sofern sie unbeaufsichtigt sind, unzugänglich sein.

- Zweckmäßige Ausstattung des Arbeitsplatzes
  Büromöbel, die ergonomischen Prinzipien entsprechen, sollten ebenso vorhanden sein wie die Arbeitsmittel, die in der Büro- bzw. Arbeitsumgebung der innerbetrieblichen Arbeitsplätze des Unternehmens üblich sind.
- Ausstattung mit der für das Tätigkeitsfeld notwendigen I&K-Technik

Die wichtigen technischen Arbeitsgeräte (Computer, Drucker, andere Zusatzgeräte) entwickeln sich derart schnell, daß es nicht sinnvoll ist, für einen längeren Zeitraum konkrete technische Daten zu nennen, zumal die Anforderungen an diese Geräte von den Arbeitsaufgaben beeinflußt werden und ständigen Veränderungen unterworfen sind. Dennoch verlangt die Ausstattung mit I&K-Technik eine etwas eingehendere Erörterung. Abb. 4.1. zeigt, wie ein einzelner Telearbeitsplatz in der Wohnung mit I&K-Technik ausgestattet sein könnte. Dabei wird ein ISDN-Anschluß vorausgesetzt.

Befindet sich der Telearbeitsplatz beispielsweise in einem Satellitenbüro und ist der Computer Bestandteil eines LAN, kann beispielsweise ein Remote-Access-Router die Aufgabe der Schnittstelle zwischen LAN und Weitverkehrsnetz (WAN – Wide Area Network) übernehmen. Ein Port des Routers (Netzwerkanschluß) mit dem LAN-Protokoll (z.B. Ethernet oder TCP/IP) wird mit dem lokalen Netz verbunden, während mindestens ein Port die Verbindung zum WAN mit dem entsprechenden Protokoll herstellt. Wird ein Router, ggf. ein Multiprotokoll-Router, vor ein Modem oder einen ISDN-Anschluß geschaltet, so kann die Verbindung nach außen noch flexibler und leistungsfähiger gestaltet werden (s. Abschnitt 4.2).

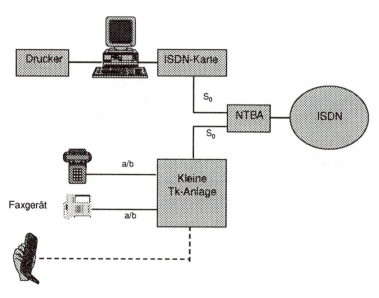

Abb. 4.1. Beispiel für I&K-Technik in der Wohnung

Im folgenden sollen einige der wichtigsten technischen Komponenten besprochen werden.

Computer

Für die Telearbeit sollten möglichst Personal Computer im mittleren oder oberen Leistungsspektrum ausgewählt werden, d.h. Computer mit einem aktuellen Pentium-Prozessor, mindestens 16 MB RAM, einer guten Graphikkarte sowie einer hinreichend großen Festplatte. Die Festplattenkapazität muß in Anbetracht dessen, daß neue Software oder neue Updates immer mehr Ressourcen beanspruchen, deutlich über 1 GB liegen. Multimedia-Applikationen einschließlich der Präsentationsprogramme im Vertriebsbereich verlangen voraussichtlich die um einen entsprechenden Befehlssatz erweiterten MMX-Prozessoren von Intel oder ähnliche Systeme anderer Hersteller.

Einige Nutzer bevorzugen Computer der Apple-Familie (z.B. Macintosh) für Anwendungen im Graphik- bzw. Designbereich. In anderen Fällen verlangt die Arbeitsaufgabe sogar leistungsfähige (und damit teure) Workstations. Die Ausstattung und Auswahl des Computers muß sich an der im Unternehmen eingesetzten Hardware orientieren. Eventuell muß etwas großzügiger dimensioniert werden, da der Rechner am Telearbeitsplatz zusätzliche Aufgaben zu bewältigen hat. Als Beispiel sei die Abwicklung der Kommunikation mit dem Unternehmensnetz genannt.

Telearbeiter mit wechselnden Arbeitsorten benötigen tragbare Computer, z.B. Laptop oder Notebook. Leistungsfähigkeit und Ausstattung dieser mobilen Computer wachsen ständig. Dennoch ist deren Bedienung i.d.R. nicht so komfortabel. Zudem sind leistungsfähige Geräte aus dem HighEnd-Bereich auch heute noch sehr teuer, so daß ihr Einsatz nur in Verbindung mit mobiler Telearbeit rentabel erscheint.

Monitor

Wer einen großen Teil seiner Arbeitszeit am Computer verbringt, benötigt einen flimmerfreien und strahlungsarmen Monitor. Die Bildschirmgröße sollte im Office-Bereich mindestens 15 bis 17 Zoll betragen. Für Design-, CAD- oder andere Graphikarbeiten empfehlen Fachleute Monitore aus dem High-End-Bereich mit 20 oder 21 Zoll. Manche Geräte lassen sich so einsetzen, daß der Bildschirm im Hochformat entsprechend einer DIN-A4 Seite genutzt werden kann. Führende Monitorhersteller bieten inzwischen Flachbildschirme an, ihr Durchbruch steht jedoch erst bevor. Gegenwärtig stellen die Preise ein Hindernis für eine schnelle Einführung dar.

Zusatzausrüstung am Computer

CD-ROM-Laufwerke gehören seit einiger Zeit zu den unverzichtbaren Zusatz-komponenten eines Computers. Softwarefirmen liefern ihre Produkte heute stan-dardmäßig auf CD-ROM. Weiterhin greifen die Nutzer über dieses Medium auf Handbücher und andere Nachschlagewerke zu.

Soundkarten, Lautsprecher und Videokarten wurde bisher dort als Luxus emp-funden, wo sie nicht zur Herstellung von Inhalten oder Diensten aus dem Multi-media-Umfeld benötigt wurden. Inzwischen findet der Anwender jedoch auch Duden, Lexika, Wörterbücher und andere Produkte, unterstützt durch erläuternde Videos mit Sound-Ausgabe (Sprache und Musik), auf CD-ROM. Sie stellen zunehmend unentbehrliche, zumindest jedoch nützliche Hilfsmittel für die eige-ne Arbeit dar. Deshalb rüsten die Hersteller Monitore optional bereits mit Laut-sprechern, Kopfhöreranschluß sowie Mikrofonanschluß aus.

Drucker

Der Drucker gehört zu den unverzichtbaren peripheren Geräten eines Telear-beitsplatzes. Ein gemeinsam benutzter Drucker im Firmennetz reicht nicht aus. Der Telearbeiter muß sich vielfach einen Eindruck vom Layout seiner Arbeit verschaffen, zumindest durch Konzeptdruck. Im allgemeinen reichen Tinten-strahldrucker aus, die inzwischen auch als Farbdrucker durchaus preiswert sind. Laserdrucker sind insbesondere dann teurer, wenn sie durch Postscript-Verarbeitung besonders gute Druckergebnisse erzeugen. Kostengünstige Laser-drucker für den Einsatz im Privatbereich kommen jedoch ebenfalls für die Aus-rüstung eines Telearbeitsplatzes in Frage.

Drucker, die Ergebnisse mit hoher Auflösung in Fotoqualität liefern, bleiben eher dem betrieblichen Arbeitsplatz vorbehalten. Für tragbare Computer stehen auch mobile Drucker zur Verfügung.

Modem oder ISDN-Adapter

Sofern die Datenübertragung zwischen Telearbeitsplatz und Unternehmen über das analoge Telefonnetz erfolgen soll, benötigt der Telearbeiter ein Modem, das für die Umsetzung der digitalen in analoge Signale und umgekehrt sorgt. Mo-dems, die nach dem V.34-Standard arbeiten, erlauben eine Übertragungsrate von 28.800 bis 33.600 Bit/s (Bit pro Sekunde). Durch geeignete Datenkompression sind auch höhere Leistungen zu erzielen. Die führenden Hersteller arbeiten be-reits an Modems mit Übertragungsraten von 56 KBit/s und mehr. Im Fax-Betrieb liegt die Übertragungsrate von Highspeed-Modems bei 14.400 Bit/s. Modems werden als externes Gerät oder als Karte zum Einbau in den Computer angebo-ten.

In Kapitel 3 wurde bereits erwähnt, daß Telearbeiter künftig in immer größe-rem Maße über ISDN mit der Zentrale oder Mitgliedern ihrer Arbeitsgruppe kommunizieren werden. Dafür benötigt der Computer einen ISDN-Adapter (ISDN-Karte oder ISDN-Modem). Hier genügt in den meisten Fällen eine passive Karte, während der ISDN-Server des Unternehmens besser mit einer aktiven Karte arbeitet. Der Unterschied liegt u.a. darin, daß die aktive Karte eine eigene Intelligenz besitzt und deshalb während der Datenübertragung den Prozessor des Computers entlastet. Sie ist natürlich erheblich leistungsfähiger aber auch teurer. Preisgünstiger sind die sog. semiaktiven ISDN-Karten, die bei Leistung und Preis zwischen passiven und aktiven Karten liegen. Die Übertragungsgeschwindigkeit über einen ISDN-Kanal beträgt nominal 64 KBit/s und ist somit gegenwärtig noch höher als die erhältlicher Modems.

Bei der Auswahl der richtigen ISDN-Karte sollte nicht nur der Preis beachtet werden. Eine wichtige Rolle spielt die mitgelieferte Software zur Unterstützung der Kommunikation. In der Anschaffung günstig scheinende Karten erweisen sich oft nachträglich als teuer, wenn sie ohne ausreichende Kommunikationssoftware verkauft werden.

Telefon

Das Telefon gehört zur Grundausstattung bei der Telearbeit. Das Spektrum möglicher Geräte ist groß: Analogtelefon mit und ohne integriertem Anrufbeantworter, ISDN-Telefon mit Mobilteilen und den heute üblichen Komfortmerkmalen. Kombinationsgeräte, die Telefon, Anrufbeantworter und Faxgerät beinhalten, sind komfortabel in ihrer Bedienung, dafür aber auch anfälliger für Störungen und Ausfälle.

Computergestütztes Telefonieren (Computer Telephony Integration CTI), kurz Telephony, erleichtert das Anwählen eines Kommunikationspartners, weil der Wählvorgang über die Adressdatenbank des Computers erfolgt. Das derzeit noch unbefriedigende Preis-Leistungs-Verhältnis insbesondere der ISDN-Lösungen dürfte vorläufig einer schnellen Verbreitung dieser komfortablen Form der Herstellung von Telefonverbindungen im Wege stehen. Es ist jedoch davon auszugehen, daß CTI in Zukunft für Telearbeit durchaus interessant wird, gerade bei Aufgaben im Vertrieb oder Marketing.

4.1.3 Sinnvolle Zusatzausrüstung

Die Zusatzgeräte, die im folgenden genannt werden, sind nicht für alle Tätigkeitsfelder notwendig oder geeignet. Die Projektverantwortlichen müssen von Fall zu Fall darüber entscheiden, welche Technik eingesetzt werden soll. Kosten und Nutzen müssen sorgfältig verglichen werden.

Faxgerät

Vom Tätigkeitsfeld des Telearbeiters hängt es ab, ob die Ausstattung mit einem Faxgerät notwendig oder zumindest zweckmäßig ist. Skizzen, handschriftliche Notizen, Dokumente u.ä. verlangen, soweit sie nicht per Briefpost übertragen werden sollen, ein Faxgerät. Als Alternative bietet sich ein Scanner an, über den die entsprechenden Vorlagen in den Computer kopiert und von dort aus nach Konvertierung in Computergrafiken mit Hilfe entsprechender Software und Modem oder ISDN-Karte als Fax übertragen werden.

Eine weitere Möglichkeit besteht im Versenden eingescannter Dokumente per E-Mail. Diese Vorgehensweise kann bei umfangreichen Vorlagen sogar die Übertragungskosten reduzieren, da ein normales Fax wesentlich langsamer übertragen wird als eine umfangreiche Datei per elektronischer Post. Auch ISDN-Karten und Modems (s. Abb. 4.2.) gestatten bei der Übertragung eines Fax nach dem Gruppe-3-Standard nur eine geringere Geschwindigkeit als beim normalen Filetransfer.

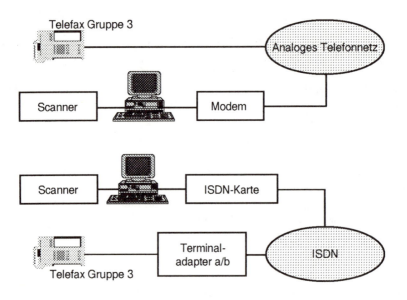

Abb. 4.2. Varianten der Fax-Nutzung

Scanner

Scanner erlauben durch Digitalisierung die Übertragung von Bildinformationen vom Original (z.B. Werbeschrift, Katalog, Foto, Barcode oder Text, der in ein Textverarbeitungssystem übernommen wird) in den Computer. Telearbeiter, die Bild- oder Textinformationen von Vorlagen übernehmen und für diese Tätigkeiten aus unterschiedlichen Gründen nicht die Ressourcen der Zentrale nutzen können, benötigen einen leistungsfähigen Flachbettscanner mit hinreichend großer Auflösung.

Mobiltelefon

Das Mobiltelefon dient der Kommunikation mit Zentrale oder anderen Kommunikationspartnern insbesondere dann, wenn man viel unterwegs ist. Für Geschäftsreisende, Servicetechniker und andere Außendienstmitarbeiter ist es längst unverzichtbar geworden. Das Mobiltelefon steht nicht nur für die Sprachkommunikation zur Verfügung. Sind mobile Telearbeiter gezwungen, Daten oder ein Fax über das betreffende Funknetz zu übertragen, so kann der tragbare Computer über ein Mobilfunkmodem (i.d.R. über einen PCMCIA-Adapter) an das Mobiltelefon angeschlossen werden. Für die Datenübertragung benötigt der Nutzer weiterhin eine Freischaltung seiner Telefonkarte durch die betreffende Betreibergesellschaft.

Hier entstehen neben den bereits hohen Telefonkosten weitere Gebühren für die Übertragung, zumal gegenwärtig die maximale Übertragungsrate für Faxe und Dateien in Funknetzen noch bei 9600 Bit/s liegt. Deshalb beschränkt sich die Nutzung des Mobiltelefons und des Mobil-PC für Datenübertragung auf spezielle Tätigkeitsfelder der Telearbeit.

Bildtelefon

Das Bildtelefon als eigenständiges Gerät spielt bei der Telearbeit bisher eine untergeordnete Rolle. Es kann möglicherweise für Führungskräfte interessant werden, jedoch stellt die Bildtelefonie per Computer eine bedenkenswerte Alternative dar.

Bildtelefonie und Videokonferenzsystem

PC-Lösungen, die den Sicht- und Sprachkontakt zwischen zwei Kommunikationspartnern erlauben, können der Bildtelefonie zugeordnet werden. Diese Lösungen werden oft als Videokonferenzsystem bezeichnet, obwohl das Merkmal einer Konferenz fehlt, nämlich die Möglichkeit zur Teilnahme von mehr als zwei Partnern.

Bildtelefonie stellt einen Ersatz für die sog. Face-to-Face-Kommunikation dar. Eine elektronische Kamera, Mikrophon und Lautsprecher mit den zugehörigen Video- und Soundkarten sowie zusätzliche Software ergänzen die Grundausstattung des Telearbeitsplatzes. Sie erlauben, den entfernten Gesprächspartner auf dem Monitor zu sehen, mit ihm zu sprechen und parallel dazu gemeinsam Dokumente zu bearbeiten. Der Umfang der zu übermittelnden Daten verlangt eine entsprechende Übertragungskapazität. Hierzu können beispielsweise beide Nutzkanäle (B-Kanäle) eines ISDN-Basisanschlusses benötigt werden.

Da die Kosten für die Anschaffung von solchen Systemen zur Bildtelefonie per PC in der Größenordnung eines normalen PC liegen, dürfte eine Ausrüstung des Telearbeiters mit einem derartigen System vorläufig zu den Ausnahmen gehören, zumal die in Frage kommenden Kommunikationspartner die gleiche Ausstattung benötigen.

Anders muß die Ausrüstung mit leistungsfähigen Videokonferenzsystemen im Bereich der Telekooperation sowie bei virtuellen Unternehmen beurteilt werden. Wenn Kooperationspartner weltweit verteilt agieren, muß Kommunikation mit Hilfe dieser innovativen Technologien oft als unverzichtbar angesehen werden. Die Einsparung an Zeit und Kosten für Reisen rund um den Erdball rechtfertigen die erheblichen Ausgaben für Videokonferenzen in speziell eingerichteten Studios. Mit seiner Ausrüstung zur Bildtelefonie kann der Telearbeiter dann an solchen Videokonferenzen teilnehmen.

Die Entscheidung über die Anschaffung eines derartigen Systems kann durchaus zu einem späteren Zeitpunkt fallen, da sich der Telearbeitsplatz auch nachträglich problemlos mit der notwendigen Hard- und Software ausstatten läßt.

4.2 Die Kommunikation mit dem Unternehmensnetz

Unternehmensnetze haben längst ihre ursprüngliche Isolation überwunden. Nicht nur Telearbeiter, auch Unternehmensfilialen, mobile Außendienstmitarbeiter und sogar Kunden, Lieferanten oder andere Kooperationspartner greifen auf die Unternehmensnetze zu. Remote Access, der entfernte Zugriff, eröffnet neue Möglichkeiten der Zusammenarbeit, wirft damit auch Probleme auf.

Für die Kommunikation zwischen Telearbeitsplatz und Rechnernetz des Unternehmens stehen unterschiedliche Verbindungsmöglichkeiten zur Verfügung. In fast allen Fällen nutzen die Unternehmen dafür öffentliche Netze und nehmen sehr häufig Mehrwertdienste in Anspruch. Im folgenden soll ein Überblick über Zugangsmöglichkeiten zu öffentlichen Netzen und zu Dienstanbietern gegeben werden.

4.2.1 Zugangsmöglichkeiten über öffentliche Datennetze

Remote Access nutzt in den meisten Fällen das flächendeckend vorhandene Telefonnetz. Dabei gibt es folgende Möglichkeiten:

- Wählverbindungen über das analoge Telefonnetz
- Wählverbindungen über ISDN
- Festverbindungen (Standleitungen)

Zusätzlich stehen weitere Netze zur Verfügung, die Kommunikation zwischen Rechnern oder lokalen Netzen gestatten:

- Datex-P
- Datex-M
- Frame Relay
- Mobilfunknetze
- Satellitenfunk

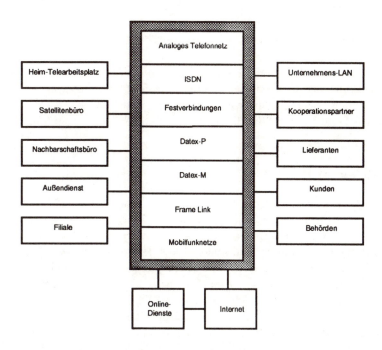

Abb. 4.3. Kommunikationsmöglichkeiten über Weitverkehrsnetze

Wählverbindungen über das analoge Telefonnetz

Das analoge Telefonnetz diente ursprünglich der reinen Sprachkommunikation. Über spezielle Geräte kamen später Faxdienst und Dateitransfer hinzu. Das Modem als Schnittstelle zwischen PC und analogem Telefonnetz ist inzwischen zwar preisgünstig zu erhalten, wegen anderer Nachteile eignet sich diese Art der Verbindungsaufnahme höchstens für sehr kleine Unternehmen. Zu den Nachteilen des analogen Netzes zählen:

*   geringe Zuverlässigkeit der Verbindungen
*   langsamer Verbindungsaufbau
*   geringere Übertragungsgeschwindigkeiten als in digitalen Netzen
*   ein einziger Nutzkanal für einen gebührenpflichtigen Telefonanschluß, der gleichzeitig nur einen Dienst (Telefon, Fax, DFÜ)

Wenn Modems und die Nutzung des analogen Telefonnetzes dennoch weiterhin eine wichtige Rolle spielen dürften, liegt das daran, daß insbesondere kleine Unternehmen sich ohne erkennbaren Grund noch sehr zurückhaltend gegenüber ISDN verhalten. Weiterhin arbeiten die Hersteller an immer schnelleren Modems, die in Geschwindigkeitsbereiche des ISDN-Netzes vordringen.

ISDN-Wählverbindungen

ISDN eignet sich gleichermaßen für Verbindungen zwischen einzelnen Telearbeitsplätzen und der Unternehmenszentrale wie für die Kommunikation zwischen Satelliten- oder Nachbarschaftsbüros und Unternehmen. Wegen seiner wachsenden Bedeutung für die Telearbeit wird ISDN später ausführlicher besprochen.

Festverbindungen

Festverbindungen bzw. Datendirektverbindungen (Standleitungen) stehen den Teilnehmern permanent zur Verfügung. Im Gegensatz zu Wählverbindungen gibt es vor Beginn der Datenübertragung keine Verzögerungen durch die für den Verbindungsaufbau benötigte Zeit. Zudem hängt der Preis nicht mehr vom übertragenen Datenvolumen ab, sondern von Übertragungskapazität und Entfernung.

Zum Preis für die eigentliche Datenübertragung kommt ein beachtlicher Bereitstellungspreis. Verpflichtet sich der Kunde zu Vertragsabschlüssen über mehrere Jahre, werden teilweise Rabatte zwischen 4 und 20% gewährt. Deshalb bedarf es sorgfältiger Kalkulationen auf der Grundlage des voraussichtlich zu übertragenden Datenvolumens sowie unter Berücksichtigung der Entfernung (s. auch Abschnitt 4.3). Festverbindungen kommen i.d.R. höchstens für Datenübertragungen zwischen dem LAN eines Satellitenbüros und der Zentrale in Frage.

Die Anbindung eines lokalen Netzes an die Festverbindung erfolgt über einen Router sowie eine Kanaldiensteinheit/Datendiensteinheit (CSU/DSU = Channel Service Unit / Data Service Unit)[37]. ISDN-Wählverbindungen können in Ergänzung zu Festverbindungen als Backup und zum Abfangen von Anforderungen nach zusätzlicher Bandbreite dienen.

Datex-P

Das Datex-P-Netz der Deutschen Telekom gehört zu den digitalen paketvermittelnden Netzen auf der Basis des Übertragungsprotokolls X.25. Es ist für die schnelle Übertragung geringer Datenmengen konzipiert, beispielsweise Kreditkartenbuchungen. Datex-P ist entweder über einen eigenen Anschluß oder über andere Netze erreichbar. So gibt es Übergänge von und zu analogen oder ISDN-Netzen. Die Übertragungsgeschwindigkeit liegt bei minimal 2400 Bit/s und maximal 1,92 MBit/s. Am häufigsten kommen Zugänge mit 64 KBit/s zum Einsatz.

Die Kosten setzen sich aus Grundgebühr und mengenbezogener Übertragungsgebühr zusammen. Sie hängen erheblich von der gewählten Zugangsgeschwindigkeit zum Datex-P-Netz ab. Für die Planung von Telearbeitsplätzen wird Datex-P allein wegen der hohen Grundgebühr wohl nur dann interessant, wenn das Unternehmen bereits Teilnehmer an diesem Dienst ist und wenn regelmäßig hohe Geschwindigkeit bei relativ geringen Datenvolumina gefordert wird.

Das trifft im wesentlichen für Dialogverkehr zu. Auch die möglichen internationalen Verbindungen mit den über 200 X.25-Netzen in aller Welt können für eine Entscheidung zugunsten von Datex-P sprechen. Da Filetransfer wegen der volumenabhängigen Gebühren über dieses Netz zu teuer ist und deshalb nicht realisiert werden sollte, müssen auch andere Netze (z.B. ISDN) für die Kommunikation genutzt werden.

Eine interessante Möglichkeit des Dialogverkehrs für Teilnehmer mit ISDN-Anschluß ergibt sich dadurch, daß der Steuerkanal (D-Kanal) für den Datentransfer genutzt werden kann. Hierfür fällt eine relativ moderate Grundgebühr von zusätzlich 69 DM pro Monat an. Darin ist ein Freivolumen von 1 MB Daten enthalten. Bis 3 MB liegt der Volumenpreis deutlich niedriger als bei Nutzung eines normalen Datex-P-Anschlusses.

Datex-M

Datex-M gehört zu den Übertragungsdiensten der Telekom, die für die Kommunikation zwischen Unternehmen und Satelliten- oder Nachbarschaftsbüros in Betracht kommen. Dieser Dienst bietet eine Reihe interessanter Vorteile:

---

[37] Vgl. Heise, R.: Remote Access vor der Trendwende. PC-Netze 5, 44-46 (1996)

- Flexible Übertragungsgeschwindigkeiten zwischen 64 KBit/s und 34 MBit/s
- Fähigkeit zur Übertragung von Paketdaten und von isochronen Daten
- Möglichkeit zur Kommunikation zwischen unterschiedlichen Anschlüssen durch Geschwindigkeitstransformation
- Anschluß an internationale Hochgeschwindigkeitsnetze

Datex-M eignet sich insbesondere dann, wenn große Datenmengen in kurzer Zeit zu übertragen sind. Pilotanwendungen für Datex-M als Datennetz finden sich vor allem im Verlagswesen zwischen Redaktionen und Druckhäusern sowie in der Medizin. Im Rahmen der Telearbeit entstehen allerdings kaum so hohe Datenmengen, die die Kosten für einen Datex-M Anschluß rechtfertigen würden. Datex-M dürfte in Verbindung mit Telearbeit daher die Ausnahme bleiben, zumal mit Frame Relay ein felxiblerer und günstigerer Dienst verfügbar ist.

Frame Relay

Frame Relay ist ein relativ junger Datendienst, der speziell für die Bedürfnisse moderner Rechner- und Netzkommunikation konzipiert ist. Frame Relay gestattet flexible Netzzugangsgeschwindigkeiten ähnlich wie bei Datex-P. Hierüber kann der Kunde selbst die benötigte Übertragungskapazität bestimmen, welche die Grundgebühren für den Netzzugang festlegt. Hinzu kommen variable Kommunikationskosten, die von der übertragenen Datenmenge abhängen.

Die Datenübertragung innerhalb eines Frame Relay Netzes, wie beispielsweise Frame Link der Deutschen Telekom, erfolgt über transparente Datenkanäle. Die Daten werden in einzelne Pakete, sogenannte Frames, eingepackt und mit einer Zieladresse versehen durch das Netz übertragen.

Frame Relay ist also ein paketvermittelnder Dienst, der durch spezielle Funktionen wie Priorisierung und Kennzeichnung der Datenpakete sowie die Reservierung von Übertragungskapazität asynchrone und synchrone Datenübertragung parallel erlaubt. Dieser Dienst ist also nicht nur zur Rechnerkommunikation geeignet, sondern kann auch Sprache und Video-Signale übertragen. Nicht zuletzt deswegen setzen Anbieter von Kommunikationsdiensten hohe Erwartungen in Frame Relay als einheitliches Hochgeschwindigkeits-Kommunikationsnetz der Zukunft, in Verbindung mit dem verwandten ATM (Asynchroneous Transfer Mode).

Mobilfunknetze/Satellitenfunk

Die Nutzung von Funknetzen für die Sprachkommunikation nimmt ständig zu. Datenkommunikation mit Hilfe der bereits erwähnten Zusatzausrüstungen (z.B. Notebook, PCMCIA-Adapter, Mobiltelefon) ist für Außendienst und einige andere Tätigkeitsfelder unverzichtbar. Aus Kostengründen sollte diese Art der Informationsübermittlung jedoch nur als Ergänzung anderer Formen dienen.

Die Qualität der gegenwärtig verfügbaren Funknetze (z.B. D1, D2, E-Plus) unterscheidet sich kaum; für die Auswahl sollten deshalb eher die Flächendeckung sowie die Kommunikationskosten eine Rolle spielen.

Datenkommunikation per Mobilfunk verlangt höhere Übertragungsqualität als Sprachkommunikation im gleichen Netz. Das sollte bei der Nutzung eines Mobilfunknetzes für Datenübertragung berücksichtigt werden. So wird der Versuch, ein Fax aus dem fahrenden Kraftfahrzeug zu übertragen, in der Regel aus technischen Gründen mißlingen.

Ähnlich dem ISDN steht für die Übertragung ein Nutzkanal (B-Kanal) sowie ein Steuerkanal (D-Kanal) zur Verfügung. Die Übertragungsleistungen hängen überwiegend vom Fabrikat des benutzten Modems ab. Bei Zugrundelegen eines Tarifs von 39 Pfennig pro Minute und einer maximalen Übertragungsrate von 9600 Bit/s kostet die Übertragung von zwei Faxseiten im Funknetz zwischen 4,21 DM und 5,72 DM, während die Gebühren für das gleiche Fax im Fernbereich des Festnetzes etwa 0,96 DM betragen.

Bis zur Jahrtausendwende dürfte die mobile Kommunikation über Satelliten eine zunehmende Bedeutung erlangen. Verschiedene Gesellschaften positionieren derzeit Satelliten im „Low Earth Orbit (LEO)", um so eine weltweite Flächendeckung zu erreichen. Über spezielle Mobiltelefone soll der Kunde in Zukunft unter einer Nummer und ohne zusätzliche Kosten und Verfahren selbst in den entlegensten Ecken telefonieren können. Die Tarifstrukturen dieses Netzes sind noch nicht bekannt. Die Nutzung von Satellitenfunk ist sicherlich für global agierende Unternehmen von Interesse, weniger für Telearbeit an sich.

Schon heute spielen Satelliten beim Aufbau von unternehmenseigenen Netzen, sogenannten Corporate Networks, eine bedeutende Rolle. Verschiedene Provider bieten beispielsweise den Internetzugang über Satellit an, der französische Mineralölkonzern elf Aquitaine nutzte Satellitenkommunikation, um seine Tankstellen in Ostdeutschland nach der Wende an das Unternehmensnetz anzubinden.

Da für Telearbeit im engeren Sinne Mobilkommunikation, insbesondere Satellitenkommunikation eher die Ausnahme bildet, sollen Funknetze als Basis für das mobile Büro hier nicht weiter diskutiert werden.

4.2.2 Die Voraussetzungen im Unternehmen schaffen

Kommunikation zwischen Unternehmen und Telearbeiter verlangt Zugangsmöglichkeiten zu einem Weitverkehrsnetz, über das beide Teilnehmer erreichbar sind. Die notwendigen Maßnahmen auf der Seite der Teleheimarbeitsplätze wurden bereits diskutiert. Auf Unternehmensseite müssen ebenfalls Voraussetzungen zum gegenseitigen entfernten Zugriff durch die Rechner der Telearbeitsplätze auf das Unternehmensnetz und umgekehrt geschaffen werden. Die Verantwortlichen für die Realisierung des Netzzugangs haben dabei zu berücksichtigen, daß an einem einzelnen Telearbeitsplatz i.d.R. nur eine Datenleitung für den Transfer verlangt wird, daß in der Unternehmenszentrale dagegen oft gleichzeitig mehrere Telearbeiter oder andere Kommunikationspartner den Zugang benötigen.

Remote-Access-Server

Für Remote Access, den Zugriff von entfernten Rechnern, gibt es unterschiedliche Lösungsmöglichkeiten. Oft wird ein Remote-Access-Server oder ein Multiprotokollrouter zwischen Weitverkehrsnetz und Unternehmensnetz geschaltet (s. Abb. 4.4.). Dabei kann der Remote-Access-Server

- Hardware sein, d.h. ein dedizierter Server, der nur die Aufgabe der Kopplung von entfernten Rechnern oder LAN mit dem Unternehmensnetz hat, oder
- geeignete Software sein, die auf einem Server installiert ist.
  Derartige Softwarelösungen werden manchmal sogar mit dem Netzwerkbetriebssystem geliefert.

Der Einsatz von dedizierten Remote-Access-Servern empfiehlt sich schon deshalb, weil sie i.d.R. so konfiguriert werden können, daß sie hinsichtlich der Anzahl nutzbarer Schnittstellen zu Modems oder zum ISDN größere Flexibilität und Performance gewährleisten können. Zudem vereinigen solche speziellen Anlagen umfangreiche Schutzmaßnahmen, die das Netz gegenüber dem Zugriff unberechtigter Dritter abschirmen. Moderne Remote-Access-Server besitzen unter anderem folgende Eigenschaften:

- Sie besitzen mehrere Schnittstellen zum LAN sowie eine skalierbare Anzahl von Schnittstellen zu ISDN oder/und Modems, daß heißt, sie können nachträglich um- oder aufgerüstet werden.
- Sie sorgen für höhere Übertragungsraten durch Datenkompression, Filter zum Zurückweisen nicht übertragungswürdiger Daten sowie Kanalbündelung bei ISDN.
- Umfangreiche Funktionen und Sicherheitsmechanismen zur Gewährleistung von Datenschutz und Datensicherheit.

Bei der Auswahl von Remote-Access-Servern spielen folgende Aspekte eine Rolle:

- Art und Anzahl der notwendigen Verbindungen nach außen (analog/digital)
- Performance, Übertragungskapazitäten
- Art der Schnittstelle zum Unternehmens-LAN und unterstützte Protokolle
- Software zur Konfiguration für den Remote-Access-Server und die angeschlossenen Clients
- Gewährleistung der Datensicherheit
- Management des Remote Access
- Möglichkeit des Anwählens von Onlinediensten

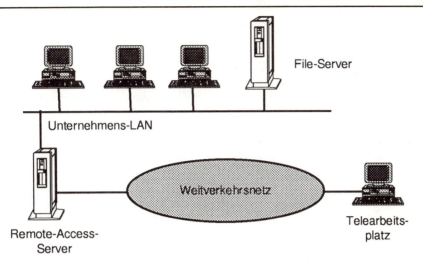

File-Server

Unternehmens-LAN

Weitverkehrsnetz

Remote-Access-
Server

Telearbeits-
platz

Abb. 4.4. Remote-Access-Server als Schnittstelle zwischen Unternehmens-LAN und WAN

Multiprotokoll-Router

Das Spektrum der Lösungen für Schnittstellen zwischen Weitverkehrsnetzen und Unternehmensnetz bzw. LAN eines Telehauses wächst ständig. Sieht man von der einfachsten Lösung, dem Modem zwischen PC und Telefonnetz ab, so bildet i.a. ein Router allein oder in Kombination mit anderen Geräten eine Lösung für die Verbindung eines lokalen Netzes mit einem Weitverkehrsnetz. Router mit ihrer Fähigkeit zur Wegewahl haben folgende Aufgaben:

- Herstellung einer Verbindung zwischen Endgeräten
- Ausgleich unterschiedlicher Geschwindigkeiten
- Realisierung von Sicherheitsmechanismen
- Reduzierung des Datenvolumens durch Filterfunktionen
- Segmentierung lokaler Netze in einzelne Teilnetze

Abbildung 4.5. zeigt einige Varianten der Routernutzung. Der erste Router besitzt einen LAN-Port (daß heißt einen Anschluß des Routers an das LAN) mit einen LAN-Protokoll, z.B. Ethernet. Der WAN-Port dient dem Übergang in ein Weitverkehrsnetz mit einem entsprechenden Protokoll, beispielsweise PPP.
Wenn mehrere Computer über ein einziges Modem mit der Außenwelt verbunden werden sollen, so kann der Router vor das Modem geschaltet werden. Ebenso kann auf diese Weise ein ISDN-Anschluß für mehrere Rechner genutzt werden. Manche Hersteller bieten inzwischen Zugangspunkte als sog. WAN-Access-Switches an, die beispielsweise bis zu 48 analoge oder 120 digitale Wählverbindungen realisieren können.[38]

---

[38] s. Ebenda, S. 46

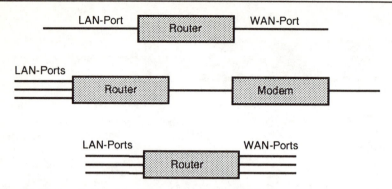

Abb. 4.5. Router als Schnittstelle zwischen LAN und WAN

Auf das Konzept, sowohl digitale als auch analoge Weitverkehrsnetze für Remote Access zu nutzen, kann vorläufig nicht verzichtet werden. Das Unternehmen kann zwar für seine eigenen Telearbeiter ISDN-Anschlüsse einrichten lassen, es muß jedoch davon ausgehen, daß auch weiterhin Zugriffe anderer Partner über das analoge Telefonnetz erfolgen, zumal Modems mit wachsender Leistungsfähigkeit als Alternative oder Ergänzung zu ISDN zur Verfügung stehen. Die Anbindung entfernter Nutzer kann jedoch durch Integration von analogen Modem- und digitalen ISDN-Funktionen in einem Gerät realisiert werden. Solche Architekturen sind unter dem Begriff „Modem ISDN Channel Aggregation" (MICA) bekannt geworden.[39]

Schutz des Unternehmensnetzes gegen unberechtigten Zugriff

Sicherheitsmechanismen, die in die zugehörigen Verbindungsprotokolle integriert wurden, gewährleisten, daß nur berechtigte Nutzer Zugriff zum Unternehmensnetz bekommen.

Als Beispiel seien die folgenden Mechanismen genannt:

- Password-Authentication-Protocol (PAP)
  Dieses spezielle Protokoll schützt die Übertragung von Paßwörtern zur Kontrolle von Zugangsberechtigungen über öffentliche Netze gegen unberechtigtes „Mithören" ab.
- Challenge-Handshake-Authentication-Protocol (CHAP)
  Hier wird die Berechtigung des von außen Zugreifenden nicht nur während des Verbindungsaufbaus, sondern auch während der Zeit der Verbindung überprüft.

---

[39] Vgl. Felske, K.: Remote-Zugriff. PC-Netze 5, 50-51 (1996)

- Call Back
  der Remote-Access-Server ruft den per Paßwort identifizierten Nutzer unter der Telefonnummer zurück, die in seiner eigenen Datenbank eingetragen ist. Auf diese Weise kann sich ein konkreter Anwender nur von einem bestimmten Telefonanschluß aus einwählen.

- Firewall
  Firewalls ermöglichen die Zugriffe auf das zu schützende Netz nur über einen definierten Zugang, in den die entsprechenden Kontrollmechanismen integriert wurden. Ständiges Protokollieren aller An- und Abmeldungen sowie aller Dateitransfers erlauben die Kontrolle über erlaubte Zugriffe oder über Einbruchsversuche durch Unbefugte.

- Dongles (als sog. Remote Security Adapter)
  Die Anmeldung am Unternehmensnetz ist nur dann möglich, wenn an dem Rechner, über den der Zugang erfolgen soll, eine spezielle Hardwareerweiterung vorhanden ist. Diese kann als Schnittstellenkarte in den PC eingebaut sein oder muß als zusätzliches Gerät auf eine der externen Schnittstellen aufgesteckt werden.

4.2.3 Die Rolle des ISDN für die Telearbeit

Der Telearbeiter sollte mit dem Unternehmen sowie mit anderen Kommunikationspartnern gleichzeitig telefonieren und Faxe oder Daten versenden bzw. empfangen können. Besitzt er einen ISDN-Anschluß, gibt es keine Probleme, denn der Basisanschluß verfügt über zwei Nutzkanäle (B-Kanäle), die gleichzeitig für unterschiedliche Dienste genutzt werden können. Hierbei kann auch mit zwei unterschiedlichen Zielen parallel Kommunikation erfolgen. Der Telearbeiter mit ISDN-Anschluß ist also auch dann noch telefonisch erreichbar, wenn er gleichzeitig mit seinem Rechner am Firmennetz angemeldet ist. Mit einem einzigen Analoganschluß ist dies nicht möglich.

Für parallele Kommunikation können natürlich auch analoges Telefon und Modem genutzt werden, dies jedoch um den Preis zweier gesonderter Telefonanschlüsse mit doppelter Grundgebühr, die höher ist als die Grundgebühr eines ISDN-Basisanschlusses. Alternierende Benutzung eines einzigen Analoganschlusses durch Telefon, Fax und PC sollte gar nicht erst in Betracht gezogen werden. Dies würde die Kommunikationsfähigkeit des Telearbeiters erheblich einschränken.

Das ISDN-Netz erlaubt i.a. höhere Übertragungsgeschwindigkeiten als die Modemnutzung, denn je B-Kanal sind 64 KBit/s möglich. Im Bedarfsfall können beide B-Kanäle gebündelt werden, so daß die Übertragungsgeschwindigkeit bei 128 KBit/s liegt. Zu beachten ist allerdings, daß die effektive Geschwindigkeit durch die langsamste Stelle in der Übertragungskette bestimmt wird.

Deshalb bedarf es stets der Untersuchung möglicher Engstellen auf dem Übertragungsweg. Als Beispiel sei das konventionelle Faxgerät (Gruppe 3) genannt. Sein Übertragungsprotokoll ist auf das analoge Netz zugeschnitten. Deshalb kann auch bei Anschluß an das ISDN-Netz über einen ISDN-Adapter oder eine ISDN-Telekommunikationsanlage die Übertragungsrate nicht erhöht werden.

Der Filetransfer über größere Entfernungen zum Ferntarif sollte auch bei ISDN-Nutzung aus Kostengründen möglichst vermieden werden. Eine Alternative stellt das Anhängen des zu übertragenden Files an eine E-Mail dar. E-Mails lassen sich über geeignete Online-Dienste i.d.R. zum Ortstarif versenden.

Bei Nutzung von ISDN im Dialogbetrieb entstehen mit unter lange Wartezeiten während der Datenübertragung, die wegen der rein zeitabhängigen Berechnung der Kommunikationskosten ebenfalls bezahlt werden müssen. Die Leitungsverbindung wird in der Pause zwischen Anfrage und Antwort jedoch nicht benötigt, sie wird somit nicht effektiv genutzt. Deshalb gibt es Lösungen, die nach der Datenübertragung die Verbindung nur noch bis zum Ende der ohnehin zu bezahlenden Taktzeit halten. Die Verbindung wird mittels automatischem Wählvorgang sofort wieder aufgebaut, wenn eine erneute Datenübertragung erfolgen soll. Diese Lösung, die sog SHM-Funktion (Short Hold Mode) sollte bei ISDN-Nutzung unbedingt zur Verfügung stehen.[40]

Die Fördermaßnahmen der Deutschen Telekom im Jahre 1996 haben zu einer starken Zunahme der Anzahl von ISDN-Anschlüssen in Deutschland geführt, insbesondere auch bei Privathaushalten. Die Deutsche Telekom realisierte ISDN in den ersten Jahren auf der Grundlage des nationalen Protokolls 1TR6. Ende 1993 wurde Euro-ISDN eingeführt. Die Übertragung erfolgt nunmehr mit Hilfe des europäischen Protokolls DSS1; die Unterstützung des nationalen Protokolls läuft im Jahr 2000 aus. Damit werden in ganz Europa die Voraussetzungen für schnellen und störungsfreien Austausch von Sprache und Daten nach einheitlichen Übertragungsprotokollen geschaffen. Die gegenwärtig angebotenen Hard- und Softwareprodukte basieren auf Euro-ISDN.

Aus der Sicht der Telearbeit sind eine Reihe von Leistungsmerkmalen innerhalb des Netzes T-Net-ISDN der Telekom interessant:

- Schneller Verbindungsaufbau (1 bis 2 Sekunden)
- Entlastung der Nutzkanäle von Steuerinformationen durch Vorhandensein eines Steuerkanals (D-Kanal)
- Hohe Übertragungsgeschwindigkeit (64 KBit/s), bei Bedarf doppelte Übertragungsgeschwindigkeit durch Kanalbündelung (128 KBit/s)
- Vergabe mehrerer Rufnummern für einen Anschluß und damit direkte Erreichbarkeit unterschiedlicher Geräte wie Telefon, Fax, PC
- Anklopfen, Rückruf bei besetztem Anschluß

---

[40] Vgl. hierzu wie zur gesamten ISDN-Problematik: Badach, A.: ISDN im Einsatz. Bergheim: DATACOM 1994

- Anrufweiterschaltung; ein besonders wichtiges Merkmal für Telearbeiter, die zu Hause wie im Unternehmen unter der gleichen Rufnummer erreichbar sein sollen
- Rückfragen, Makeln
- Dreierkonferenz
- Nachweis der Verbindungskosten je Rufnummer
- Einrichten geschlossener Benutzergruppen (GBG)
- Erreichbarkeit anderer leistungsfähiger Netze, z.B. Datex-P

Das Unternehmen kann zwischen unterschiedlichen Funktionsvarianten wählen, wenn es ISDN nutzen will. Mit Beginn des offenen Telekommarktes 1998 wird auch die Anzahl der ISDN-Anbieter steigen und damit das Spektrum der verfügbaren Servicedienste und Kostenstrukturen. Außerdem sind viele der Vorteile aus dem ISDN-Netz, wie beispielsweise das Makeln von Anrufen oder die Rufumleitung, auch in anderen Netzes, etwa im Bereich des Mobilfunks, vorhanden.

Basisanschluß

Der Basisanschluß verfügt mit seiner S_0-Schnittstelle über zwei Nutzkanäle mit je 64 KBit/s und einem D-Kanal als Steuerkanal mit 16 KBit/s. Der Steuerkanal dient zum Aufbau der Kommunikationsverbindung und zur Signalisierung zwischen den Endgeräten während der Kommunikation. Der eigentliche Datenaustausch, also beispielsweise die Übertragung der digitalisierten Sprachdaten, erfolgt über die B-Kanäle.

Ein ISDN-Anschluß kann als Mehrgeräteanschluß oder als Anlagenanschluß (s. unten) eingerichtet werden. Dem Teilnehmer werden bei einem Mehrgeräteanschluß drei oder (auf Wunsch) mehr Rufnummern zugeteilt, über die sowohl die konventionellen analogen Geräte (Faxgerät, analoges Telefon, Anrufbeantworter) als auch ISDN-Telefon oder PC direkt anwählbar sind.

Typisch für Telearbeitsplätze im Heimbereich oder in kleinen Satellitenbüros ist ein Mehrgeräteanschluß mit einer kleinen ISDN-Telekommunikationsanlage (TK-Anlage) als Schnittstelle zwischen dem Netzzugang zum ISDN (NTBA), und den angeschlossenen Endgeräten. Ein Vorteil dieser Lösung besteht darin, daß auch gebührenfreie Interngespräche möglich sind, z.B. zwischen Telearbeiter und einem Familienmitglied in einem anderen Raum. Bei der Planung kleiner TK-Anlagen im Telearbeitsbereich sollten mögliche Erweiterungen der angeschlossenen Geräteumgebung berücksichtigt werden.

Zwei oder mehrere Basisanschlüsse

Zwei oder sogar mehrere Basisanschlüsse als Anlagenanschlüsse kommen u.a. für kleine oder mittlere Unternehmen in Betracht. Wenn dort Telearbeiter beschäftigt sind und im Unternehmen intensive Sprach- und Datenkommunikation mit der Außenwelt stattfindet. Ein Anlagenanschluß verbindet dabei sowohl analoge wie auch digitale Endgeräte über das ISDN-Netz mit der Außenwelt.

Er erlaubt die Durchwahl selbst zu analogen Endgeräten, beispielsweise einem älteren Faxgerät, über Nebenstellennummern. Bereits zwei Basisanschlüsse bieten vier Nutzkanäle, so daß beispielsweise gleichzeitig zwei Telefonate geführt, ein Fax empfangen und von einem PC aus Daten übertragen werden können. Weitere Basisanschlüsse sind dann zu empfehlen, wenn die Auslastung eines Primärmultiplexanschlusses (s. unten) nicht gewährleistet ist.

Primärmultiplexanschluß

Ein Primärmultiplexanschluß stellt über die S_{2M}-Schnittstelle 30 Nutzkanäle sowie einen D-Kanal als Steuerkanal zur Verfügung. Hierbei weist jeder Kanal eine Übertragungsrate von 64 KBit/s auf. Anders als beim Basisanschluß verfügt hier auch der Steuerkanal (D-Kanal) über diese Kapazität.

Die Grundgebühr beträgt dementsprechend ein Vielfaches eines Basisanschlusses. Dennoch lohnt ein Vergleich: Ein Primärmultiplexanschluß kostet monatlich 518 DM Grundgebühr, neun Basisanschlüsse mit nur 18 Nutzkanälen mit Anlagenanschluß bereits 576 DM.[41]

Primärmultiplexanschlüsse bilden die Basis intensiver externer Kommunikation in mittleren oder großen Unternehmen; sie werden deshalb unter dem Blickwinkel der Telearbeit beispielsweise die Schnittstelle zum Remote-Access-Server in der Unternehmenszentrale bilden.

Zugang zu Datex-P

In den Fällen, in denen häufig kurze Dialoge notwendig sind, bieten sich paketvermittelnde Dienste wie Datex-P an. Beispiele für Dialoganwendungen im Telearbeitsumfeld stellen Datenbankanfragen auf dem Datenbankserver des Unternehmens dar. An anderer Stelle wurde bereits erwähnt, daß die hohen Grundgebühren eines Datex-P-Anschlusses einen derartigen Zugang für Telearbeitsplätze verbieten. Der Zugang zum Datex-Netz über den D-Kanal (s. oben) gehört jedoch durchaus zu bedenkenswerten Alternativen.

Zugang zu Online-Diensten

Die Nutzung von Online-Diensten und dem Internet wird zunehmend unverzichtbarer Bestandteil von Telearbeitsanwendungen. Die Rolle der Online-Dienste für die Telearbeit wird unten besprochen. Hier sei lediglich bereits erwähnt, daß ISDN den Zugang zu Online-Diensten sowie zu Internet-Service-Providern kostengünstig ermöglicht. Ein wichtiger Aspekt bei der Nutzung von

---

[41] Stand vom Mai 1997

Online-Diensten besteht darin, daß die Dienste oder Internet-Provider meist zum Ortstarif erreichbar sind. Das ist zum Beispiel bei T-Online, dem entsprechenden Dienst der Deutschen Telekom, der Fall.

4.2.4 Benötigen Telearbeiter Kommunikationsdienste?

Die Basisdienste der Deutschen Telekom und anderer Netzbetreiber dienen im wesentlichen der Herstellung einer Verbindung zwischen Kommunikationspartnern. Online-Dienste bieten darüber hinaus den Zugang zu Datenbanken sowie anderen Informationsangeboten. Sie erlauben Homebanking und ermöglichen das Versenden von elektronischer Post (E-Mail) ebenso wie den Zugang zu elektronischen Verkaufsangeboten.

Online-Dienste

Ein Online-Dienst ist im Grunde genommen ein proprietärer Rechnerverbund. Er kennzeichnet sich insbesondere dadurch, daß er weder feste Strukturen aufweist, noch die selben Rechner über den Online-Dienst miteinander kommunizieren. Die angemeldeten Kunden als Mitglieder können auf einen oder mehrere zentrale Server zugreifen. Zum Angebot der Online-Dienste gehört auch die Vermittlung des Zugangs zum Internet. Die Verantwortlichen für die Einführung der Telearbeit im Unternehmen müssen prüfen, ob und weshalb Online-Dienste und Internet auch für die Telearbeit eine Rolle spielen. Die Antwort wird u.a. davon abhängen, welche Aufgaben der Telearbeiter zu erfüllen hat.

Telearbeiter nutzen Online-Dienste u.a. für

- E-Mail
- Gewinnung von aktuellen Informationen aus dem ständig steigenden Angebot der Dienste oder aus dem Internet
- Laden von Gerätetreibern oder Shareware
- Zugriff auf Datenbanken in aller Welt
- Teilnahme an Diskussionsforen
- Zugang zum Internet
- Zugang zu einem unternehmensinternen Intranet

Zu den wichtigsten Online Diensten in Deutschland gehören T-Online, der aus Btx bzw. Datex-J hervorgegangene Dienst der Deutschen Telekom, sowie CompuServe und AOL (America Online/Bertelsmann). Das Informationsangebot bei allen diesen Diensten unterscheidet sich immer weniger. Allerdings gibt es Unterschiede in der Bedieneroberfläche und Übersichtlichkeit der Angebote. Für die Entscheidung, welcher Online-Dienst ausgewählt werden sollte, spielen vor allem die zu erwartenden Kosten eine Rolle.

Die Kosten bestehen im wesentlichen aus drei Komponenten. Die erste umfaßt den monatlichen Grundtarif für die Mitgliedschaft, der in der Regel kaum ins Gewicht fällt. Zur zweiten Komponente gehören die zeitabhängigen Verbindungsentgelte für die Dienstnutzung sowie die Telefongebühren für die Verbindung bis zum nächsten Einwahlknoten. Für CompuServe und AOL sind diese Einwahlknoten zumindest in Großstädten und Ballungsräumen vorhanden. Dann fallen lediglich Gebühren zum Ortstarif an, andernfalls muß mindestens mit dem Regionaltarif gerechnet werden. T-Online bietet einen flächendeckenden Zugang zum Ortstarif an. Kosten für die dritte Komponente entstehen, wenn Informationsanbieter Gebühren verlangen. So verlangt z.B. die elektronische Telefonauskunft ein Entgelt, das allerdings günstiger ausfällt als bei der telefonischen Auskunft.

Electronic Mail

Electronic Mail dient sowohl der unternehmensinternen als auch der externen Kommunikation. Nachrichten, als E-Mail verschickt, erreichen ihren Adressaten weltweit nahezu sofort. Ihr Transport ist deutlich billiger als Brief- oder Faxversand.

An E-Mails können Dateien unterschiedlicher Formate angehängt werden. Diese Art des Filetransfers ist i.a. die kostengünstigste. Allerdings treten manchmal Probleme auf, wenn die angehängte Datei zu groß ist. E-Mail-Software erlaubt bequemes Beantworten einer Mail und Versenden von Kopien an andere Empfänger. Auf den Visitenkarten ist die E-Mail-Adresse heute ebenso wichtig wie Postadresse und Telefonnummer.

Internet

Das Internet mit seinen vielfältigen Dienstangeboten wird zunehmend für alle, die in irgendeiner Form mit Information und Kommunikation arbeiten, unverzichtbar. Für Unternehmer, Führungskräfte, Mitarbeiter unterschiedlicher Bereiche, für Schüler und Studenten sowie für viele Privatleute bedeutet das Internet eine wichtige Quelle der Information und ein nützliches Instrument für den Informationsaustausch.

Immer mehr Unternehmen präsentieren sich im Internet, insbesondere im World Wide Web (WWW) mit seiner graphischen Bedieneroberfläche. Im Grunde erweist sich bereits heute die Präsenz im WWW als zwingend notwendig. Das gilt nicht nur für große, sondern auch für kleine und mittelständische Unternehmen. Die ständig wachsende Menge von angeschlossenen Rechnernetzen und WWW-Servern führt zu neuen Chancen, aber auch zu Risiken der modernen Informationsgesellschaft.

Zu den Problemen gehört, daß das Internet und damit das darin genutzte WWW keinerlei Strukturierung aufweist. Die Suche nach einer speziellen Information im Netz gleicht ohne Kenntnis der entsprechenden Internet-Adresse des Servers der nach der sprichwörtlichen Nadel im Heuhaufen. Der Benutzer ist auf die Unterstützung durch sog. Suchmaschinen angewiesen. Weiterhin benötigt der WWW-Teilnehmer viel Selbstdisziplin, da er sich sehr schnell zu Informationen verirren kann, die ihn zwar interessieren, die jedoch nicht zu den für seine Arbeitsaufgabe relevanten gehören.

Der Telearbeiter soll den Zugang zum Internet möglichst kostengünstig finden. Ist er bereits Mitglied eines Online-Dienstes, so kann er prüfen, zu welchen Konditionen der Zugang zum Internet über dessen Gateway erfolgt. Die Anbieter stellen die WWW-Browser gleich mit zur Verfügung. Der Internet-Zugang ist dabei entweder mit der Gebühr für den Online-Zugang abgegolten oder er wird gesondert zeitabhängig berechnet. T-Online berechnet zusätzlich 5 Pf/min.

Internet-Provider

Besteht keine Mitgliedschaft bei einem Online-Dienst, so bieten sich Internet-Provider an, die über Modem oder ISDN erreichbar sind. Die Provider sind grob in Internet-Service-Provider (ISP) und Internet-Presence-Provider (IPP) zu gliedern.[42] ISP betreiben Teilnetze des Internet und sorgen dafür, daß von ihren oder in ihrem Auftrag betriebenen Zugangspunkten (POP: Point of Presence) aus das gesamte Internet erreicht wird. IPP gestalten für Kunden die sog. Webseiten mit den dahinter liegenden Informationen.

Internet-Service-Provider verwenden unterschiedliche Tarifmodelle. Der Pauschaltarif erlaubt zeitlich unbegrenzte Nutzung, der zeitabhängige Tarif basiert auf der Nutzungszeit in Minuten, während beim volumenabhängigen Tarif das Volumen der aus dem Internet zum Nutzer übertragenen Daten zugrunde gelegt wird. Hinzu kommen in jedem Falle die Verbindungskosten. Deshalb ist unbedingt darauf zu achten, daß der Provider einen Zugang im Ortsnetz anbieten kann. Bei der Auswahl eines Anbieters ist außerdem zu berücksichtigen, daß nicht immer alle Internet-Dienste angeboten werden, und daß andererseits Tarife günstiger sein können, wenn nur Mail und WWW genutzt werden sollen. Die Auswahl eines Providers hängt also von den benötigten Diensten und seinen Tarifen ab.

Intranet

Die Erfolge des Internet führten zu Überlegungen, dessen Technologien und Dienste sowie die darin verwendeten Such- und Darstellungsmethoden auf unternehmensinterne Netze anzuwenden. Daraus entstand der Begriff des Intranet. Wenn auch die Ausbreitung von Intranets in Europa wiederum langsamer als in den USA verläuft, so ist davon auszugehen, daß in wenigen Jahren zumindest die

---

[42] s. auch: Lux, H., Heinen, I.: Der Internet-Markt in Deutschland. Provider & Dienstleister. 2. Auflage. Heidelberg: dpunkt Verlag für digitale Technologie 1997

größeren und mittleren Unternehmen die Implementierung von Intranets vollzogen haben werden.

Telearbeitsplätze lassen sich durch Verwendung eines Internetzugangs problemlos in die geschlossene Benutzergruppe eines Intranets, gleich an welchem Ort sich die zugehörigen Intranet-Server befinden, integrieren. Deshalb soll hier die Grundphilosophie kurz skizziert werden. Allgemeingültige Definitionen, die alle Eigenschaften abdecken, sind erst im Entstehen. Das Intranet basiert auf der gleichen Technologie wie das Internet, nur hat auf das Intranet ausschließlich eine geschlossenen Benutzergruppe Zugriff. Es funktioniert für den Anwender also prinzipiell wie das Internet, allerdings handelt es sich innerhalb des Intranets um ein exklusives Angebot ausschließlich für Mitarbeiter des Unternehmens (s. auch Kapitel 10).

Die Gemeinsamkeiten des Intranet mit dem Internet gelten als Erfolgsfaktoren. Ein Intranet

- basiert auf Internet-Technologien, insbesondere auf dem Protokoll TCP,
- bietet Dienste und Anwendungen wie im Internet an,
- erlaubt insbesondere intuitive Bedienung durch graphische Bedieneroberflächen mit multimedialen bzw. Hypertextelementen,
- verwendet Standardsoftware wie Internet-Browser,
- ist plattformunabhängig.

Dokumente innerhalb des Netzes können als sogenannte Hypertextdokumente angelegt werden. Sie weisen multimedialen Charakter auf, indem sie verschiedene Medien wie Sprache, Text, Ton und Video miteinander verbinden und zusätzlich Links zu anderen Dokumenten enthalten. Intranet verkörpert eine völlig neue Philosophie der Informationsverarbeitung in Unternehmensnetzen: Die Träger der Informationen leben ohne Ordnung.

Im Unterschied zum Internet hat das Intranet mit dem Unternehmen einen identifizierbaren Betreiber und steht nur einer definierten Menge von Benutzern zur Verfügung. Diese können zwar ggf. Informationen aus dem Internet holen, aber aus Sicherheitsgründen erfolgt keine vollständige Integration aller Internet-Benutzer in das Intranet. Firewalls schützen das firmeninterne Netzwerk.

Telearbeiter müssen in das Intranet integriert werden, wenn sie die Erfolgsfaktoren dieser neuen Technologien nutzen sollen. Allgemeine Regeln für die Integration der Telearbeitsplätze in ein Intranet werden erst entstehen. Eine Möglichkeit besteht, wie bereits beschrieben, beispielsweise darin, daß der Telearbeitsplatz über einen örtlichen Internet-Provider mit der Unternehmenszentrale verbunden ist. Dadurch ist der Telearbeiter in das Intranet integriert.

Die damit zusammenhängenden Probleme des Zugriffsschutzes, der Authentizität und der Verschlüsselung sensibler Daten sind sicher durch verfügbare Hard- und Software lösbar. Es muß dabei beachtet werden, daß die Performance unter den Schutzmaßnahmen leidet, z.B. unter der Codierung von Daten vor ihrer Übertragung. Deshalb sollten hier ggf. Kompromisse angestrebt werden.

Novell hat mit IntraNetware als erster Anbieter eines Netzwerkbetriebssystems seinem Betriebssystem NetWare Komponenten hinzugefügt, die eine Erweiterung des Unternehmensnetzes zu einem Intranet gestatten. Gleichzeitig stellt die Einbindung in das unternehmenseigene Intranet über einen Internet-Provider die einfachste Form dar, Telearbeiter in die Unternehmenskommunikation zu integrieren. Die Nutzung des Intranet birgt außerdem den Vorteil, daß die Mitarbeiter jederzeit unabhängig von Zeit und Ort Zugang zu ihren Daten und Applikationen innerhalb des Unternehmensnetzes haben.

4.3 Kostenübersicht

Telearbeitsplätze sollen Vorteile für das Unternehmen, den Telearbeiter sowie für Umwelt und Gesellschaft bringen. Sie sollen einen Beitrag zur Kostensenkung im Unternehmen durch Einsparung teuren Büroraums leisten, aber auch die Fahrtkosten des Arbeitnehmers zum entfernten betrieblichen Arbeitsplatz senken. Die Vorteile lassen sich jedoch kaum wertmäßig ausdrücken, zumal dafür noch nicht genügend Statistiken und Erfahrungen vorliegen. Etwas besser lassen sich die Kosten für die Einrichtung von Telearbeitsplätzen und für den laufenden Betrieb überschauen.

4.3.1 Kosten für die Einrichtung des Telearbeitsplatz in der Wohnung

Tabelle 4.1. gibt eine Grobübersicht über die bei der Einrichtung eines Telearbeitsplatzes zu erwartenden Kosten. Dazu muß angemerkt werden, daß diese Preise ständig in Bewegung sind und daß die Spanne für bestimmte Geräte je nach Leistungsfähigkeit recht groß sein kann. Dennoch läßt sich sagen, daß für die Einrichtung eines normalen Telearbeitsplatzes mindestens 4.000 DM aufzubringen sind. Oft sind neue Büromöbel zu beschaffen. Dann kommen noch mindestens 3.000 DM hinzu.

Wird die Beschaffung eines multimedialen Arbeitsplatzes erwogen, also höhere Anforderungen an Grafik-, Soundausgabe sowie die vorhandenen Ein- und Ausgabegeräte gestellt, so müssen erheblich höhere Einrichtungskosten veranschlagt werden. Die Preise der Hardware schließen in den meisten Fällen das Betriebssystem und Basissoftware, z.B. ein Office-Paket ein. Für spezielle Tätigkeitsfelder sind die Lizenzen der entsprechenden Anwendersoftware hinzuzurechnen.

Tabelle 4.1. Kosten bei der Einrichtung eines Telearbeitsplatzes mit ISDN-Anschluß

Ausrüstung	Standard	Zusatz
PC mit Monitor 15" oder 17" und CD-ROM-Laufwerk	3.000 bis 6.000 DM	
Tintenstrahldrucker (A 4)	350 bis 1.000 DM	
ISDN-Karte (passiv) für PC	150 bis 500 DM	
ISDN-Anschluß (Installation)	100 DM	
TK-Anlage für Basisanschluß	600 bis 1.500 DM	
Soundkarte und Lautsprecher		150 bis 500 DM
Videokarte		250 DM
ISDN-Telefon		200 bis 1.000 DM
Flachbettscanner		400 bis 1.100 DM
Faxgerät		500 DM
Büromöbel		3.000 bis 5.000 DM

4.3.2 Betriebskosten für den Telearbeitsplatz in der Wohnung

Stärker als die Kosten für die Einrichtung eines Telearbeitsplatzes fallen die Kosten für den laufenden Betrieb ins Gewicht. Folgende Einflußgrößen bestimmen vor allem die Betriebskosten:

- Häufigkeit und Dauer der Verbindungen zwischen Telearbeitsplatz und Zentrale; dabei spielt das Volumen der zu übertragenden Daten eine wichtige Rolle
- Entfernung zwischen Telearbeitsplatz und Zentrale
  Da die Verbindungskosten im Fernbereich immer noch recht hoch sind, erlauben manche Arbeitgeber Telearbeit nur dann, wenn die Verbindungen maximal nach dem Orts- oder Regionaltarif abgerechnet werden können. Das ist bei größeren Entfernungen natürlich auch unter Nutzung von Online-Diensten möglich, sofern sie zum Ortstarif erreichbar sind (s. Internet / Intranet weiter oben)

Tabelle 4.2. soll Anhaltspunkte für mögliche Betriebskosten vermitteln. Dabei wird angenommen, daß die Kommunikation über ISDN-Wählverbindungen zum Vormittagstarif, also dem teuersten Tarif, erfolgt. Einer realistischen Größe kann je nach Entfernung die zweite und dritte Variante am nächsten kommen. In der täglichen Verbindungsdauer von etwa 120 Minuten soll auch der Anteil für Sprachkommunikation enthalten sein.

Tabelle 4.2. Monatliche Betriebskosten eines Telearbeitsplatzes mit ISDN-Basisanschluß (Standardanschluß)

Art	Verbindungsdauer 12 h/Monat City[a]	Verbindungsdauer 40 h/Monat City[a]	Verbindungsdauer 40 h/Monat Region 200[b]
Grundgebühr	46,00 DM	46,00 DM	46,00 DM
Verbindungskosten	57,60 DM	192,00 DM	768,00 DM
Sonstige variable Kostenerstattungen	100,00 DM	100,00 DM	100,00 DM
Summe	203,60 DM	338,00 DM	914,00 DM

[a] Tarif: 4,80 DM/h
[b] Tarif. 19,20 DM/h

Bei Tätigkeiten mit hohem Anteil von Telefongesprächen ist die Verbindungsdauer höher anzusetzen. Kosten für Telefongespräche fallen allerdings auch an, wenn der Beschäftigte am Firmenort arbeitet und mit Gesprächspartnern außerhalb des internen Firmennetzes telefoniert. Tabelle 4.2. soll lediglich das Prinzip der Kalkulation verdeutlichen. Bei alternierender Telearbeit mit angenommenen zwei oder drei Tagen Telearbeit pro Woche ergeben sich i.a. niedrigere Werte.

4.3.3 Festverbindung oder ISDN-Wählverbindung?

Starker Datenverkehr zwischen Telearbeitsplätzen und Unternehmenszentrale führt bei Wählverbindungen zu hohen Verbindungskosten. Deshalb muß erwogen werden, ob sich Standard-Festverbindungen (SFV) als wirtschaftlicher erweisen. Ein Vergleich der *Bereitstellungspreise* zeigt bereits große Unterschiede: Während die Bereitstellung eines ISDN-Anschlusses bei einem Teilnehmer 100 DM kostet, liegt der Bereitstellungspreis bei SFV wesentlich höher[43]:

ISDN-Basisanschluß je Ende	100 DM
SFV Digital 64 KB je Ende	2.000 DM
SFV Digital 2 MB je Ende	4.000 DM

---

[43] Quelle: Deutsche Telekom

Tabelle 4.3. Monatliche Verbindungskosten in DM, bei Telefon unter Verwendung eines ISDN-Komfortanschlusses (51 DM/Monat Grundgebühr)

Verbindungsart	FSV 64 KBit/s	Telefon 20 h/Monat	Telefon 40 h/Monat	Telefon 60 h/Monat
Nahbereich, 10 km	250,00	147,00	243,00	339,00
Ortsbereich, 20 km	772,50	147,00	243,00	339,00
Fernbereich, 50 km	1072,50	243,00	435,00	627,00
Fernbereich, 100 km	1172,50	435,00	819,00	1203,00
Fernbereich, 300 km	1497,50	453,00	855,00	1257,00

Als Telefongebühren wurden angesetzt: City: 4,80 DM/h, Region 50: 9,60 DM/h, Region 200: 19,20 DM/h, Fern: 20,10 DM/h

In Tabelle 4.3. werden Verbindungskosten für Telefon und SFV bei unterschiedlichen Entfernungen verglichen. Dabei wurde für Telefonverbindungen der Vormittagstarif angenommen. Aus dieser Tabelle folgt, daß Festverbindungen nur dann wirtschaftlich sind, wenn im Nahbereich Verbindungszeiten von mindestens drei Stunden, im Fernbereich von mindestens vier Stunden pro Werktag benötigt werden. Das ist bei den meisten Telearbeitern, die zu Hause arbeiten, nicht der Fall. Anders müssen Festverbindungen in Satellitenbüros beurteilt werden. Auch dann, wenn Telearbeiter eine Hotline betreuen, sind Festverbindungen zur Unternehmenszentrale in die Überlegungen einzubeziehen.

4.3.4 Dialogverkehr über den D-Kanal eines ISDN-Anschlusses

Wie bereits erwähnt, sind dialogorientierte Anwendungen, wie Datenbankrecherchen, dadurch gekennzeichnet, daß geringe Datenmengen als Pakete übermittelt werden. Dialoge sollten so organisiert werden, daß während der Wartezeit bis zur Antwort keine Verbindung besteht, die Gebühren kostet. Für Telearbeiter besteht die Möglichkeit, den paketvermittelnden Dienst Datex-P über den D-Kanal eines ISDN-Anschlusses zu nutzen.

In Tabelle 4.4. werden die Kosten zwischen zwei Nutzungsvarianten für eine Dialoganwendung verglichen[44]. Dabei werden folgende Annahmen getroffen:

- Die Gegenseite liegt im Ferntarifbereich.
- Sechsmal pro Arbeitstag wird ein Dialog von zehn Minuten Dauer gestartet.
- Das Nettovolumen der übertragenen Daten liegt bei jeweils 25 KByte.
- Von den sechs Verbindungen sollen je drei am Vor- und Nachmittag stattfinden.

---

[44] Quelle: Deutsche Telekom

Tabelle 4.4. Monatliche Dialogkosten via B-Kanal und D-Kanal (Datex-P)

ISDN-Wählverbindung (B-Kanal)		Datex-P (D-Kanal)	
Dauer pro Dialog	10 min	Bruttovolumen pro Dialog[a]	38,46 KB
Tarifeinheiten pro Tag bei 6 Dialogen	283,33	Bruttovolumen pro Tag bei 6 Dialogen	230,76 KB
Kosten pro Tag bei 6 Dialogen	34,00 DM	Bruttovolumen pro Monat	4,96 MB
Verbindungskosten pro Monat[b]	748,00 DM	Übertragungskosten pro Monat[b]	237,27 DM[c]
Grundpreis ISDN-Mehrgeräteanschluß	46,00 DM	Grundpreis ISDN-Mehrgeräteanschluß	46,00 DM
		Überlassung D-Kanal-Zugang	102,35 DM
		Grundpreis Datex-P	69,00 DM
Gesamtkosten pro Monat	794,00 DM	Gesamtkosten pro Monat	454,62 DM

[a] Bei einem angenommenen Segmentfüllungsgrad von 65 % sind das 25 KByte
[b] Bei 22 Arbeitstagen
[c] 1 MB Freivolumen, 2 MB für 1,1127 Pf/KB, 1,96 MB für 10,672 Pf/KB

Aus Tabelle 4.4. folgt, daß ein Datex-P-Zugang über den D-Kanal eines ISDN-Anschlusses durchaus auch bei Telearbeit lohnt, wenn hinreichend oft Dialogbetrieb im Fernbereich stattfinden muß. Im Citybereich dagegen würden die ISDN-Verbindungskosten bei diesem Beispiel auf 105,60 DM sinken. Dann wäre natürlich die Wählverbindung günstiger.

5. Die richtige Einbindung

Telearbeit erfordert nicht nur technische Ausstattung und eine geeignete Tätigkeit. Mit der Einführung von Telearbeit sind im Unternehmen teilweise drastische Änderungen notwendig, die auch Bereiche wie die Personalführung oder die Unternehmensorganisation beeinflussen. Telearbeit wirkt somit sehr vielfältig und gibt oftmals den Anstoß für einen unverzichtbaren und einschneidenden Wandel.

Viele Vorteile, die Telearbeit sowohl für den Telearbeiter aber auch für das Unternehmen mit sich bringt, wirken nur dann, wenn sie richtig umgesetzt und vor allem gut organisiert werden. Wie jede Medaille, so hat auch die Arbeitsform Telearbeit zwei Seiten. Den Vorzügen auf der einen Seite stehen andererseits Gefahren und Nachteile gegenüber.

So erfordert die Einführung von Telearbeit nicht nur ein Umdenken im Führungsverhalten (s. Kapitel 6) und in der Unternehmensstruktur (s. Kapitel 7). Telearbeit verlangt einen erheblich höheren Koordinations- und Kommunikationsaufwand seitens des Unternehmens bzw. der Führungskraft.

Vorteile, wie beispielsweise eingesparter Büroraum und somit eventuell niedrigere Mietkosten (s. auch Kapitel 2) wirken nur dann positiv für das Unternehmen, wenn schlechte Organisation und erhöhter Kommunikationsaufwand die Einsparungen nicht sprichwörtlich „auffressen". Nur mit einer durchdachten und gut organisierten Einbindung des Telearbeiters in die Unternehmensorganisation und in den betrieblichen Ablauf profitiert das Unternehmen im Endeffekt.

Positiv für den Unternehmenserfolg wirken sich dann nicht nur motiviertere und leistungsbereite Mitarbeiter, sondern auch direkte wirtschaftliche Vorteile wie beispielsweise konkrete Einsparungen aus. Vorausgesetzt natürlich, die durch Telearbeit freigesetzten Ressourcen wie Büroraum lassen sich wirtschaftlich anderweitig nutzen oder durch Verkleinerung der Betriebsfläche eliminieren.

Dieses Kapitel erläutert die wichtigen Aspekte bei der Organisation der Telearbeit und der Einbindung des Telearbeiters in das Unternehmen. Es enthält Grundregeln und Hinweise, wie Telearbeit aus betriebswirtschaftlicher Sicht im Rahmen der Organisationslehre aussehen kann und sollte. Es ist gleichzeitig als Einleitung zu den folgenden Abschnitten zu verstehen, die auf spezifische Probleme der Organisation und Umsetzung von Telearbeit eingehen.

5.1 Telearbeit und Arbeitszeitmodelle

Eine besondere Bedeutung im Rahmen der richtigen Organisation von Telearbeit kommt der Gestaltung der Arbeitszeit zu. Unter dieser ist einerseits die tägliche Arbeitszeit des Telearbeiters zu verstehen, andererseits zielt der Begriff Zeitmodell hier auf die richtige Verteilung von Telearbeit und Präsenzzeiten im Unternehmen. Während Abschnitt 5.4.2 ausführlich auf die Gestaltung der täglichen Arbeitszeit am Telearbeitsplatz eingeht, sollen hier zunächst die verschiedenen Zeitmodelle in Verbindung mit Telearbeit erläutert werden.

Unter Zeitmodellen sind dabei nicht unterschiedliche Arbeitsformen wie Schichtarbeit oder Gleitzeitmodelle zu verstehen. Vielmehr bezieht sich der Begriff „Zeitmodell" im Zusammenhang mit Telearbeit auf die zeitliche Konstellation, mit welcher der Telearbeiter seiner Tätigkeit außerhalb des Unternehmens und an einem betrieblichen Arbeitsplatz nachgeht.

Generell sind hier drei verschiedene Grundtypen denkbar (s. Abb. 5.1.):
• Permanente Telearbeit
• Alternierende Telearbeit
• Sporadische Telearbeit

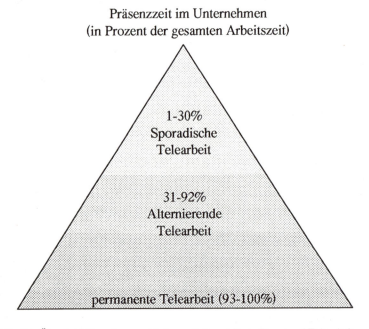

Abb. 5.1. Übersicht über die verschiedenen Zeitmodelle in Bezug auf Telearbeit

5.1.1 Permanente Telearbeit

Bei der permanenten Telearbeit verbringt der Telearbeit es nahezu seine gesamte Arbeitszeit außerhalb der betrieblichen Arbeitsstätte (s. Abb. 5.1.). Ausnahmen bilden lediglich Konferenzen und Team-Besprechungen sowie sporadische Treffen mit Kollegen und/oder dem Vorgesetzten. Ansonsten stellt die Präsenz des Telearbeiters an der betrieblichen Arbeitsstätte die absolute Ausnahme dar. Seine eigentliche Arbeit verrichtet er vollends am Telearbeitsplatz.

Aus Gründen, die dieser Abschnitt noch näher erläutert, ist diese Form der Telearbeit für den zu Hause tätigen Mitarbeiter ungeeignet. Nur in seltenen Ausnahmefällen kann permanente Telearbeit am Heimarbeitsplatz sinnvoll sein, beispielsweise bei erheblicher Körperbehinderung oder Einschränkung der Mobilität. Allein aus Gründen der sozialen Interaktion und der Integration des Telearbeiters in das Unternehmen ist permanente Telearbeit nicht zu empfehlen (s. auch Kapitel 7 und weiter unten).

Permanente Telearbeit ist am ehesten in Satellitenbüros möglich. Hier ist die Auslagerung einer kompletten Abteilung oder eines bestimmten Bereichs des Unternehmens mit allen Beschäftigten denkbar. In einem solchen Falle ist die Präsenz der Abteilungsmitglieder nur zu bestimmten Betriebsveranstaltungen wie beispielsweise einer Gesamtversammlung nötig. Die Koordination mit anderen Abteilungen und der innerbetriebliche Kontakt zu dieser ist in diesem Falle auf anderem Wege, beispielsweise über den Vorgesetzten möglich. Probleme der sozialen Isolation drängen hier nicht, da die Mitarbeiter der Abteilung in den gewohnten betrieblichen Ablauf im Satellitenbüro eingebunden sind.

5.1.2 Alternierende Telearbeit

Die alternierende Telearbeit hingegen stellt eine Mischform aus der Tätigkeit am Telearbeitsplatz und der an einem betrieblichen Arbeitsplatz dar. Bei dieser Form der Telearbeit verbringt der Mitarbeiter also nicht die gesamte Arbeitszeit außerhalb des Betriebes (s. Abb. 5.1.). Einen erheblichen Anteil seiner vertraglich festgesetzten Arbeitszeit verbringt er somit weiterhin fest eingebunden in das gewohnte berufliche Umfeld.

Auf diese Weise beugt alternierende Telearbeit den Gefahren einer sozialen Isolation und der Entfremdung aus der betrieblichen Organisation vor (s. Kapitel 7). Die Gefahren, die mit einem Abspaltungsprozeß des Telearbeiters aus der betrieblichen Organisation verbunden sind, sind hierbei nicht nur auf sozialer und persönlicher Ebene des Telearbeiters zu suchen. Auch für das Unternehmen wirkt sich eine fehlende Integration des Telearbeiters in das betriebliche Umfeld nachteilig aus.

Zunehmende Entfremdung sorgt für ein schlechteres Arbeitsklima innerhalb der gesamten Abteilung und für insgesamt geringere Arbeitsleistungen. Dies kann soweit reichen, daß der gesamte Erfolg einer Abteilung und somit des Unternehmens gefährdet ist.

Wird einer zunehmenden Anonymisierung des Telearbeiters durch fehlende persönliche Präsenz keine Vorbeuge geleistet, provoziert dies erhebliche Fehler in der Personalführung ebenso wie im grundlegenden Verhältnis des Telearbeiters zum Unternehmen. Der Telearbeiter „verkommt" für den Vorgesetzten zunehmend zu einer eigenständigen, auf Leistung verpflichteten Einheit. Die Persönlichkeit des Telearbeiters wird vollkommen vernachlässigt.

Alternierende Telearbeit vermeidet eine solche negative soziale Sonderstellung des Telearbeiters. Sie trägt außerdem zur Förderung eines wesentlichen Elementes der erfolgreichen Telearbeits-Beziehung bei: der Kommunikation zwischen dem Telearbeiter und seinen Kollegen sowie dem Vorgesetzten.

Die Integration des zu Hause tätigen Telearbeiters in die betriebliche Organisation stellt somit einen wichtigen Baustein zum Gelingen der Telearbeit dar und gehört somit zu den Pflichten des Telearbeiters und seines Vorgesetzten. Der relativ isolierten Tätigkeit am Telearbeitsplatz müssen daher ausreichende Präsenzphasen im Unternehmen gegenüber stehen.

Aus diesem Grund erscheint die Form der alternierenden Telearbeit für den zu Hause tätigen Telearbeiter als einzig sinnvolle Variante (zu der Begründung und den Auswirkungen s. auch später sowie Kapitel 7)! Auf Aspekte der Arbeitszeitverteilung zwischen betrieblicher Arbeitsstätte und Telearbeitsplatz sowie die Organisation von Telearbeit gehen die folgenden Erläuterungen daher im besonderen ein.

5.1.3 Sporadische Telearbeit

Sporadische Telearbeit bedarf hier eigentlich gar nicht der Erwähnung. Mit Bezug auf die denkbaren Zeitmodelle ist sie jedoch als eine mögliche Form der Telearbeit zu erwähnen. Bei der sporadischen Telearbeit liegt der Anteil der Tätigkeit außerhalb der betrieblichen Arbeitsstätte sehr niedrig. Die meiste Arbeitszeit wird im Unternehmen erbracht (s. Abb. 5.1.)

Die Tätigkeit am Telearbeitsplatz in der Wohnung gehört hier eher zur Ausnahme. Daß diese Form der Telearbeit kaum Sinn hat, ist wohl einsichtig. Die Einrichtung des Telearbeitsplatzes inklusive der notwendigen Geräte und Installationen erfordert erhebliche Investitionen. Diese stellen für das Unternehmen einen entsprechenden Aufwand dar.

Die nur sehr sporadische Nutzung dieser Einrichtungen steht jedoch in keinem Verhältnis zu den Aufwendungen. Die Investitionen für die nötigen Einrichtungen und Ausstattungen ergeben aus Unternehmenssicht kaum Vorteile. Beispielsweise ist bei sporadischer Telearbeit keine erhöhte Motivation der Mitarbeiter oder mehr Produktivität bzw. Kreativität zu erwarten.

Die Einrichtung eines Telearbeitsplatzes zur sporadischen Nutzung ist daher in der Regel nicht sinnvoll. Einzig denkbare Ausnahmen sind Bereiche der oberen Führungsebenen, bei denen durch Einrichtung eines heimischen Arbeitsplatzes und dessen sporadische Nutzung die produktive Arbeitsphase insgesamt verlängert wird. Beispielsweise können so Überstunden einer Führungskraft in den Abendstunden nach Hause verlagert werden, was der Integration des Mitarbeiters in sein familiäres Umfeld zu Gute kommen würde.

In anderen Fällen ist bei sporadischer Telearbeit unbedingt die Einmietung in ein Nachbarschaftsbüro oder ein Teleservice-Center zu empfehlen, um auf diese Weise die Investitionskosten für notwendige Geräte zu reduzieren. Ein Teleservice-Center oder Nachbarschaftsbüro stellt die nötigen Installationen und Kommunikationseinrichtungen dem Unternehmen zeitweise gegen Entgelt zur Verfügung. So verteilen sich die Kosten für einen Telearbeitsplatz auf mehrere Unternehmen. Die nötigen Investitionen liegen deutlich niedriger. Allerdings sind hier besondere Vorkehrungen zum Datenschutz notwendig (s. Kapitel 8).

5.1.4 Sonderformen der Telearbeit

Abschließend sei noch auf eine Sonderform der Telearbeit hingewiesen, die von den obigen Zeitmodellen nicht erfaßt wird. Gemeint ist mobile Telearbeit. Hierbei verfügt der Telearbeiter nicht über einen fest installierten Arbeitsplatz in einem Satelliten- oder Nachbarschaftsbüro oder seiner Privatwohnung, sondern ist mit mobilem Equipment wie Laptop, Reisedrucker und Mobilfunktelefon ausgestattet.

Im Prinzip verfügt der mobile Telearbeiter mit seiner Ausrüstung über die selben technischen Möglichkeiten wie andere Telearbeiter auch. Der Zugriff auf das Unternehmensnetz ist heutzutage mit Laptop und Mobilfunktelefon problemlos möglich. Der Mitarbeiter ist ständig telefonisch erreichbar, kann Einsicht in seinen elektronischen Briefkasten nehmen und wichtige Informationen an das Unternehmen überspielen.

Je nach Tätigkeitsfeld ist mobile Telearbeit gerade im Außendienst beispielsweise bei Versicherungen sowie anderen Finanzdienstleistern sehr beliebt. Aber auch im Groß- und Einzelhandel ist die Ausstattung der Außendienstmitarbeiter mit mobiler Technik sinnvoll. Diese mobilen Telearbeitsplätze nehmen jedoch kaum Einfluß auf die Organisation des Unternehmens. Vielmehr erleichtert die Ausrüstung dem mobilen Mitarbeiter seine Tätigkeit.

Bei Ausstattung von Außendienstmitarbeitern mit mobiler I&K-Technik ist deren Integration in das Unternehmen, deren arbeitsrechtlicher Status sowie deren Entlohnungsform nicht grundlegend zu ändern. Das gilt auch für die Kontrolle und Führung dieser Mitarbeiter oder Gefahren der Isolation bzw. sozialen Abspaltung. Bei fest angestellten Mitarbeitern im Außendienst tragen Präsenzphasen zur Bindung an das Unternehmen und zur Integration bei. Besondere, über das bisherige Maß hinausgehende Maßnahmen sind bei Einführung mobiler Telearbeitsplätze jedoch meist nicht erforderlich.

5.2 Alternierende Telearbeit richtig organisieren

Alternierende Telearbeit erfordert seitens des Unternehmens immer ein erheblich höheres Maß an Koordination und Kommunikation. So lassen sich die oben bereits angesprochenen wirtschaftlichen Vorteile für das Unternehmen realisieren sowie störende und frustrierende Abstimmungsprobleme mit dem Telearbeiter vermeiden.

Entscheidend bei alternierender Telearbeit ist die Mischung aus Präsenzphasen und Telearbeit. An einzelnen Tagen der Woche oder des Monats geht der Telearbeiter seiner Tätigkeit halb- oder ganztägig an einem konventionellen Büroarbeitsplatz im Unternehmen nach. Solche Präsenzphasen geben ihm außerdem die Möglichkeit, den direkten Kontakt zu Kollegen und Vorgesetzten zu pflegen und als vollwertiges Mitglied in die Organisation integriert zu sein.

Wieviel Bindung durch Präsenz braucht jedoch der „Telemensch"? Wie sieht also die richtige Mischung aus Präsenzzeiten und Telearbeit aus? Die anteilige Aufteilung zwischen der Tätigkeit außerhalb des Betriebes und den Präsenzphasen hängt maßgeblich von verschiedenen Einflußgrößen ab. Die wichtigsten Determinanten sind:

- die jeweilige Branche
- die Tätigkeit des Telearbeiters
- die herrschende Unternehmenskultur
- die beruflichen und persönlichen Fertigkeiten und Fähigkeiten des Telearbeiters
- das persönliche Umfeld des Telearbeiters

Sowohl vom Telearbeiter abhängige Variablen (4. und 5.) wie auch Unternehmensgrößen (1. bis 3.) bestimmen den Anteil, den Telearbeit an der gesamten Tätigkeit des Telearbeiters ausmacht. Auf Grund der zahlreichen Einflußfaktoren lassen sich konkrete Richtgrößen für verschiedene Tätigkeiten oder Branchen nur schwer festlegen. Auf jeden Fall sollte der Anteil der Telearbeit gemäß Abbildung 5.1. zwischen 31 und 92 Prozent liegen, damit von alternierender Telearbeit überhaupt die Rede sein kann.

Die richtige Ausgestaltung muß die Personalabteilung oder eine Projektgruppe „Telearbeit" (s. Kapitel 9) im Einzelfall zusammen mit dem Telearbeiter beschließen. Die Selbsteinschätzung des Telearbeiters hinsichtlich der notwendigen Präsenztage gibt meist sehr zuverlässig Auskunft darüber, wieviel Bindung der Telearbeiter benötigt.

In einem gemeinsamen Vertrag über die Einrichtung des Telearbeitsplatzes, dem sogenannten Telearbeitsvertrag (s. Kapitel 8), sollten Unternehmen und der zukünftige Telearbeiter die generelle Verteilung von Präsenzphasen und Tätigkeit außerhalb des Unternehmens bereits vereinbaren. Generell kann der Vorgesetzte über die Lage der Präsenzzeiten entscheiden. Rein rechtlich hat der Ar-

beitgeber eine räumliche und zeitliche Weisungsbefugnis gegenüber dem Angestellten. Die Planung der Präsenztage und der Tage der Telearbeit sollte jedoch
in beiderseitigem Einvernehmen erfolgen. Grundlage kann eine Aufteilung der
Tätigkeit auf verschiedene Wochentage oder Tage des Monats darstellen (s. Abb.
5.2.).

Abbildung 5.2. zeigt ein Beispiel für eine wöchentliche Aufteilung zwischen
Präsenzphasen und Telearbeit. Der Telearbeiter absolviert 24 Stunden der 38-
Stunden Woche als Telearbeiter, also gut 63 Prozent. Mittwochs und donnerstags
ist der Telearbeiter im Unternehmen. Bezüglich der Lage der Telearbeitszeiten
kann der Telearbeiter mit der Ausnahme einzelner Kernarbeitszeiten (s. Abschnitt 5.4.2) frei entscheiden.

Die nicht eingetragenen Arbeitsstunden, die sich aus der Differenz zur Ge-
samtsumme ergeben, kann der Telearbeiter somit freizügig als Telearbeit verpla-
nen. Im Feld „Summe" ist in Klammern die bereits fest vorgegebene (einge-
plante) Arbeitszeit angezeigt.

Eine feste Regulierung bezüglich der Lage der Präsenztage erweist sich für
alle Beteiligten als vorteilhaft. Für das Unternehmen verringert diese den notwendigen Organisationsaufwand erheblich (s. weiter unten). Eine frühzeitige
Vereinbarung schafft für den Telearbeit ein notwendiges Maß an Sicherheit und
gibt ihm die Möglichkeit zu planen. Die einmal festgesetzten Telearbeits- und
Präsenztage sind allerdings relativ flexibel aufzufassen.

Uhrzeit	0	4	8	12	16	20	Betr. AZ
							Tele-AZ
Montag							
				X X	X X		4
Dienstag							
				X X	X X		4
Mittwoch				X X X X	X X X X		8
Donnerstag				X X X X	X X		6
Freitag							
					X X X X		4
Samstag							
Summe							14 (14)
							24 (12)

Abb. 5.2. Beispiel für eine Aufteilung zwischen Präsenztagen und Telearbeit bei einer wöchentlichen Verteilung

Änderungen und Abweichungen von der Vorgabe sollten zwar die Ausnahme sein, müssen aber in beiderseitigem Interesse möglich sein. So zählen jegliche Besprechungen und Versammlungen im Unternehmen zu den Präsenzzeiten des Telearbeiters. Bei der Planung solcher Termine sollte also möglichst Rücksicht auf die Präsenztage des Telearbeiters genommen werden.

Arbeiten in einer Abteilung hingegen mehrere Telearbeiter, was sich mit Hinsicht auf die Einsparung von Büroraum als äußerst sinnvoll erweisen wird, so lassen sich Besprechungstermine nicht mehr problemlos in die Präsenztage sämtlicher Telearbeiter legen. In diesen Fällen müssen einige Telearbeiter zusätzlich einen Präsenztag im Unternehmen einplanen.

Solche zusätzlichen Präsenzphasen stellen allerdings kein Problem dar, wenn der Telearbeiter sich rechtzeitig auf entsprechende Termine einstellen kann. Bei der Beorderung des Telearbeiters in das Unternehmen sollte unbedingt eine Frist von mindestens vier Tagen eingehalten werden. Nur so kann der Telearbeiter seine Tätigkeit sinnvoll planen. Den Telearbeiter kurzfristig in das Unternehmen zu bestellen, stört seinen Arbeitsfluß ebenso wie seine private Planung.

Der organisatorische Aufwand für die Koordination gemeinsamer Termine und der Präsenzphasen kann sich durch den Einsatz entsprechender Software verringern. Moderne Office-Systeme enthalten meistens einen komfortablen Terminplaner. Noch besser sind jedoch spezielle Systeme, die verteilte Arbeitsgruppen unterstützen. Hierunter fallen neben CSCW-Systemen (CSCW = Computer Supported Cooperative Work) auch Programme zum Team- oder Projektmanagement. Oft enthalten diese Systeme einen umfangreichen Terminplaner, der die Termine sämtlicher Teammitglieder erfaßt.

Das Auffinden eines optimalen Besprechungstermins, an dem alle Gruppenmitglieder teilnehmen können, geschieht somit weitgehend automatisiert. Der festgesetzte Termin wird in den Terminkalender der entsprechenden Mitarbeiter eingetragen. Bei Bedarf erfolgt eine zusätzliche Benachrichtigung per E-Mail.

Mit der Vereinbarung von Präsenzphasen sind diese außerdem den Kollegen in der Abteilung mitzuteilen. Nicht nur der Telearbeiter muß sich auf seine betrieblichen Arbeitstage einstellen können. Auch die Kollegen müssen wissen, wer wann präsent ist. Sonst wird Telearbeit zum Störfaktor in der Abteilung, weil man am Morgen auf dem Weg zum Büro noch nicht weiß, wer heute alles in der Abteilung zu sehen sein wird.

Diese Unsicherheit kann das Abteilungsklima erheblich belasten. Die Führungskraft sollte daher möglichst frühzeitig mitteilen, welcher Telearbeiter wann im Unternehmen tätig ist. Das Aushängen der Arbeitszeitvereinbarung (s. Abb. 5.2.) zwischen Unternehmen und Telearbeiter kann hierzu oft genügen. Gleichzeitig wird den Kollegen bekannt, zu welchen Zeiten der Telearbeiter an seinem Telearbeitsplatz auf jeden Fall erreichbar ist.

Bei der Planung und Bekanntgabe von Präsenzphasen sollte die Führungskraft außerdem auf gewisse psychologische Effekte achten. Auswirkungen auf das herrschende Abteilungsklima bei wechselnder Präsenz unterschiedlicher Telearbeiter sowie spontane Äußerungen der Mitarbeiter geben wertvolle Aufschlüsse über einzelne Mitarbeiter ebenso, wie die Akzeptanz der neuen Arbeitsform oder die Integration des Telearbeiters in die Abteilung.

Hieraus muß der Vorgesetzte die richtigen Schlüsse ziehen und gegebenenfalls in die Gruppendynamik aktiv eingreifen. Ein solches „Gegensteuern" gegen eine Beeinträchtigung des Betriebs- oder Abteilungsklimas kann direkt oder indirekt, also unbemerkt erfolgen. Mögliche Maßnahmen reichen von der Aufklärung zum Thema Telearbeit über Einzelgespräche bis hin zur eventuell nötigen Versetzung des Einzelnen. Unter Umständen ist Arbeitnehmern, die mit der neuen Arbeitsform und Unternehmensorganisation nicht zurecht kommen, die Kündigung nahe zu legen.

Über die rücksichtsvolle Koordination von Präsenzphasen und außerbetrieblicher Tätigkeit hinaus verlangt alternierende Telearbeit einige weitere organisatorische Maßnahmen, damit das Konzept der betrieblichen Integration des Telearbeiters funktionieren kann. So bedeuten Präsenzphasen im Unternehmen natürlich, daß der Telearbeiter dort weiterhin einen Arbeitsplatz benötigt. Um allerdings Einsparungen bei der Ausstattung oder dem Büroraum zu erzielen, müssen sich mehrere Arbeitnehmer im Unternehmen somit einen gemeinsamen Schreibtisch teilen.

Dieses Shared-Desk-Konzept verlangt somit, daß einzelne Mitarbeiter nicht gleichzeitig einen Arbeitsplatz im Büro benötigen. Um wirtschaftliche Einsparungen durch Telearbeit zu erzielen, sollten je Abteilung also mindestens zwei oder mehr Telearbeiter tätig sein. Durch entsprechende Gestaltung der Präsenzphasen der Telearbeiter können sich mehrere Mitarbeiter einen Arbeitsplatz problemlos teilen.

Dies setzt allerdings voraus, daß die Ausstattung der Büroarbeitsplätze vom Kugelschreiber bis zum Rechnersystem weitgehend standardisiert ist. Jeder Mitarbeiter findet an diesem Arbeitsplatz also die nötigen Arbeitsmittel an der richtigen Stelle.

Persönliche Gegenstände kann der Telearbeiter in einem Karton oder einem eigenen Rollcontainer im Unternehmen aufbewahren. Bei Aufnahme der Tätigkeit an der betrieblichen Arbeitsstätte nimmt er diese Gegenstände und Arbeitsmittel mit an „seinen" Arbeitsplatz. Um allen Mitarbeitern prinzipiell die Tätigkeit an jedem Arbeitsplatz im Unternehmen zu ermöglichen, sind Ordnung und Vorschriften zur Organisation unvermeidbar. Mit der Aufnahme von Telearbeit müssen innerbetriebliche Standards wie Arbeitsplätze für bestimmte Tätigkeiten definiert werden.

Futuristische Büroorganisation geht sogar noch einen Schritt weiter. Hier kommt nicht nur ein Shared-Desk-Konzept zum Einsatz. Vielmehr erfolgt die Zuweisung eines Büros zu einem Mitarbeiter dynamisch, sobald dieser das Unternehmen betritt. Eine intelligente DV-Anlage ermittelt einen freien Büroraum und teilt dem Mitarbeiter seinen Arbeitsplatz mit.

Im Büro findet er einen Schreibtisch und ein DV-System vor. Mit seinem persönlichen Login erhält er am Rechner automatisch seine gewohnte Arbeitsumgebung, die Anwendungen und die Daten, auf die er Zugriff hat. Die Ausstattung des Büroarbeitsplatzes, inklusive persönlicher Gegenstände wie dem Photo des Ehepartners, gelangt über ein automatisches Transportsystem in Büro-Rollcontainern direkt an seinen Arbeitsplatz.

Technische Lösungen für ein solches „Büro der Zukunft" sind schon heute verfügbar. Die nicht unerheblichen Investitionen in ein solches intelligentes Bürosystem fließen im Laufe der Zeit durch die erzielten Einsparungen bei der notwendigen Ausstattung und der wesentlich geringeren Büroraumfläche zurück. Voraussetzung hierfür ist natürlich die verstärkte Tätigkeit der Mitarbeiter an außerbetrieblichen Arbeitsstätten wie dem Telearbeitsplatz oder im Außendienst beim Kunden.

Insgesamt verlangt Telearbeit somit ein erhebliches Mehr an Planung und Koordination. Je effizienter Unternehmen und Führungskräfte die mit Telearbeit verbundenen organisatorischen Herausforderungen beherrschen, desto umfangreicher fallen die direkt erzielbaren wirtschaftlichen Einsparungen für das Unternehmen aus. Eine Pilotphase zur Einführung von Telearbeit (s. Kapitel 9) gibt hier wesentliche Anhaltspunkte und die nötige Praxiserfahrung, um die Auswirkungen der Telearbeit auf die Organisation richtig einzuschätzen und auch entsprechend umzusetzen.

5.3 Kommunikation als Schlüsselelement

Das wichtigste Element, um Telearbeit zu einem funktionierenden Bestandteil der Unternehmensorganisation zu machen, ist die Kommunikation. Dies gilt in zweierlei Hinsicht. Kommunikation umfaßt einerseits die Geräte und technischen Einrichtungen und andererseits den sozialen Prozeß des Informationsaustausches. Während die vorherigen Kapitel die technologischen Aspekte betrachteten, geht es nun um die Interaktion unabhängig von den eingesetzten Hilfsmitteln.

Die reibungslose Verständigung zwischen Telearbeiter, Vorgesetztem und Kollegen spielt die entscheidende Rolle, sei es bei der Absprache von gemeinsamen Terminen oder bei der Aufklärung über Telearbeit und Präsenzphasen der Telearbeiter im Unternehmen (s. oben). Generell bezeichnet Kommunikation eine spezielle Form der Interaktion, bei der es um den Austausch oder die Weitergabe von Informationen geht.

Die intensive und häufige Kommunikation zwischen Telearbeiter und Unternehmen bildet einerseits die Grundlage für eine erfolgreiche Tätigkeit der gesamten Abteilung bzw. Organisationseinheit. Ohne Kommunikation kann eine Integration des Telearbeiters in die sozialen Strukturen des Betriebes nicht gelingen. Abschnitt 7.2.2 geht daher genauer auf die soziale Komponente und Bedeutung der Kommunikation im Unternehmen ein. Andererseits ist Kommunikation das wichtigste Instrument im Prozeß der Personalführung.

Die Führung des Telearbeiters beruht überwiegend auf der Vereinbarung von Zielvorgaben. Diese Ziele setzt der Telearbeiter selbständig in Aufgabenstellungen für seine Tätigkeit um und organisiert seine Arbeit somit weitgehend autonom (s. Kapitel 6). Die Vereinbarung von Zielen und den zugehörigen Terminen für die Zielerreichung sowie die Verständigung über lösbare Aufgabenpakete setzen eine klare und ungestörte Kommunikation zwischen Telearbeiter und Vorgesetztem voraus.

Kommunikation ist in Verbindung mit Telearbeit auf zwei Ebenen zu betrachten. Die erste bezieht sich auf den Ablauf der Kommunikation und beinhaltet Kommunikationsmittel, –medien und –formen. Die zweite betrachtet Inhalt und Ablauf der Kommunikation, also weniger die technischen als die soziologischen und psychologischen Aspekte.

Aus erster Sichtweise stehen unterschiedlichste Medien zur Verfügung, mit denen die Kommunikation zwischen Telearbeiter und Unternehmen erfolgen kann. Die breite Palette der Kommunikationsmittel reicht vom Telefon über E-Mail, Voice-Mail bis hin zu Viodeokonferenzen. Die technische Ausstattung mit Kommunikationsmitteln behandelte bereits Kapitel 4.

Eine Einteilung der Kommunikationsmedien ist nach verschiedenen Kriterien möglich. Abschnitt 7.2.2 betrachtet die unterschiedlichen Medien entsprechend ihrem Media-Richness-Grad und der Kontaktform. Der Media-Richness-Grad kennzeichnet den Informationsgehalt, den ein Übertragungsmedium erreicht.

Ein Brief besitzt demnach einen weit geringeren Media-Richness-Grad als ein Gespräch über ein Bildtelefon. Zum einen ist bei letzterem die direkte Interaktion zwischen den Gesprächspartnern möglich. Zum anderen überträgt das Bildtelefon auch Gestik und Mimik, die für die Interpretation von Kommunikationsinhalten selbst im Unterbewußtsein eine wichtige Rolle spielen.

Eine andere Einteilung von Kommunikationsmedien ist nach zeitlichem und räumlichen Aspekten denkbar. Demnach gibt es vier Gruppen von Kommunikationsmedien. Einzelne Medien können zeitliche und/oder räumliche Distanzen überwinden. In der Fachsprache bezeichnet man die Medien entsprechend den englischen Begriffen „same time / same place" oder „different time / different place". Aus den verschiedenen Kombinationen ergibt sich ein Portfolio, in das sich unterschiedliche Kommunikationsmedien einordnen lassen (s. Abb. 5.3.).

Für die Interaktion mit dem außerhalb des Unternehmens tätigen Telearbeiter kommen sämtliche Medien in Betracht, die eine räumliche Überbrückung (different place) erreichen, also die rechte Seite des Portfolios. Je nach Kommunikationsbedarf und der aktuellen Erreichbarkeit des Telearbeiters an seinem außerbetrieblichen Arbeitsplatz ist ein entsprechendes Medium zu wählen. Ist der Telearbeiter per Telefon (same time / different place) beispielsweise nicht erreichbar, so kann ihm eine Nachricht per Voice-Mail oder auf einem Anrufbeantworter hinterlassen werden (different time / different place), beispielsweise mit der Bitte um dringenden Rückruf.

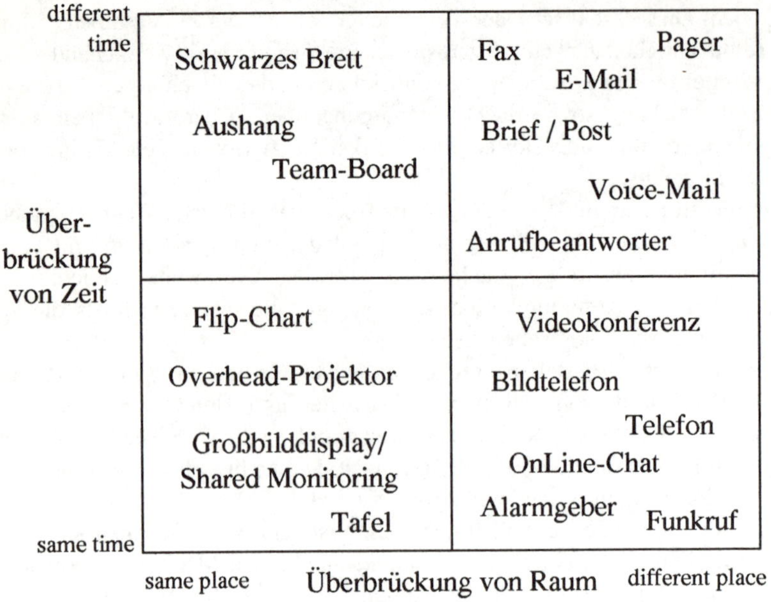

different time	Schwarzes Brett Aushang Team-Board	Fax Pager E-Mail Brief / Post Voice-Mail Anrufbeantworter

Über-brückung von Zeit	Flip-Chart
	
	Overhead-Projektor
	
	Großbilddisplay/
	Shared Monitoring
	      Tafel
		Videokonferenz
		
		Bildtelefon
		       Telefon
		OnLine-Chat
		Alarmgeber Funkruf

same time

same place   **Überbrückung von Raum**   **different place**

Abb. 5.3. Überbrückung von Raum und Zeit durch Kommunikationsmedien

Wichtige Termine und Bekanntmachungen, wie beispielsweise eine Betriebs-versammlung und Wahlen des Betriebsrates, sollten hingegen nicht ausschließ-lich Aushänge (same place / different time) bekannt machen. Hier besteht die Gefahr, daß ein Telearbeiter gerade bei einer längeren Phase der außerbetriebli-chen Arbeit einen wichtigen Termin nicht erfährt. Solche müssen gezielt an die Telearbeiter beispielsweise über E-Mail oder ein elektronisches Schwarzes Brett, das bei jedem Login im Unternehmensnetz erscheint, weitergegeben werden.

Die Wahl des richtigen Kommunikationsmediums hängt somit immer von der zu übermittelnden Information an sich und deren Bedeutung für das Unterneh-men sowie für den Telearbeiter ab. Eine Unterversorgung des Telearbeiters mit Informationen ist ebenso zu vermeiden wie eine Informationsflut. Verantwortlich für die richtige Versorgung des Telearbeiters mit allen wichtigen Daten ist in jedem Fall der Vorgesetzte, da der Telearbeiter ohne adäquate Information die ihm übertragenen Aufgaben nicht effizient erfüllen kann.

Da die Bereitstellung und Organisation des Informationsflusses eine wesentli-che Aufgabe des Führungsprozesses darstellt, gehen sämtliche Störungen oder Fehler in diesem Prozeß zu Lasten der Führungsperson. Letztlich ist der Telear-beiter in viel größerem Ausmaß als ein im Unternehmen angestellter Mitarbeiter auf die Versorgung mit sämtlichen relevanten Fakten angewiesen. Für den im Betrieb tätigen Mitarbeiter ergeben sich zahlreiche Informationsquellen. Dazu gehören sogar die Kaffeepause oder das Mittagessen in der Kantine, die dem Telearbeiter nicht zur Verfügung stehen.

Eine der größten Gefahren für die erfolgreiche Tätigkeit des Telearbeiters stellt daher die fehlende Versorgung mit wichtigen Daten dar, die er zur korrekten Erfüllung seiner Aufgaben innerhalb des Teams eigentlich benötigt hätte. Noch schlimmer kann sich die aktive und gezielte Desinformation des Telearbeiters durch böswillige Kollegen oder Vorgesetzte auswirken. Telearbeit verstärkt solche gezielten Mobbing-Aktivitäten für den Betroffenen. Im Rahmen der Unternehmensführung ist daher bei Einführung und der späteren Kontrolle von Telearbeit insbesondere der Informationsfluß zu betrachten. Gründe für das Scheitern eines Telearbeits-Verhältnisses sind oftmals in Kommunikationsschwierigkeiten jeglicher Art zu finden.

Inhalt, Ausmaß und Verlauf der Kommunikation und Informationsversorgung im Unternehmen sind die wichtigsten Aspekte der soziologischen und psychologischen Betrachtung. Phänomene wie Mobbing oder die Überlastung durch Informationsflut stellen im Rahmen der Beurteilung, Selektion und Weitergabe von Informationen im Unternehmen nur die äußersten Extreme dar.

Als viel wichtiger erweist sich die richtige Durchführung der Kommunikation an sich. Kommunikation bedeutet immer den Austausch von Informationen. Wesentlich ist jedoch, daß beim Empfänger die Informationen ankommt, die der Sender abgibt. Auf Grund der Komplexität und der zahlreichen Einflußfaktoren, die auf den Kommunikationsprozeß wirken, ist ein korrektes und ungetrübtes Verständnis der abgegebenen Informationen keinesfalls selbstverständlich.

Die Führungskraft hat daher für den richtigen Ablauf der Kommunikation, gerade in der Führer-Geführten-Beziehung zu sorgen. Hierzu sind verschiedene Voraussetzungen zu beachten, damit die Kommunikation gelingen kann. Die Personalführungslehre unterscheidet vor allem vier Barrieren, die eine erfolgreichen Kommunikation verhindern können (s. Abb. 5.4.).[45]

Wahrnehmungsbarrieren führen dazu, daß der Empfänger Informationen subjektiv interpretiert. Er paßt die erhaltenen Informationen demnach seinem Bild der Wirklichkeit an.

Verstehensbarrieren entstehen immer dann, wenn eine empfangene Information nicht eindeutig ist. In diesem Fall ist der Empfänger der Informationen zur Interpretation gezwungen. Aus der mehrdeutigen oder unvollständigen Information müssen Schlußfolgerungen gezogen werden, die nicht mit der beabsichtigten Information des Sender übereinstimmen müssen.

---

[45] Vergl. auch: Hentze, J., Kammel, A., Lindert, K.: Personalführungslehre. Grundlagen, Funktionen und Modelle der Führung. 3., vollständig überarbeitete Auflage. Bern Stuttgart Wien: Verlag Paul Haupt 1997, S. 419 ff.

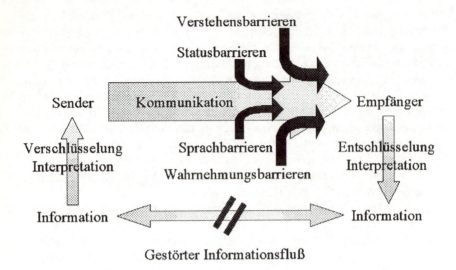

Abb. 5.4. Einflüsse auf den Kommunikationsprozeß und die ungestörte Übertragung von Informationen

Statusbarrieren entstehen, wenn die Information mehr durch die Position oder Stellung des Senders an Gewicht erfährt als durch den eigentlichen sachlichen Inhalt. Der Sender nutzt seinen Titel, um einer Aussage oder einer Information ein besonderes Gewicht zu verleihen, welches nicht mit der Beurteilung des Empfängers übereinstimmen muß.

Schließlich wirken Sprachbarrieren auf den Kommunikationsprozeß ein. Für das richtige Verständnis der kommunizierten Inhalte ist es von grundlegender Bedeutung, daß Sender und Empfänger dieselbe Sprache sprechen. Das trifft vor allem auf Fachausdrücke und firmenspezifische Bezeichnungen zu, die insbesondere neuen Mitarbeitern noch nicht geläufig sind.

Die Kenntnis dieser vier Kommunikationsbarrieren muß nun dazu führen, daß insbesondere die Führungskraft beim Austausch von Informationen darauf achtet, daß die Interaktion nicht durch entsprechende Einflußfaktoren gestört wird. Die Planung und bewußte Ausführung der Kommunikation gehört somit zu den Pflichten der Führungskraft. Das gilt insbesondere für wichtige Besprechungen wie Gespräche über Zielvereinbarungen (s. Kapitel 6) oder Personalbeurteilungen.

Welche Aspekte der sozialen und psychologischen Determinanten von Kommunikation besonderer Berücksichtigung bedürfen, hängt von den beteiligten Individuen, der Information an sich und der Unternehmenskultur in wesentlichem Maße ab. Konkrete Anleitungen für eine erfolgreiche Kommunikation zu geben, würde den Rahmen dieses Buches sprengen und das eigentliche Ziel verfehlen.

Wichtig ist jedoch, daß sich alle Beteiligten, sowohl der Vorgesetzte und der Telearbeiter als auch die Kollegen, über die besondere Bedeutung einer funktionierenden Kommunikation für den Erfolg der neuen Arbeitsform „Telearbeit" bewußt sind. Kommunikationsfähigkeit ist daher eine wesentliche Anforderung an jede Führungskraft für Telearbeiter. Ein regelmäßiges Kommunikationstraining im Rahmen der Vorgesetztenschulung ist unbedingt zu empfehlen. Auch lang gedienten und erfahrenen Managern eröffnen sich hier immer wieder neue und wichtige Aspekte des Führungsprozesses.

Für den Telearbeiter stellt die reibungslose Beteiligung am innerbetrieblichen Informationsfluß, sei er sachbezogen oder nicht-dienstlich, ein wesentliches Element des beruflichen Erfolges, der Integration und der Zugehörigkeit zum Team dar.

Kommunikation ist in diesem Sinne aber nicht als einseitiger Prozeß zu verstehen, den der Vorgesetzte alleine zu verantworten hat. Telearbeit darf nicht verwechselt werden mit Television. Das „Fern-Sehen" ist ein semiaktives Medium, das bisher keine oder kaum Interaktion zwischen dem Sender und dem Empfänger erlaubt.

Der Vorgesetzte ist kein Sender, der einseitig Informationen an den Telearbeiter verbreitet. Telearbeit setzt eine Interaktion voraus, an der sich auch der Telearbeiter aktiv beteiligen muß. Telearbeit ist als Konzept der partnerschaftlichen Aufgabenbewältigung anzusehen (s. Kapitel 6). Der Telearbeiter hat Ziele und Aufgaben, die der Vorgesetzte koordiniert.

Allein um zu zeigen, daß er an der außerbetrieblichen Arbeitsstätte produktiv arbeitet, um seine Leistungen und seinen Arbeitsfortschritt zu belegen, muß der Telearbeiter die Kommunikation mit Vorgesetzten und Kollegen aktiv betreiben. Das gilt sowohl für wichtige Erfolge oder Fortschritte wie auch für die Suche nach Hilfe oder zusätzlichen Informationen.

So vermeidet der Telearbeiter, daß er zu einem abstrakten „Ein-Mann-Profit-Center" mutiert, das ausschließlich auf Leistung orientiert ist. Die Kommunikation im Telearbeits-Verhältnis muß somit offen verlaufen. Sie muß die aktuelle Situation des Unternehmens, des Teams und der beteiligten Kommunikationspartner berücksichtigen. Die Kommunikation muß sowohl Arbeitsaufgaben und berufliche Dimensionen in den Vordergrund stellen, als auch die Person des Telearbeiters.

Hinter dem zumindest zeitweise abwesenden, also unsichtbaren Telearbeiter verbirgt sich nämlich nicht nur jemand, der gewisse Aufgaben übernimmt und mit regelmäßigem Erfolg Arbeiten erledigt. Er ist ein Mensch, der ein vollwertiges Mitglied einer Abteilung oder eines Teams sein sollte. Wird diese soziale Komponente (s. Kapitel 7) vernachlässigt, kann dies weitreichende Konsequenzen für den beruflichen Erfolg des Telearbeiters haben.

Falsche, fehlerbehaftete oder lückenhafte Kommunikation führt zu schlechten Arbeitsergebnissen und in der Folge zu Frustration. Dies führt im Extremfall nicht nur die Aufgabe des Telearbeitsplatzes, sondern kann bis zur Kündigung des Telearbeiters reichen. Andererseits bildet qualitativ und quantitativ richtige

Kommunikation die Grundlage für das Gelingen der Telearbeits-Beziehung. Der Lohn besteht in erhöhter Effizienz und Produktivität des Telearbeiters, in einem harmonischen, erfolgreichen und kooperativen Führungsstil sowie besseren Ergebnissen des gesamten Teams, der Abteilung und letztendlich des Unternehmens.

5.4 Organisation am Telearbeitsplatz

Um Telearbeit erfolgreich zu praktizieren und von der Einführung der neuen Arbeitsform auch wirtschaftlich zu profitieren, ist seitens des Unternehmens ein erheblicher Organisations- und Kommunikationsaufwand von Nöten. Aber auch der Telearbeiter muß intensiv mit dem Unternehmen kommunizieren und seine Arbeit richtig organisieren. Dies betrifft nicht nur die Ausübung seiner Tätigkeit und die Einteilung der Arbeitsaufgaben, sondern auch die Einrichtung des Arbeitsplatzes (s. Kapitel 4). Telearbeit verlangt somit zunächst vom Telearbeiter mehr organisatorischen Aufwand und das Einhalten gewisser Regeln.

5.4.1 Den Arbeitsplatz richtig organisieren

Die Einrichtung des Telearbeitsplatzes ist eine der ersten organisatorischen Hürden, die der Telearbeiter nehmen muß. Im Büro sind Möbel und sämtliche Installationen vorhanden. Am Telearbeitsplatz ist der Arbeitnehmer hingegen eher auf sich allein gestellt.

Der eigene Arbeitsplatz setzt einen geeigneten Raum im Haus, die notwendige Infrastruktur (Strom, Telefon) sowie mindestens einen Schreibtisch voraus. Erst wenn diese grundlegenden Elemente vorhanden sind, kann der Telearbeiter die nötigen Geräte am Arbeitsplatz einrichten. Verfügt der Telearbeiter über das hierzu notwendige Know-how, so kann er die Installation der Geräte selbst vornehmen. In vielen Fällen erfordern Anschluß und Konfiguration der Hard- und Software jedoch die Hilfe eines DV-Experten, beispielsweise für den problemlosen Zugriff auf das Unternehmensnetzwerk.

Während das Aufstellen und die Inbetriebnahme des neuen Telearbeitsplatzes eher das geringere Problem darstellt, sollte der Telearbeiter auf die ergonomisch und medizinisch korrekte Einrichtung seines Arbeitsplatzes achten. Hierfür ist er alleine zuständig, insbesondere wenn sich der Telearbeitsplatz in seiner eigenen Wohnung befindet.

Hier finden keine Kontrollen des Arbeitgebers oder des Betriebsrates hinsichtlich der Einhaltung von Gesundheitsvorschriften oder Maßnahmen zur Unfallverhütung statt (s. auch Kapitel 8). Zusammen mit der Einrichtung des Telearbeitsplatzes sollte der Arbeitgeber jedoch Richtlinien zur korrekten und sicheren Einrichtung des Telearbeitsplatzes herausgeben, um seiner Pflicht gemäß die Sicherheit des Arbeitsplatzes zu gewährleisten.

Solche Richtlinien, beispielsweise zum Ort und zu den Licht- und Belüftungs-verhältnissen und zur Wahl der Büromöbel, sollte der Telearbeiter unbedingt beachten und umsetzen. Gerade bei der vermehrten Arbeit am Bildschirm sind gesundheitliche Schäden einerseits durch Strahlung und künstliches Licht, ande-rerseits durch Haltungsschäden, zu befürchten.

Ergonomische Empfehlungen zur Einrichtung des Telearbeitsplatzes stellen wichtige Grundlagen richtigen Arbeitens dar! Sie sollen die Gesundheit des Bild-schirmpersonals erhalten und vor Ermüdung schützen. Ähnlich wie beim Fahren eines Autos nimmt die Konzentration mit zunehmender Tätigkeit vor dem Bild-schirm ab. Die gesundheitliche Belastung steigt mit zunehmender Arbeitszeit exponentiell an.

Um den Gefahren der Ermüdung und der nachlassenden Arbeitsleistung sowie der gesundheitlichen Belastung entgegenzuwirken, gelten vom Arbeitgeber und den Gewerkschaften für Bildschirmarbeit vereinbarte Pauseninintervalle. Solche sind in fast jedem Unternehmen, in dem sich Bildschirmarbeitsplätze befinden, vereinbart. Auf entsprechende Regelungen innerhalb des Betriebes ist auch für die Telearbeitsplätze hinzuweisen. Dem Telearbeiter kann nur empfohlen wer-den, solche Pausenvorgaben einzuhalten.

Bei der eigenständigen und isolierten Tätigkeit gerade in der eigenen Woh-nung gerät die bereits absolvierte Arbeitszeit vor dem Bildschirm, meist in äu-ßerst ungesunder Haltung, leicht in Vergessenheit. Die fest installierten, alltägli-chen Pausen, zu denen Kollegen zum gemeinsamen Kaffeetrinken rufen, gibt es hier nicht. Bei der Einteilung der Tätigkeit und vor allem dem Einhalten gewis-ser Pauseninintervalle ist der Telearbeiter auf sich selbst gestellt.

Auf sein eigenes Wohlbefinden am Arbeitsplatz zu achten und Pausen zur Regeneration einzuplanen, ist eine der schwierigsten Aufgaben, die der Telear-beiter insbesondere bei Aufnahme seiner Tätigkeit bewältigen muß. Gerade zu Beginn ist die eigenständige Arbeit genau zu planen und viel Disziplin aufzu-bringen, um diese selbst gesteckten Vorgaben einzuhalten. Mit der Zeit und zunehmender Routine als Telearbeiter werden regelmäßige regenerative Pausen-phasen zur Selbstverständlichkeit.

Nicht nur Pausen sind bei der Organisation der eigenen Arbeit einzuplanen, bei der Einrichtung des Telearbeitsplatzes sind mit Blick auf die produktiven Phasen gewisse Empfehlungen zu beachten. Der Telearbeitsplatz sollte so bei-spielsweise eine gewisse Abgeschiedenheit von dem Rest der Wohnung oder der Familie aufweisen. Nur so kann der Telearbeiter erreichen, daß er zumindest in besonders kreativen oder produktiven Schaffensperioden ungestört arbeiten kann.

Unliebsame Störquellen, die gerade der Kreativität entgegen stehen, gilt es am Telearbeitsplatz weitgehend zu eliminieren. Ein eigenes Zimmer, dessen Tür man auch einmal schließen kann, um ungestört zu sein, ist für die Einrichtung des Telearbeitsplatzes ideal (s. Kapitel 7 im Detail). Entsprechende Regeln im Familienleben helfen auch den anderen Hausbewohnern, die Arbeitszeiten des Telearbeiters zu akzeptieren.

Andererseits sind gewisse Störungen am Telearbeitsplatz einfach nicht zu vermeiden. Oftmals hängen gerade die Störungen mit dem Grund zusammen, Telearbeit zu praktizieren. Unterbrechungen durch Babygeschrei oder einen hilfsbedürftigen Pflegefall während einer produktiven Phase gehören dazu. Mit dem Ausschalten von Störquellen sind auch nicht der Pflegefall oder das Baby gemeint.

Wenn sich Störungen nicht ausschließen lassen, muß der Telearbeiter auf diese gefaßt sein. Er muß sich daran gewöhnen, in seiner Tätigkeit regelmäßig oder unvorbereitet unterbrochen zu werden. Das verlangt eine gewisse Gewöhnungsphase. Besonders zu Beginn der Telearbeit fällt es schwer, durch andere Einflüsse des privaten Umfelds gestört zu werden. Mit der Zeit ergeben sich jedoch gewisse Regeln und eine Routine im Umgang mit diesen Unterbrechungen.

Wichtig ist, nicht schon zu Beginn entnervt die Telearbeit aufzugeben. Telearbeit ist insgesamt eine Bereicherung für die eigene Lebensqualität und die der Lebensgemeinschaft „Wohnung". Allerdings erfordert diese höhere Qualität eine Gewöhnung und besonders zu Beginn eine erheblich höhere Belastung des Telearbeiters. Mit der Zeit kehrt sich diese Belastung jedoch um und auch der Telearbeiter spürt deutlich die Entlastung und die privaten Vorteile durch die neue Arbeitsform.

5.4.2 Die Arbeitszeiten des Telearbeiters

Einer der großen Vorzüge von Telearbeit, insbesondere der Telearbeit zu Hause, ist die freizügige und selbständige Einteilung der Arbeitszeit. Der Telearbeiter kann selber entscheiden, wann er seinen beruflichen Pflichten nachgeht, und wann er Freizeit hat. Ein flexibleres Arbeitszeitmodell als das der Telearbeit ist kaum denkbar und begründet in besonderem Maße die Attraktivität der neuen Arbeitsform für den Telearbeiter.

Einige Eingriffe in die zeitautonome Arbeitsplanung sind allerdings auch bei Telearbeit unverzichtbar. Der Telearbeiter muß einen Teil seiner frei planbaren Telearbeitszeit zu Gunsten fest vereinbarter Arbeitsstunden opfern. Für eine ungestörte und ungehinderte Kommunikation (s. auch 5.3) zwischen Unternehmen und Telearbeiter müssen Arbeitgeber und Telearbeiter gewisse garantierte Arbeitsstunden, die sogenannte Kernarbeitszeit vereinbaren.

Plant der Telearbeiter völlig freizügig seine außerbetriebliche Arbeitszeit, so kann dies zu erheblichen Störungen des Arbeitsorganisation führen (s. auch Abschnitt 5.2 sowie Kapitel 7). Arbeitet der Telearbeiter vorzugsweise in den Abend- und Nachtstunden, also zwischen 22.00 Uhr abends und 5.00 Uhr morgens, ist er für keinen Mitarbeiter im Unternehmen zu erreichen.

Versucht ein Kollege, wegen einer wichtigen Terminabsprache oder der Klärung einzelner Details einer gemeinsamen Aufgabenstellung den Telearbeiter am nächsten Morgen zu erreichen, so reißt er den Telearbeiter durch den Anruf aus dem Schlaf. Je mehr die Tätigkeit des Telearbeiters in den betrieblichen Arbeitsorganisation eingebunden ist, um so umfangreicher sind gewisse Kernarbeitszeiten zu vereinbaren. Dies gilt insbesondere auch dann, wenn er für Kollegen oder Vorgesetzte zur Verfügung stehen muß.

Sinnvoll ist beispielsweise die feste Vereinbarung von ca. 40 Prozent der Telearbeitszeit innerhalb der üblichen Betriebsarbeitszeit. So können Telearbeiter Kernzeiten zwischen 10.00 und 12.00 Uhr sowie 14.00 und 16.00 Uhr vereinbaren, zu denen der Telearbeiter an seinem außerbetrieblichen Arbeitsplatz erreichbar ist. Diese Kernarbeitszeiten sind vom Telearbeiter einzuhalten, allerdings mit der Freiheit, daß er in dieser Zeit nicht unbedingt produktiv tätig sein muß.

Wichtig ist nur, daß der Telearbeiter innerhalb der Zeit erreichbar ist und auf betriebliche Anfragen reagieren kann. Für ihn erspart die Festlegung solcher Kernzeiten, daß er von Kollegen in der Mittagspause oder bereits vor dem Aufstehen gestört wird. Dies erfordert natürlich, daß im Unternehmen die Kernarbeitszeiten der einzelnen Telearbeiter durch Aushang oder über den gemeinsamen elektronischen Terminkalender bekannt sind.

Bei der Einführung von Telearbeit in großem Stil ist die Vorschrift von identischen Kernzeiten, beispielsweise drei Stunden am Tag, sinnvoll. Alle Telearbeiter sind demnach eine Stunde am Vormittag und zwei nachmittags zu erreichen, ohne daß man sich jedes Mal fragen muß, wie die Lage der Kernarbeitszeit des einzelnen Telearbeiters vereinbart ist.

Die Einrichtung eines Telearbeitsplatzes darf einerseits nicht bedeuten, daß der Telearbeiter aus der betrieblichen Organisation entkoppelt wird und seine Aufgaben freizügig und ohne Kontakte zum Unternehmen erledigt (s. auch Kapitel 7). Ebenso kann Telearbeit aber auch nicht für ständige Erreichbarkeit (24 Stunden am Tag) stehen.

Die Freizeit bzw. Privatsphäre des Telearbeiters darf von der neuen Arbeitsform nicht angegriffen werden. Entsprechend sind Störungen außerhalb der üblichen Arbeitszeiten bzw. der vereinbarten Kernzeit zu vermeiden, da der Telearbeiter hier vielleicht gerade Freizeit genießt. In solchen Phasen können Voice-Box oder Anrufbeantworter den Telearbeiter vor ungewollten betrieblichen Störungen seiner arbeitsfreien Stunden bewahren.

Am besten hinterläßt der Telearbeiter auf einem Anrufbeantworter gleich, in welcher Zeit er wieder am Arbeitsplatz zu erreichen ist. Ist er gerade nicht zu sprechen, sei es auf Grund einer Arbeitspause oder der tatsächlichen physischen Abwesenheit, stehen außerdem genügend Kommunikationsmedien zur Verfügung, mit denen dem Telearbeiter eine Nachricht hinterlassen werden kann. Besonders geeignet hierfür sind neben Anrufbeantworter vor allem Voice-Mail-Systeme, Pager oder auch E-Mail (s. auch Abbildung 5.3.).

5.4.3 Die Tätigkeit richtig organisieren

Neben der Zeitautonomie zählt die freie Gestaltung und eigenverantwortliche Planung der Tätigkeit am Telearbeitsplatz zu den außerordentlichen Besonderheiten der neuen Arbeitsform. Telearbeit erfordert ein zielorientiertes und partnerschaftliches Management. Kapitel 6 erläutert ausführlich, wie Telearbeit auf den Führungsstil im Unternehmen wirkt und welche Besonderheiten bei der Führung und dem Management von Telearbeitern zu beachten sind.

An dieser Stelle sei jedoch bereits darauf hingewiesen, daß für Telearbeit eine Orientierung der Führung auf Ziele oder Aufgaben vorausgesetzt wird. Die Notwendigkeit eines solchen Führungsstils wird sofort ersichtlich, wenn man bedenkt, daß der Telearbeiter an einem außerbetrieblichen Arbeitsplatz, beispielsweise in der eigenen Wohnung, nicht durch ständige Kontrolle des Vorgesetzten zur Arbeit angehalten werden kann.

Vielmehr verlangt Telearbeit eine Tätigkeit, bei der das Definieren bestimmter Aufgaben oder Ziele möglich ist (s. Kapitel 3). Der Telearbeiter wird durch Vereinbarung von Zielvorgaben geführt. Er erhält eine Aufgabe und ein Datum für die Erledigung. Anschließend bleibt es dem Telearbeiter im allgemeinen überlassen, wann er sich der Aufgabe widmet. Vor allem liegt es aber auch in seiner Verantwortung, wie er die Aufgabe löst.

Zwar steht ihm der Vorgesetzte für Fragen oder bei Problemen mit Rat und Tat zur Seite. Generell liegt es aber am Telearbeiter, über die notwendigen Ressourcen, Arbeitsschritte und die generelle Vorgehensweise zu entscheiden, mit der er die gestellte Aufgabe löst oder das vereinbarte Ziel erreicht. Entsprechend ist der Telearbeiter auch für das Erreichen oder auch das Verfehlen dieser Ziele verantwortlich. Höhere Eigenverantwortung und Freizügigkeit geht somit einher mit größerer Verantwortung gegenüber dem Arbeitgeber bzw. dem Vorgesetzten.

Diese verlangt, daß der Telearbeiter einerseits über das notwendige Fachwissen verfügt, um eine Aufgabe zu lösen bzw. ein Ziel zu erreichen, und andererseits in der Lage ist, seine Arbeit zu organisieren. Hierzu ist es wichtig, daß der Telearbeiter sich vor Beginn der eigentlichen Tätigkeit konkrete Gedanken zum Arbeitsablauf macht.

Bei den meisten Zielvorgaben ist es sinnvoll, diese in kleinere Teilschritte zu untergliedern und sich selbst hierfür gewisse Terminvorgaben zu setzen. Gerade bei der Vereinbarung größerer Aufgaben oder länger andauernder Tätigkeiten zwischen Telearbeiter und Vorgesetzten ist eine solche konkrete Arbeitsunterteilung und Planung unverzichtbar.

Nur so werden Probleme und Schwierigkeiten rechtzeitig erkannt, die zu einer Verschlechterung des Ergebnisses oder dem Überschreiten des Abgabetermins führen. Meist ist dann eine Neuplanung oder eine Unterstützung seitens des Unternehmens noch möglich. Schwieriger gestaltet sich die Lage, wenn der Telearbeiter erst kurz vor dem Abgabetermin unter Druck gerät und Probleme und Schwierigkeiten der Arbeitsaufgabe erst dann beseitigt werden sollen.

Regelmäßige Berichterstattung über Arbeitsfortschritte und Schwierigkeiten gehört bei größeren Projekten unbedingt zur Arbeitsaufgabe. Auf diese Weise erhält der Vorgesetzte ein regelmäßiges Feedback und merkt, daß der Telearbeiter seine Aufgaben pflichtgemäß und verantwortlich erledigt. Gleichzeitig fördern solche regelmäßigen Meldungen die Kommunikation, die Integration des Telearbeiters in die Unternehmensorganisation und vor allem die Anerkennung seiner Leistungen.

Der Telearbeiter schafft durch eine gute Organisation der eigenen Tätigkeit und die ständige Überprüfung seiner Ergebnisse an Hand von Teilzielen eine gewisse Transparenz seiner Arbeit. Die Mitteilung des Arbeitsstandes und des nötigen Aufwands zum Erreichen der Ergebnisse verdeutlicht dem Vorgesetzten die Leistungsfähigkeit des Telearbeiters und führt im Rahmen der kooperativen Zielvereinbarung (s. Kapitel 6) zu gerechter und angemessener Zuteilung von Aufgaben.

Die von den Gewerkschaften befürchtete unangemessene Ausbeutung der Arbeitskraft des Telearbeiters ist nur möglich, wenn dieser seinerseits ständig steigende Anforderungen akzeptiert und die damit verbundene Mehrarbeit beispielsweise aus Furcht vor Repressalien oder einer ausbleibenden Beförderung nicht äußert. Oft leisten Telearbeiter Überstunden, die auf Grund der Aufgabenstellung und Terminvereinbarung vielleicht unvermeidbar sind. Die Gefahr, diese nicht als solche geltend zu machen, besteht vor allem dann, wenn schlechte Eigenorganisation des Telearbeiters der Grund für diese Mehrarbeit ist.

Kurz vor Abgabeschluß beginnt der Telearbeiter angesichts des immer näher rückenden Termins damit, die eigentliche Aufgabe anzupacken. Bis dahin wurden oft erst einmal die Freiheiten der neuen Arbeitsform genossen, die eigentliche Arbeit vernachlässigt. Mit dem Abgabetermin steigt der Erfolgsdruck. Fängt der Telearbeiter erst jetzt an, mit der gegebenen Anstrengung an der Zielerreichung zu arbeiten, so erkennt er mögliche Probleme und Schwierigkeiten zu spät.

Die Koordination mit Kollegen oder die Suche nach Rat fällt dann schwer. Der Druck nimmt stetig zu, ebenso die Überstunden kurz vor der nächsten Teambesprechung, zu der die Aufgabe eigentlich hätte erledigt sein sollen. Dies führt zu einer enormen körperlichen und psychischen Belastung des Telearbeiters und natürlich zu qualitativ schlechten Arbeitsergebnissen.

Um einem solchen Szenario vorzubeugen, ist es für den Telearbeiter besonders wichtig, die eigene Tätigkeit sinnvoll und richtig zu planen und von Anfang an in kleinere Teilziele zu untergliedern. Diese erledigt der Telearbeiter nach und nach und gewährleistet so, daß er Probleme und Zeitverzug rechtzeitig erkennt und gegensteuern bzw. geeignete Maßnahmen einleiten kann.

Das führt zu besseren Arbeitsergebnissen und der gerechtfertigten Anerkennung der Tätigkeit durch die Führungskraft und das Unternehmen. Durch einen solchen schrittweise kontinuierlichen Erfolg, der dem Vorgesetzten mitgeteilt wird, sichert der Telearbeiter die Anerkennung möglicherweise nötiger Überstunden (s. auch Abschnitt 5.4.4). Der Vorgesetzte merkt, daß er mit einem engagierten und pflichtbewußten Telearbeiter einen echten Partner in seinem Team hat und erkennt ihn nicht nur auf Grund seines Stundenbuches (s. unten), sondern auch für seine Arbeitsleistung an.

Die Einteilung der Arbeit und die richtige Organisation der eigenen Tätigkeit erfordert auch, daß im Rahmen der alternierenden Telearbeit die Präsenzphasen im Unternehmen korrekte Berücksichtigung finden. Als Telearbeiter sollte man immer darauf bedacht sein, an Präsenztagen im Unternehmen nicht einfach nur die Arbeit von zu Hause mitzubringen. Wenn im Büro lediglich die gewohnte Tätigkeit ohne irgendwelche Besonderheiten fortgesetzt wird, fallen die Präsenztage schnell zur Last. Schon aus Gründen der sozialen Integration sind sie jedoch unverzichtbar (s. Abschnitt 5.1 sowie Kapitel 7).

Der Telearbeiter sollte daher versuchen, für die Präsenztage im Unternehmen solche Arbeiten zu identifizieren, die er hier besser als am Telearbeitsplatz erledigen kann. Im Unternehmen stehen beispielsweise besondere Arbeitsmittel wie Kopierer oder Plotter zur Verfügung, über die er am Telearbeitsplatz nicht unbedingt verfügen muß. Auch Tätigkeiten, die in besonderem Maße die Absprache oder Koordination mit Kollegen erfordern, sind ideal geeignet für die Präsenztage.

Andere Aufgaben hingegen lassen sich ebenso gut am Telearbeitsplatz erledigen. Solche sind für den Telearbeitsplatz aufzuheben. Im Unternehmen sollte der Telearbeiter bewußt anderen Zielstellungen nachgehen. Insbesondere ist darauf zu achten, daß sowohl berufliche wie private Kontakte im Unternehmen an den Präsenztagen nicht zu kurz kommen.

5.4.4 Telearbeit und Entlohnung

Neben Zeiteinteilung und Arbeitsorganisation spielt für Unternehmen und Arbeitnehmer die Entlohnung eine nicht unwesentliche Rolle. Hier stellt sich insbesondere die Frage nach einem fairen Entgelt für die Tätigkeit des Telearbeiters. Die Lohngerechtigkeit innerhalb des Unternehmens bildet hierbei einen wichtigen Aspekt. Daher darf es für den Telearbeiter in Sachen Arbeitsentgelt weder zu Vor- noch zu Nachteilen auf Grund seiner besonderen Tätigkeit kommen.

Insbesondere rechtfertigt Telearbeit keine Lohnminderung seitens des Unternehmens, weil etwa die neue Arbeitsform dem Telearbeiter eine bessere Lebensqualität beschert, die Einrichtung des Telearbeitsplatzes besondere Investitionen erfordert oder etwa auf Wunsch des Arbeitnehmers erfolgt. Den Aufwendungen und Nachteilen für das Unternehmen stehen andere Vorteile wie höhere Leistungsbereitschaft und Produktivität gegenüber.

Probleme bei der Entlohnung des Telearbeiters ergeben sich vor allem auf Grund der in Europa noch weitgehend vorherrschenden zeitabhängigen Bezahlung in den Arbeitsbereichen, die für Telearbeit prinzipiell in Frage kommen. Telearbeit verlangt zwar ein zielorientiertes Management, darf den Status des Arbeitnehmers jedoch nicht beeinflussen. Daher muß für den Telearbeiter die selbe Form der Entlohnung wie für die im Unternehmen beschäftigten Mitarbeiter erfolgen, meist also ein monatliches Grundgehalt.

Sinnvoll mit der Einführung von Telearbeit koppeln lassen sich leistungsabhängige Zulagen oder ein entsprechendes Prämiensystem (s. auch Kapitel 6). Eine solches Entlohnungsmodell erhöht die Leistungsbereitschaft, motiviert die Mitarbeiter und sorgt für konstant hohe Qualität sowohl am Telearbeitsplatz wie im Unternehmen.

Schwierigkeiten ergeben sich hingegen, wenn seitens des Unternehmens der Verdacht nahe liegt, der Telearbeiter hat tatsächlich weniger Arbeitsstunden absolviert, als vertraglich vereinbart. Ebenso führt der umgekehrte Fall, also Überstunden des Telearbeiters, meist zu Auseinandersetzungen hinsichtlich der Entlohnung. Um Streit oder eine Beeinträchtigung des für Telearbeit grundlegenden Vertrauensverhältnisses (s. Kapitel 7) zu vermeiden, empfiehlt es sich für den Telearbeiter, einen Arbeitsnachweis zu führen. Das Unternehmen sollte konkrete Regelungen für Überstunden bei Telearbeit in die entsprechenden Vertragswerke aufnehmen (s. Kapitel 8 sowie Anhang A und B).

Für den Nachweis über die Arbeitszeit führt der Telearbeiter im einfachsten Fall ein Arbeitstagebuch. Hier trägt er seine Arbeitsstunden ebenso wie Urlaub, Krankheit oder sonstige Fehltage in eine Zeitübersicht analog zu Abbildung 5.2. ein. Anhang C enthält ein Musterblatt für die Seiten eines solchen Arbeitstagebuchs. Dieses ist in regelmäßigen Abständen, beispielsweise wöchentlich oder monatlich, dem Vorgesetzten zur Gegenzeichnung vorzulegen. Er bestätigt mit seiner Unterschrift die Arbeitsstunden des Telearbeiters.

Auf diese Weise kann eine Erfassung der Arbeitszeit am Telearbeitsplatz sinnvoll erfolgen. Zwar läßt sich ein Arbeitstagebuch immer noch ohne all zu großen Aufwand vom Telearbeiter manipulieren. Wenn seine tatsächliche Arbeitszeit jedoch hinter der geforderten zurückliegt, dürfte sich dies auch in seinen Arbeitsleistungen widerspiegeln. Der Vorgesetzte würde also inkorrekte Einträge im Arbeitstagebuch anhand der wesentlich schwächeren Arbeitsergebnisse des Telearbeiters im Vergleich zu seiner früheren Bürotätigkeit oder zu Kollegen bemerken.

Aus diesem Grund sollte der Telearbeiter nicht das ihm mit der Einrichtung des Telearbeitsplatzes entgegengebrachte Vertrauen mißbrauchen und im Arbeitstagebuch mehr Stunden als die tatsächlich erbrachten angeben. Dies würde einen Vertrauensbruch darstellen und unweigerlich zur Kündigung oder zumindest zur unternehmensseitigen Auflösung des Telearbeitsplatzes führen.

Unproblematisch gestaltet sich der Arbeitszeitnachweis, wenn Telearbeit in solchen Arbeitsbereichen eingeführt wird, bei denen Überstunden in einem entsprechend hohen Grundgehalt bereits generell abgegolten sind. Ein Beispiel hierfür liefern mittleres und gehobenes Management, bei dem das Unternehmen meist ein hohes Gehalt für eine unbestimmte Arbeitszeit zahlt. Überstunden werden hier je nach Arbeitsanfall quasi erwartet, eine fixe Arbeitszeit ist vertraglich nicht vorgesehen.

Dies stellt einen der Gründe dar, warum sich die Einführung von Telearbeit gerade im Management besonders empfiehlt. Ganz abgesehen von der Entlastung der Führungskraft, die trotz langer Arbeitszeiten teilweise bis in die Nacht weiter am Familienleben teilhaben kann.

Für Überstunden empfehlen sich analoge Regelungen zu den betrieblichen Arbeitsplätzen. Generell sollten Überstunden vom Telearbeiter im voraus angezeigt und bei der Führungskraft beantragt werden, damit eine Entlohnung überhaupt in Frage kommt. Bei der Leistungsbeurteilung des Telearbeiters greift hier wiederum das Argument, daß Leistung sowohl Arbeit als auch Zeit berücksichtigt.

Benötigt der Telearbeiter überdurchschnittlich mehr Arbeitszeit zur Aufgabenbewältigung, führt dies unweigerlich zu einer schlechteren Beurteilung. Im umgekehrten Fall, also bei einem Untertreiben der tatsächlichen Arbeitszeit für die Erreichung des Ziels, setzt sich der Telearbeiter wiederum der Gefahr der Leistungsausbeute aus. Falsche Angaben zur Arbeitszeit mögen zwar für den Telearbeiter offensichtlich lohnend erscheinen, aus welcher Intention auch immer. Auf mittlere Sicht benachteiligt sich der Telearbeiter durch ein Lügen hinsichtlich der geleisteten Arbeitszeit immer selbst.

Somit bleiben letztendlich nur noch die Fragen der zusätzlichen Kosten für Unterhalt und Betrieb des Telearbeitsplatzes zu klären. Hier empfiehlt sich die Zahlung einer angemessenen monatlichen Pauschale, die vor allem Heizungs-, Strom- und Reinigungskosten erstattet. Die Zahlung einer Raummiete kommt mit Sicht auf die Freiwilligkeit von Telearbeit und die Vorteile für den Telearbeiter hingegen kaum in Betracht. Dasselbe gilt für Essensgeld, das der Telearbeiter eventuell auf Grund des Verzichts auf die Kantinenmahlzeit beanspruchen könnte. Auch hier sind die Freiwilligkeit und die mit Telearbeit verbundenen Vorteile zusammen mit den Einsparungen bei der täglichen Anreise zum Arbeitsplatz entgegen zu halten.

Andere Unterhaltskosten, beispielsweise Telefon- oder Dienstreisekosten, sollten wie üblich gegen Nachweis durch entsprechende Belege erstattet werden. Hinsichtlich der Kommunikation mit dem Unternehmen empfiehlt sich in jedem Fall die Installation eines eigenen Dienstanschlusses in der Wohnung des Telearbeiters. Die Kosten für Installation und Betrieb muß dann der Arbeitgeber übernehmen. Dafür kann er auf sein Recht zur Kontrolle des Anschlusses beispielsweise durch Einzelgesprächsnachweis bestehen, um so eine private Nutzung zu seinen Lasten zu verhindern.

Im Idealfall lassen sich die variablen Kosten des Telearbeitsplatzes genau erheben und so in einem Mitarbeitergespräch auch begründen oder überprüfen. Hierbei soll nicht eine Kontrolle des Telearbeiters im Vordergrund stehen. Es geht allein darum, den Telearbeiter im Sinne eines Intrapreneurship, also eines Mitarbeiter-Unternehmertums, für die laufenden Kosten seines Arbeitsplatzes zu sensibilisieren.

Er soll nicht nur gute Leistung bringen, sondern auch den damit verbundenen Verbrauch von materiellen oder immateriellen Ressourcen erkennen und beeinflussen. Schließlich ist die Art und Weise, wie er ein gestecktes Ziel erreicht, seiner eigenen Arbeitsorganisation überlassen (s. Abschnitt 5.4.3). Die durch eine entsprechende Arbeitsweise verursachten internen und externen Kosten sind Ergebnis einer solchen Selbstorganisation. Der Mitarbeiter ist für die finanziellen Auswirkungen solcher Entscheidungen zu sensibilisieren. Je nach Position und Unternehmenskultur hat er einen solchen Ressourcenverbrauch mitunter zu rechtfertigen oder selbst, beispielsweise im Rahmen einer eigenen Kostenstelle, zu verantworten.

6. Telearbeit und Management

Kein Unternehmen kommt ohne Management und ohne Personalführung aus. Unterschiedliche Führungsstile prägen die Unternehmenskultur und das Betriebsklima ebenso, wie sie die Arbeitsleistung des einzelnen und der Organisation als Ganzes determinieren. Insbesondere in der Betriebswirtschaftslehre der Nachkriegszeit entstanden zahlreiche Untersuchungen und Forschungsergebnisse hinsichtlich der Auswirkungen eines bestimmten Führungsverhaltens.

Aus unterschiedlichen Ansätzen der Personalführung entstanden und entstehen bis heute verschiedene Führungskonzepte und Managementmethoden.[46] Dabei ist ein interessantes Phänomen festzustellen: Je selbständiger und eigenverantwortlicher die Tätigkeit der einzelnen Mitarbeiter gestaltet wird, desto mehr Bedeutung kommt der Personalführung der entsprechenden Mitarbeitergruppe zu.

Die eigenverantwortlich agierenden Mitarbeiter können nur dann einen sinnvollen Beitrag zum gesamten Unternehmensergebnis liefern, wenn ihre Tätigkeit durch einen Vorgesetzten koordiniert und in einen größeren Kontext eingebettet wird. Mit der Einführung einer neuen Arbeitsform wie Telearbeit muß daher eine entsprechende und angepaßte Personalführung verbunden sein. Der zunehmenden Verselbständigung des Telearbeiters muß eine gute und gleichzeitig „sanfte" Personalführung sozusagen entgegenwirken.

Diese wird heute immer noch oftmals als situationsangepaßtes ad hoc Management oder auch einfach als Konfliktlösungsinstanz mißverstanden. Der „Manager" verteilt die Aufgaben, die während des Arbeitstages anfallen, an seine „Untergebenen", hilft diesen bei Bedarf oder Fragen und muß Konflikte innerhalb seiner Abteilung und zwischen den Abteilungen lösen.

Die physische Anwesenheit der Mitarbeiter ist zentrales Element dieses Managementkonzeptes. Viele Manager sind bis heute der Auffassung, sie können nur solche Mitarbeiter leiten, die sie auch sehen können. Dieses weit verbreitete, konservative „Management by Presence" bereitet in Verbindung mit Telearbeit Probleme. Schließlich ist der Telearbeiter nicht präsent, um sich dem Führungsprozeß unterzuordnen.

Telearbeit kann also nur funktionieren, wenn im Unternehmen ein Führungsmodell eingesetzt wird, daß zu den Besonderheiten dieser Arbeitsform paßt. Die

---

[46] Vergl. auch: Hentze, J., Kammel, A., Lindert, K.: Personalführungslehre. Grundlagen, Funktionen und Modelle der Führung. 3., vollständig überarbeitete Auflage. Bern Stuttgart Wien: Verlag Paul Haupt 1997

aktuelle Führungslehre bevorzugt hierfür kooperative Ansätze, die sowohl ökonomischen wie sozialen Aspekten der Führung gerecht werden. Daß neben dem betrieblichen Erfolg vor allem die sozialen Aspekte in Verbindung mit Telearbeit eine enorme Bedeutung erlangen, verdeutlicht insbesondere Kapitel 7.

Modelle wie das „Management by Objectives" (MbO), eingedeutscht etwa „Führung durch Ziele" oder „Führung durch Zielvorgaben / Zielvereinbarung", entsprechen weitgehend den besonderen Anforderungen der Telearbeit. Ohne Frage wird die weite Verbreitung der Telearbeit neue Impulse für die Führungslehre geben.

Vor allem im Bereich des Management by Objectives, anderer moderner Führungsmethoden und Führungssubstitute ist Telearbeit noch wenig erforscht. In die zukünftige Führungslehre werden die durch Telearbeit gewonnenen Erfahrungen einfließen und neue oder verbesserte Konzepte hervorbringen. Besonders dem Aspekt der Kommunikation im Führungsprozeß kommt in Verbindung mit Telearbeit eine besondere Rolle zu. Dies bedingen sowohl die räumliche Distanz zwischen Telearbeiter und Manager als auch der Einsatz neuer Kommunikationsmedien wie E-Mail oder Videokonferenz.

6.1 Management by Objectives

Unter den praktischen Führungsansätzen sind vor allem die sogenannten „Management by" Methoden besonders beliebt.[47] Konkrete Aussagen bezüglich der Personalführung und der Aufgaben und Handlungen des Vorgesetzten kennzeichnen diese Ansätze. Das Management by Objectives, also die Führung durch Zielvereinbarung, ist unter den Management-by-Methoden am weitesten verbreitet und der wohl bedeutendste praktische Führungsansatz. Neben dem Management by Objectives finden sich in der Praxis vor allem folgende Management-by-Methoden:

• Management by Exception (MbE)
• Management by Delegation (MbD)
• Management by Motivation (MbM)

Diese vier Management-by-Methoden unterscheiden sich nur durch unterschiedliche Schwerpunktsetzung innerhalb des Führungsprozesses. Im Grunde enthalten alle vier Methoden vielfältige Gemeinsamkeiten. Wie bereits oben erläutert, bedingt die Einführung von Telearbeit einen bestimmten Managementstil. Unter den derzeit diskutierten und eingesetzten Methoden erscheint dabei das Management by Objectives als geradezu prädestiniert für Telearbeit.

---

[47] Hentze, J., Personalwirtschaftslehre 2: 6., überarbeitete Auflage. Bern Stuttgart Wien: Verlag Paul Haupt: 1995. S. 213 ff.

Es räumt dem Geführten vielfältige Freiheiten hinsichtlich der Erfüllung der an ihn gestellten Aufgaben ein. Gleichzeitig stellt MbO ein konkretes Modell zur Verfügung, das keine ständige Präsenz zwischen Geführtem und Führer verlangt. Im folgenden wird daher das MbO als adäquater Führungsstil für Telearbeit vorgestellt. Auf denkbare alternative Führungsmodelle sowie die anderen Management by – Methoden geht Abschnitt 6.2 näher ein.

6.1.1 Was ist Management by Objectives?

Management by Objectives wurde bereits als „Führung durch Zielvorgaben" oder „zielorientierte Führung" vorgestellt. Als praktisches Führungsmodell umfaßt Management by Objectives jedoch wesentlich mehr, als das bloße Setzen von bestimmten Zielen, welche die geführten Mitarbeiter erreichen müssen.

Die Literatur unterscheidet zwei unterschiedliche Ansätze für Management by Objectives.[48] Die verhaltenswissenschaftlichen Ansätze stellen den Mitarbeiter und seine Bedürfnisse in den Mittelpunkt. Sie verlangen im Rahmen des Management by Objectives vor allem mehr Autonomie, Beteiligung (Partizipation) und Eigenkontrolle für den einzelnen Mitarbeiter.

Das pragmatisch ausgerichtete Management by Objectives untersucht hingegen eher praxisnahe Fragen im Rahmen der Organisationsgestaltung. Hier stehen Fragen des Zielbildungsprozesses, Kriterien für Zielvorgaben und Zielkonformität im Vordergrund der Betrachtung. Für die praktische Umsetzung des Management by Objectives liefern beide Ansätze wichtige Aussagen, die sich in den folgenden Ausführungen wiederfinden.

Den Kern des Management by Objectives bildet die Vereinbarung von Zielvorgaben zwischen Unternehmen bzw. der Führungsperson und dem jeweiligen Mitarbeiter. Auf welchem Wege und mit welchen Mitteln dieser die vereinbarten Ziele dann erreicht, bleibt weitgehend ihm überlassen. Im Rahmen des MbO genießen die Mitarbeiter somit ein erhebliches Maß an Eigenständigkeit und Eigenverantwortung. Diese sind gleichzeitig zwei der grundlegenden Voraussetzungen für die Eignung eines Mitarbeiters zum Telearbeiter (s. Kapitel 7).

Mit der Vereinbarung von Zielen wandert somit die Handlungskompetenz zum Ausführenden. Dieser gestaltet seine Tätigkeit nun weitgehend ohne Fremdführung, von wenigen Kontrollen oder der gesuchten Hilfestellung abgesehen. Daher ist im Rahmen des MbO neben der Zielvereinbarung auch die Übertragung der notwendigen (Handlungs-)Kompetenzen an den Mitarbeiter wesentlich. Die Kombination aus Zielvorgaben und Kompetenz spannt den Handlungsspielraum auf, in dem der durch Management by Objectives Geführte seine Aufgaben erfüllt.

---

[48] Vergl. auch: Hentze, J., Kammel, A., Lindert, K.: Personalführungslehre. Grundlagen, Funktionen und Modelle der Führung. 3., vollständig überarbeitete Auflage. Bern Stuttgart Wien: Verlag Paul Haupt 1997. S. 638

Das MbO kennzeichnet sich demnach vor allem durch die folgenden fünf Prinzipien:[49]

1. **Prinzip der Zielorientiertheit.** Die Zuordnung von Aufgaben an einzelne Mitarbeiter erfolgt stets in Verbindung mit konkreten Zielen.
2. **Prinzip des mehrstufigen Zielbildungsprozesses.** Die dem Mitarbeiter vorgegebenen Ziele gehen aus einem mehrstufigen Prozeß hervor, der mit den Unternehmenszielen beginnt und diese über Ober- und Unterziele zu operationalen Einzelzielen konkretisiert.
3. **Prinzip der Delegation von Entscheidungsbefugnissen.** Zusammen mit den Zielen wird der zur Zielrealisierung erforderliche Entscheidungsspielraum delegiert. Die konkreten Maßnahmen zur Zielerreichung bleiben dem Mitarbeiter überlassen. Er muß allerdings auch die Verantwortung für sein Handeln übernehmen.
4. **Prinzip der Partizipation.** Es wird erwartet, daß durch die Delegation von Entscheidungskompetenz und das Beteiligen des Mitarbeiters an Zielbildung und –kontrolle bisher ungenutzte Fähigkeiten und schöpferische Kräfte freigesetzt werden.
5. **Prinzip der Leistungsorientiertheit.** Präzise Zielvorgaben setzen das Vorhandensein von Kriterien voraus, die zur Kontrolle und Bewertung des Maßes der Zielerreichung herangezogen werden können und eine Leistungsbeurteilung eines jeden Mitarbeiters ermöglichen.

Ausgehend von diesen fünf Grundprinzipen hat Fuchs-Wegner das regelmäßige und systematische Controlling als sechstes Prinzip dem MbO hinzugefügt:[50]

6. **Prinzip der regelmäßigen Zielüberprüfung und –anpassung.** Durch dieses Prinzip wird dem Tatbestand Rechnung getragen, daß die Unternehmung externen Einflüssen unterliegt, die eine regelmäßige Zielüberprüfung und gegebenenfalls –anpassung erforderlich macht.

Somit ergibt sich ein Gerüst aus Grundsätzen für die praktische Ausführung des Management by Objectives, das den heutigen Anforderungen an eine erfolgreiche Führungslehre gerecht wird. Die folgenden Abschnitte gehen näher auf einzelne Aspekte dieses Grundgerüsts ein.

Das hier vorgestellte Management by Objectives dient natürlich nur als Grundmodell für einen Führungsstil, der an das jeweilige Unternehmen und seine Unternehmenskultur angepaßt werden muß (s. auch Kapitel 7). Die Aus-

---

[49] Vergl.: Kill, U.: Die Führungskonzeption des Management by Objectives und ihre Bedeutung für die Leistungsbeurteilung. Augsburg 1972, zitiert nach: ebenda. S. 639 f.
[50] Fuchs-Wegner, G.: Management-by-Konzepte, in: Kieser, A., Reber, G., Wunderer, R. (Hrsg.): Handwörterbuch der Führung. Stuttgart 1987. Sp. 1366-1372. Zitiert nach: ebenda, S. 640

führungen zum MbO bilden also einen grundlegenden Rahmen für die individuelle Praxisumsetzung.

Die Führung der Mitarbeiter nach den hier dargelegten Prinzipien des Management by Objectives ist zwar grundlegend für eine erfolgreiche Einführung von Telearbeit, MbO muß als Führungskonzept aber nicht unbedingt schon vor Einführung von Telearbeit im Unternehmen implementiert sein. Allerdings fällt Unternehmen, die MbO als Führungsstil praktizieren, die erfolgreiche Einführung von Telearbeit leichter. Telearbeit kann aber auch den Anstoß zur Einführung von MbO oder einem angepaßten Führungsmodell darstellen und Manager wie Führungspersonal veranlassen, den eigenen Führungsstil zu überdenken.

Auf jeden Fall sollte Telearbeit dazu genutzt werden, das Führungspersonal geeignet fortzubilden und die bisherige Personalführung im Unternehmen gerade hinsichtlich Effizienz, Effektivität und Produktivität zu überdenken. Ohne eine Anpassung des Führungsstils an Telearbeit ist die Einführung dieser neuen Arbeitsform jedenfalls unmöglich.

6.1.2 Ziele und Zielvereinbarung

Zielvorgaben bilden die Grundlage des Management by Objectives. Ziele sind für das MbO das wesentliche Führungsinstrument. Dem Mitarbeiter werden Ziele gesetzt, sowie die zugehörigen Kompetenzen und Mittel übertragen, um diese zu erfüllen. Auf diese Weise erfolgt der eigentliche, durch Eigenverantwortung des Mitarbeiters geprägte Führungsprozeß im Unternehmen.

Um dem einzelnen Mitarbeiter Ziele vorzugeben oder diese mit ihm zusammen zu vereinbaren (s. weiter unten), muß sich das Unternehmen selbst entsprechende Ziele abstecken. Entsprechend dem zweiten MbO-Prinzip des mehrstufigen Zielbildungsprozesses (s. 6.1.1) folgen die Mitarbeiterziele aus den Unternehmens- und den jeweiligen Ober- und Unterzielen. Im Unternehmen ergibt sich somit eine Zielpyramide, an deren Spitze der eigentliche Unternehmenszweck als Zielvorgabe steht (s. Abb. 6.1.).

Aus dem Unternehmenszweck leitet die Unternehmensführung strategische Unternehmensziele ab. Diese bestimmen das Handeln des Unternehmens als Ganzes. In den folgenden Stufen konkretisieren sich die Unternehmensziele in Ober- und Unterzielen bis hin zu den konkreten Vorgaben für einzelne Unternehmenseinheiten wie beispielsweise Abteilungen.

Verantwortlich für die Zielbildung, die Erreichung und die Kontrolle der Ziele sind die jeweiligen Instanzen innerhalb der Unternehmenshierarchie. Je nach Anzahl der Hierarchiestufen kann es dabei auch unterschiedlich viele Ebenen innerhalb der Zielpyramide geben. Das Konzept des Lean-Management versucht hierbei möglichst wenige Hierarchieebenen und somit auch wenige Zielebenen zu implementieren. Dies soll sowohl die Verwaltungs- und Führungskosten im Unternehmen senken, wie zu kürzeren und schnelleren Entscheidungswegen und mehr Flexibilität führen.

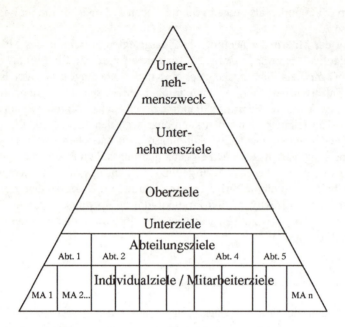

Abb. 6.1. Das Zielsystem des Unternehmens als Grundlage für Management by Objectives

Im Rahmen der Telearbeit kommt es darauf an, die Ziel- und Hierarchieebenen der Unternehmensgröße und der jeweiligen Branche entsprechend anzupassen. Wichtig ist dabei, daß die strategischen, also langfristigen Ziele der Unternehmensleitung mit jeder einzelnen Ebene zunehmend konkretisiert und auf kurzfristigere, taktische und operative Ziele heruntergebrochen werden (s. Abb. 6.2.).

Die Umsetzung und Erreichung der Abteilungsziele hat der Abteilungsleiter zu verantworten. Als Vorgesetzter seiner Mitarbeiter ist er dafür verantwortlich, je nach Tätigkeit des einzelnen die Abteilungsziele in konkrete Mitarbeiterziele für seine „Untergebenen" umzusetzen. Die Mitarbeiterziele sind dabei nicht mehr reine Handlungsanweisungen zur Ausführung bestimmter Tätigkeiten. Vielmehr handelt es sich um die Vorgabe gewisser Ergebnisse, die der Mitarbeiter in Zukunft zu erzielen hat.

Bei der Festlegung der Mitarbeiterziele kommt es in besonderem Maße darauf an, diese zu konkretisieren. Für die Leistungsbewertung und Kontrolle der Zielerreichung ist es unabdingbar, auf unterster Ebene möglichst konkrete Ziele festzulegen. Kennzahlen wie beispielsweise Umsatzgrößen, Abgabetermine usw. müssen mit dem Telearbeiter daher eindeutig vereinbart werden.

strategische Ziele — abstrakt

langfristig

„Unternehmenserfolg"

mittelfristig

„Erhöhung des Umsatzes um 10 Prozent im nächsten Geschäftsjahr"

taktische Ziele

kurzfristig

„Steigerung der Verkaufszahlen für das Produkt xy um 2 Prozent je Monat"

operative Ziele — konkret

Abb 6.2. Beziehung zwischen strategischen, taktischen und operativen Zielvorgaben

Unscharfe Formulierungen wie „der Umsatz ist zu steigern" oder „Pläne sind mit den zuständigen Kollegen abzugleichen" sind daher unbedingt zu vermeiden. Sie helfen dem Telearbeiter kaum dabei, seine Aufgaben richtig abzustecken und führen in der Regel zu schlechten Ergebnissen. So werfen schwammige Zielvorgaben, wie die obigen, zu viele Fragen auf:

- In welchem Ausmaß ist der Umsatz zu steigern?
- In welchem Zeitraum soll der Umsatz gesteigert werden?
oder
- Welche Kollegen sind gemeint?
- Wer ist zuständig, wer nicht?
- Welche Pläne sind jeweils betroffen?

Bei der Bestimmung von konkreten, operativen Zielvorgaben kommt es daher immer darauf an, folgende Fragen zu beantworten:

- Zielinhalt: Was soll erreicht werden?
- Zielausmaß: In welchem Umfang soll das Ziel erreicht werden?
- Zielsegment: In welchem Bereich soll des Ziel erreicht werden?
- Zielperiode: In welchem Zeitraum soll das Ziel erreicht werden?

Bei der Bildung der Mitarbeiterziele ist es daher immer von Vorteil, diese zusammen mit den Geführten festzulegen. Neben dem kooperativen Führungsstil, der Mißverständnisse oder Fehlinterpretationen sowie falschen oder überzogenen Zielvorgaben vorbeugen soll, und dem Gegenteil, der autoritären Zielvorgabe ohne Einflußnahme des Mitarbeiters, gibt es unterschiedliche Abstufungen (s. Abb. 6.3.). Alle Varianten können in Verbindung mit Telearbeit zum Einsatz kommen. Die Praxis und die aktuelle Führungslehre ziehen jedoch eindeutig kooperative Führungsstile vor, was auch dem 5. Prinzip des MbO gerecht wird (s. oben).

Im Zusammenhang mit dem Zielsystem der Unternehmung und dem individuellen Mitarbeiterziel ergibt sich somit das Problem, eine Konformität zwischen beiden Zielen zu erreichen. Dies gilt vor allem für eine Übereinstimmung zwischen den persönlichen Zielen des Mitarbeiters wie beispielsweise das Erzielen eines gerechten Lohnes, und den Zielen der Unternehmung, wie beispielsweise Gewinnsteigerung. Neben dem Management by Objectives als Führungsphilosophie kann der Einsatz von Führungssubstituten kombiniert mit MbO sehr sinnvoll erscheinen.

| kooperativer Führungsstil | | | | | | |
autoritärer Führungsstil						
Vorgesetzter entscheidet ohne Konsultation der Mitarbeiter und ordnet an	Vorgesetzter entscheidet, er ist aber bestrebt, die Untergebenen von seinen Entscheidungen zu überzeugen, bevor er diese anordnet	Vorgesetzter entscheidet, er gestattet jedoch Fragen zu seinen Entscheidungen, um durch deren Beantwortung ihre Akzeptanz zu erreichen	Vorgesetzter informiert seine Untergebenen über seine beabsichtigten Entscheidungen; die Untergebenen haben die Möglichkeit, ihre Meinung zu äußern, bevor der Vorgesetzte die endgültige Entscheidung trifft	Die Gruppe der Geführten entwikkelt Vorschläge; aus der Zahl der gemeinsam gefundenen und akzeptierten möglichen Problemlösungen entscheidet sich der Vorgesetzte für die von ihm favorisierte Lösung	Die Gruppe entscheidet, nachdem der Vorgesetzte zuvor das Problem aufgezeigt und die Grenzen des Entscheidungsspielraumes festgelegt hat	Die Gruppe entscheidet, der Vorgesetzte fungiert nach innen und außen als Koordinator

Abb. 6.3. Kontinuum des Führungsverhaltens nach Tannenbaum / Schmidt[51]

---

[51] Tannenbaum, R., Schmidt, W.H.: How to Choose A Leadership Pattern. Harvard Business Review Vol. 36, 95-101 (1958)

Aus der Kombination von Führungssubstitut und MbO können sich vorteilhafte Synergieeffekte ergeben. Eine Kombination des MbO mit einer leistungsbezogenen Entlohnung wie einer Gewinnbeteiligung oder einem Prämiensystem als zusätzlichem Anreiz führt automatisch zu einer Deckung zwischen Unternehmenszielen und den persönlichen Zielen des Mitarbeiters. Gerade für den Telearbeiter können diese zusätzlichen Motivatoren äußerst produktivitätssteigernd wirken.

Schließlich kommt es in einer sich immer schneller wandelnden Umwelt des Unternehmens darauf an, strategische Ziele und entsprechend die Unterziele der einzelnen Ebenen permanent zu kontrollieren. Ihre Gültigkeit muß jederzeit gewährleistet sein. In einem geänderten Marktumfeld muß auch eine Anpassung der langfristigen Unternehmensziele erfolgen. Eine somit mögliche dynamische Unternehmensführung ist heute unabdingbar, um den Erfolg des Unternehmens zu sichern. Diese dynamische Zielkontrolle und –anpassung entspricht dem sechsten Grundprinzip des MbO (s. oben).

6.1.3 Kompetenzdelegation

Mit der Vereinbarung von Zielen im Rahmen des Management by Objectives kommt als nächstem Schritt der Übertragung der notwendigen Kompetenzen an den Mitarbeiter enorme Bedeutung zu. Nur, wenn dem Mitarbeiter die zur Erreichung der gesteckten Ziele notwendigen Kompetenzen zugewiesen werden, kann dieser die gestellten Aufgaben auch tatsächlich lösen. Zusammen mit den Zielvorgaben muß der Vorgesetzte dem Geführten also auch die notwendigen Handlungsfreiheiten übertragen.

Dies bezieht sich vor allem auf die Freiheit, selbständig zu entscheiden, wie und auch welchem Weg der Mitarbeiter das gesteckte Ziel erreicht. Der Vorgesetzte hat in dieser Hinsicht die Funktion eines Helfers, der bei Problemen zur Verfügung steht und nur in Ausnahmefällen oder bei sich abzeichnenden Schwierigkeiten eingreift (s. auch Management by Exception in Abschnitt 6.2).

Unabhängig davon müssen schon bei der Festlegung der Ziele auch die Kompetenzen des Mitarbeiters überprüft werden. Dem Arbeitnehmer sind entsprechend der jeweiligen Aufgabe die zugehörigen Kompetenzen zu übertragen. Im Idealfall legen Vorgesetzter und Mitarbeiter neben den Zielen auch die nötigen Kompetenzen gemeinsam fest. Bei sich wandelnden Aufgaben bzw. Zielen kann es somit auch zu unterschiedlichen Kompetenzbereichen des einzelnen Mitarbeiters je nach aktueller Aufgabenstellung kommen.

Wichtig hierbei ist es, Kompetenzüberschneidungen zwischen verschiedenen Mitarbeitern zu vermeiden und auch für ein gewisses Maß an Kontinuität zu sorgen. Mit wechselnden Aufgaben darf es trotzdem nicht zu ständigen Kompetenzverschiebungen kommen. Dies sorgt nur für unnötige Unsicherheit innerhalb der Unternehmenshierarchie.

Seitens des Mitarbeiters, insbesondere des Telearbeiters, muß natürlich die Bereitschaft zur Übernahme von Kompetenz und Eigenverantwortung vorhanden sein (s. auch Kapitel 7). Im Zusammenhang mit der eigenverantwortlichen Planung und Ausführung der jeweiligen Aufgaben, die zur Erreichung des gesteckten Zieles notwendig sind, muß der Mitarbeiter vor allem über das notwendige Know-how verfügen.

Er muß sowohl die Zielstellung verstehen, als auch über das notwendige Wissen oder die Techniken verfügen, um das entsprechende Ziel zu erreichen. Daher muß das Ziel realistisch und operationalisierbar sein. Es ist Aufgabe der Führungskraft, die Fähigkeiten der Mitarbeiter diesbezüglich einzuschätzen und bei der Zielvereinbarung zu berücksichtigen.

Gleichzeitig muß dem Mitarbeiter aber auch klar sein, daß er auf Probleme oder Schwierigkeiten bei der Zielerreichung hinweisen muß und mit der Führungskraft einen Ansprechpartner hat. Trotz Zielvereinbarung sollten daher regelmäßige Gespräche zwischen Geführtem und Führungsperson stattfinden, in denen der aktuelle Stand der Aufgabenerfüllung abgefragt und über den bisherigen Verlauf gesprochen wird.

Ebenso regelmäßig muß es, vor allem bei langfristigen Zielstellungen, Besprechungen innerhalb des gesamten Teams zusammen mit dem Vorgesetzten geben. Diese sind zum einen wegen der sozialen Kontakte notwendig (s. Kapitel 7), vor allem aber auch zur Koordination der einzelnen Teilaufgaben und Teilziele erforderlich. Mit Einführung des Management by Objectives nehmen auf Grund der größeren Selbständigkeit des einzelnen Mitarbeiters Koordinations- und Kommunikationsbedarf erheblich zu. Diesen zu erfüllen ist Aufgabe der Führungskraft und unverzichtbar zur Erreichung der übergeordneten Abteilungs- oder Unternehmensziele (s. Abb. 6.1.).

6.1.4 Mitarbeiterführung

Das Konzept des Management by Objectives setzt einen selbständigen und eigenverantwortlich handelnden Mitarbeiter voraus. Es geht insofern von dem „mündigen Mitarbeiter" aus, der sich kooperativ verhält, durch die Übernahme eigener Verantwortung motiviert ist und weitgehend im Sinne der Unternehmensziele denkt und handelt. Der durch MbO geführte Telearbeiter ist somit selbst ein kleiner Unternehmer, ein „Intrapreneur".[52]

Das Unternehmen wie auch der Vorgesetzte übertragen dem Mitarbeiter Aufgaben und Kompetenzen. Es bringt ihm ein erhebliches Maß an Vertrauen entgegen, indem die Aufgabenlösung weitgehend im Entscheidungsbereich des Mitarbeiters belassen wird. Der Vertrauensbeweis ist natürlich noch größer, wenn der Geführte die Aufgaben als Telearbeiter beispielsweise zu Hause bearbeitet.

---

[52] Das Konzept des Mitarbeiters als eigenständiger Unternehmer im Unternehmen wird in der Personalführungslehre als „Intrapreneurship" diskutiert.

Dieses Vertrauen ist gut und für das Gelingen von Telearbeit sehr wichtig. Auf der anderen Seite ist ein gewisses Maß an Kontrolle aber in jedem Führungsprozeß unabdingbar. Dies gilt selbstverständlich auch für Telearbeit und Management by Objectives. Allerdings interessiert bei MbO weniger das Wie der Leistungserbringung als vielmehr die Leistung an sich. Auf welchem Wege der Geführte die gesteckten Ziele erreicht, ist schließlich ihm überlassen. Allein die Qualität der erzielten Ergebnisse zählt.

Die Leistung eines Mitarbeiters ergibt sich im MbO aus dem Soll-Ist-Vergleich zwischen den gesetzten Zielen und den erbrachten Leistungen, der sogenannten Abweichungsanalyse. Dies sollte regelmäßig zu gewissen Zeitpunkten im Gespräch zwischen Geführtem und Vorgesetzten erfolgen. Auf jeden Fall ist eine Leistungsbewertung bei Erreichen des Abgabetermins oder eines vereinbarten Teilzieles, eines sogenannten Meilensteines, notwendig.

Bei der Überprüfung und Kontrolle der Zielerreichung im Rahmen der Abweichungsanalyse muß unbedingt zwischen internen und externen Einflußfaktoren unterschieden werden, um die einzelnen Mitarbeiter nicht zu benachteiligen. So können die Mitarbeiter nur solche Soll-Ist-Abweichungen vertreten, die sie auch selbst verursacht haben oder die sie durch eigene Initiative hätten vermeiden können oder müssen. Gründe für solche internen Einflußfaktoren sind beispielsweise Nachlässigkeit, fehlender Einsatz oder mangelnde Motivation bzw. die Unfähigkeit, eigene Verantwortung zu übernehmen.

Externe Einflußfaktoren, die ebenfalls eine Soll-Ist-Abweichung verursachen, dürfen sich hingegen nicht auf die Leistungsbeurteilung des Mitarbeiters auswirken. Externe Einflußfaktoren sind solche, die aus der Umwelt herrühren und denen der Mitarbeiter bei der Ausübung seiner Tätigkeit zur Zielerreichung unterliegt.

Wird beispielsweise bei einem Telearbeiter, der im Vertrieb beschäftigt ist, eine Umsatzsteigerung als Zielvorgabe vereinbart, der Markt für ein Produkt bricht aber durch ein Konkurrenzprodukt oder eine Innovation zusammen, so kann der Mitarbeiter das Verfehlen der Umsatzsteigerung nicht persönlich verantworten. Solche Faktoren sind bei der Bewertung der Leistung des Telearbeiters unbedingt zu berücksichtigen.

Ebenso gilt dies für Krankheit des Mitarbeiters oder andere Umstände wie beispielsweise eine kurz bevorstehende Mutter- oder Vaterschaft. Bei der Festlegung der Ziele sowie der Soll-Ist-Kontrolle sind somit verschiedene Faktoren zu berücksichtigen und einzuplanen. Allein deshalb ist schon ein kooperativer Führungsstil vorzuziehen.

Bei der autoritären Zielvorgabe drohen persönliche und externe Einflußfaktoren im internen Leistungsdruck durch das Unternehmen unterzugehen und übersehen zu werden. Dies verschlechtert im Endeffekt nicht nur das Betriebsklima und schafft unzufriedene Mitarbeiter, sondern wirkt sich auch nachteilig auf den Unternehmenserfolg im Ganzen aus.

Somit ist eine kooperative Leistungsbewertung in Form eines Gespräches sinnvoll. Ähnlich wie die Zielvereinbarung läßt sich auch die Leistungskontrolle entsprechend Abbildung 6.3. autoritär oder kooperativ durchführen (s. Abb. 6.4.). Von den Ergebnissen der Leistungsbeurteilung können dann Maßnahmen der Personalentwicklung oder Beförderungsentscheidungen abhängen. Bei einer leistungsabhängigen Entlohnung (s. Abschnitt 6.1.1) bestimmt die Beurteilung die erfolgsabhängige Lohnkomponente. Die Ergebnisse der Leistungsbeurteilung können und sollten aber ebenso als Anstoß für möglicherweise notwendige Anpassungen im Zielsystem des Unternehmens dienen.

Im Gespräch lassen sich außerdem persönliche Schwierigkeiten des Mitarbeiters mit der neuen Arbeitsform oder denkbare Ungerechtigkeiten eher offen aussprechen, als bei autoritärer Leistungsbeurteilung. Probleme ergeben sich vor allem bei der Entlohnung und Abrechnung der geleisteten Stunden. Trotz MbO hängt die Entlohnung nicht allein von der erbrachten Leistung, sondern überwiegend von der aufgewendeten Arbeitszeit ab.

Diese entzieht sich jedoch weitgehend der Kenntnis der Führungskraft. Zwischen Unternehmen und Mitarbeiter muß es daher eine gerechte Vereinbarung hinsichtlich der Zeitabrechnung geben. Das Beispiel der Zeiterfassung und Überstundenabrechnung bei IBM kann hier als vorbildlich gelten (s. Kapitel 5).

autoritärer Führungsstil						kooperativer Führungsstil
Vorgesetzter bewertet die Leistung des Mitarbeiters und teilt ihm seine Beurteilung mit	Vorgesetzter bewertet souverän, versucht aber seine Bewertung zu erklären	Vorgesetzter bewertet die Leistungen eigenständig, er gestattet jedoch Fragen zu seinen Beurteilungen um durch deren Beantwortung das Verständnis für die Bewertung zu steigern	Vorgesetzter informiert den Untergebenen über seine Bewertung; der Beurteilte hat die Möglichkeit, seine Meinung zu äußern, bevor der Vorgesetzte die endgültige Beurteilung festlegt	Der Untergebene beurteilt seine Leistung zunächst selbst; anschließend teilt der Vorgesetzte seine Beurteilung mit und erklärt und begründet Abweichungen	Der Untergebene beurteilt seine Leistung zunächst selbst; der Vorgesetzte überprüft daraufhin seine Beurteilung und korrigiert diese gegebenenfalls, bevor er die endgültige Beurteilung mitteilt	Der Untergebene beurteilt seine Leistung selbst; der Vorgesetzte diskutiert anschließend die Selbsteinschätzung und mögliche Konsequenzen (wie Personalentwicklung); daraus folgt eine Beurteilung mit Entwicklungsplan

Abb. 6.4. Kontinuum der Leistungsbeurteilung (in Anlehnung an das Kontinuum des Führungsverhaltens, s. Abb. 6.3.)

Nur so läßt sich einer Ausbeutung des Mitarbeiters durch rigide Zielvorgaben vorbeugen, wie Gewerkschaften Ende der achtziger Jahre noch befürchteten. Den Vorgesetzten interessiert nur die termingerechte Zielerreichung, nicht jedoch der Aufwand, mit dem der Telearbeiter das Ziel erreicht hat. Bei Erfüllung der gesteckten Ziele wird das Anforderungsniveau weiter erhöht. Die tatsächliche Belastung des Telearbeiters wird hierbei jedoch gänzlich übersehen. Im Rahmen eines erfolgreichen und kooperativen Führungsstils darf eine solche Situation nicht auftreten!

Ebenso kann Ungerechtigkeit dadurch entstehen, daß sich ein Mitarbeiter die Ergebnisse eines anderen aneignet und diese dem Vorgesetzten als eigene Leistung oder Idee präsentiert. Auch dem muß die Führungskraft vorbeugen. Im Rahmen des Management by Objectives müssen Leistungen unbedingt demjenigen und nur demjenigen zugeschrieben werden, der diese auch erbracht hat. Das vertrauensvolle Gespräch zwischen Vorgesetztem und Mitarbeiter ist für die korrekte Leistungszurechnung und -beurteilung ein wichtiger Ausgangspunkt.

Ein weiterer Aspekt der Mitarbeiterführung im Rahmen des Management by Objectives kommt der Kompetenzdelegation und –kontrolle zu. Die Führungskraft hat darauf zu achten, daß die Mitarbeiter die ihnen übertragenen Kompetenzen weder über- noch unterschreiten. Die Kompetenzdelegation birgt Konfliktpotential zwischen den Mitarbeitern.

Durch eine unauffällige Kontrolle der Kompetenzen und ihrer Einhaltung sorgt die Führungskraft bereits im Vorfeld dafür, möglichen Konflikten vorzubeugen. Entsteht trotzdem eine Konfliktsituation, beispielsweise durch nicht klar abgegrenzte Kompetenzen zwischen zwei Mitarbeitern, muß die Führungskraft unbedingt als Problem- oder Konfliktlöser eingreifen.

6.1.5 Vorteile und Kritik am Management by Objectives

Management by Objectives wird von einzelnen Unternehmen bereits seit einigen Jahrzehnten praktiziert, trotzdem gilt diese Managementmethode als relativ junges Verfahren. So liegen bisher nur wenige Erfahrungswerte und wissenschaftlich fundierte Untersuchungen dazu vor. Im Rahmen der verstärkten Einführung neuer Medien und I&K-Technologien sowie neuer Arbeitsformen wie Telearbeit, kommt dem MbO eine immer stärkere Bedeutung zu. Entsprechend werden auch die Erfahrungen mit dieser Methode wachsen.

Aus der verstärkten Einführung von MbO und Telearbeit in die betriebliche Praxis, vor allem auch in kleinen und mittelständischen Unternehmen, werden sich weitere Verbesserungen und vor allem individuelle Abwandlungen des generellen MbO-Konzeptes ergeben. Wie jeder Führungsstil ist auch das Management by Objectives noch verbesserungsfähig. Führung bedarf einer ständigen Überprüfung und Anpassung an die jeweilige Zeit, Umweltsituation und die Eigenschaften des oder der Geführten.

Management by Objectives ist daher nicht als generelle Antwort auf alle Probleme der Führung in Verbindung mit Telearbeit zu sehen. So ist nicht jede Führungsperson in der Lage, nach dem Prinzip des Management by Objectives zu führen. Ebenso gibt es Unternehmen, für die MbO nicht in Frage kommt. Soll trotzdem Telearbeit eingeführt werden, muß hier auf ein anderes Managementmodell oder ein entsprechend angepaßtes MbO zurückgegriffen werden (s. auch den folgenden Abschnitt).

Die Vorteile, die mit Telearbeit verbunden sind, können dabei oftmals gleichfalls dem neuen und zielorientierten Führungsstil zugeschrieben werden. Einzelne Verbesserungen im Unternehmen lassen sich eindeutig dem Management by Objectives zuschreiben. Im einzelnen sind dies:

- Motivation des „mündigen Mitarbeiters" durch Übertragung von Kompetenz und Handlungsfreiheit
- Besseres Arbeits- und Betriebsklima durch kooperative Führung
- Vertrauensbeweis gegenüber dem Mitarbeiter als Motivation sowie Ansporn, dieses Vertrauen zu erwidern
- Eigenverantwortung, die Kreativität fördert und prozeßoptimierend wirkt
- Produktivitätssteigerung
- Effizenzsteigerung

Die Einführung von MbO stellt aber auch erhebliche Anforderungen an die Qualitäten und Eigenschaften der Führungskraft. Diese muß sich je nach Grad des Führungsstils als kooperativ oder autoritär betätigen als:

- Motivator
- Koordinator
- Kommunikator
- Konfliktlöser
- Ansprechpartner bei Problemen
- (Leistungs-)Beurteiler und
- Zielsetzer

Entsprechend entstehen im Zusammenhang mit Management by Objectives gewisse typische Probleme. Vor allem sind dies die unter 6.1.3 und 6.1.4 bereits angesprochenen Schwierigkeiten bei der gerechten Leistungsbemessung und – zuordnung sowie mögliche Kompetenzkonflikte. Die Gefahr der Leistungsausbeutung des Mitarbeiters durch immer anspruchsvollere Zielvorgaben gilt seitens der Arbeitnehmervertretungen immer noch als das größte Problem in Verbindung mit Management by Objectives.

Ideal ist daher eine Konstellation, in der nicht nur die Geführten, sondern auch der Vorgesetzte durch Management by Objectives angeleitet wird und selbst Telearbeit praktiziert. In diesem Fall erfährt der Vorgesetzte die möglichen Probleme und Schwierigkeiten dieses Managementprozesses am eigenen

Leib. Diese Erfahrungen fließen in seine eigene Führungstätigkeit ein und machen ihn in aller Regel zu einem besseren Vorgesetzten.

Probleme der Zeitabrechnung oder korrekten Arbeitszeitermittlung lassen sich umgehen, indem man Management by Objectives verstärkt in Bereichen einsetzt, in denen kein zeitabhängiger Festlohn ausgezahlt wird. In gehobenen Führungspositionen oder auch in einzelnen Branchen wie der Unternehmensberatung werden oftmals Überstunden von den Mitarbeitern erwartet und als solche nicht abgegolten.

Für einen hohen Fixlohn erwartet man vom Angestellten, sich mehr für die Firma einzusetzen, notfalls auch über Grenzen der vereinbarten Arbeitszeit hinaus. Zusätzliche Entlohnung dieses Einsatzes rührt dann aus einer Erfolgsbeteiligung oder Prämie. Dieser Ansatz geht wiederum in die Richtung des Intrapreneurship.

Letztlich ist es besonders wichtig, soziale Aspekte in den Prozeß des Managements zu integrieren. Gerade in Verbindung mit Telearbeit und dem Management by Objectives kann es schnell zu Anonymisierung im Unternehmen kommen. Dem hat schon das Management auf oberster Ebene entgegenzuwirken. Keinesfalls darf der Geführte als reiner „Leistungserbringer" gesehen werden. Hinter der Leistung steht immer eine Person mit einem entsprechenden Umfeld (s. auch Abschnitt 6.1.2 und 6.1.4). Ein kooperativer Führungsstil ist daher unbedingt zu empfehlen. Auf Grund der besonderen Bedeutung geht Kapitel 7 ausführlich auf die sozialen Aspekte in Verbindung mit Telearbeit ein.

6.2 Ergänzungen und Alternativen zum Management by Objectives

Management by Objectives gilt als das Führungsmodell, welches optimal zu den Gegebenheiten der Telearbeit paßt. Wie bereits unter 6.1 erläutert, muß das Konzept jedoch immer an die individuellen Gegebenheiten des Unternehmens angepaßt werden. Zudem gibt es Unternehmen oder Vorgesetzte, die das Konzept des Management by Objectives nicht umsetzen können oder nicht zu tragen bereit sind. In solchen Fällen muß dennoch nicht auf Telearbeit verzichtet werden.

Dieser Abschnitt soll die dem MbO verwandten Management-by-Methoden vorstellen und kurz auf alternative Führungsformen, die mit Abstrichen ebenfalls für Telearbeit geeignet sind, eingehen. Diese sind vor allem dazu geeignet, das oben dargestellte Management by Objectives geeignet anzupassen, da sich alle Management-by-Methoden nahezu entsprechen. Allein die Schwerpunktsetzung auf einzelne Instrumente des Führungsprozesses oder Führungsverhaltens unterscheidet die Management-by-Methoden.

6.2.1 Management by Exception

Neben Management by Objectives sind Komponenten des Management by Exception (MbE) besonders gut im Verbindung mit Telearbeit einzusetzen. Eine Kombination aus MbO und MbE erscheint vielversprechend zu sein und eine sinnvolle Weiterentwicklung des MbO speziell für die Belange der Telearbeit darzustellen.

Das Management by Exception, zu deutsch etwa „Management im Ausnahmefall", legt besonderes Gewicht auf die Kontrolle. Der Führer soll nur dann eingreifen, wenn er eine Abweichung (Exception) von den eigentlich gestellten Aufgaben wahrnimmt. Dieser Ausnahmefall stellt sozusagen den Ausgangspunkt für die Tätigkeit des Managers dar, der in den laufenden Prozeß korrigierend eingreift. Solange keine Schwierigkeiten oder Probleme vorliegen, ist gemäß MbE kein Eingreifen der Führungskraft erforderlich.

Ob ein Ausnahmefall vorliegt, der das Eingreifen des Managers verlangt, entscheidet entweder der Vorgesetzte selbst durch Kontrolle oder der Mitarbeiter. Dieser kann bei Problemen oder einem anderen Ausnahmefall den Manager ansprechen und so dessen Tätigkeit auslösen. Dies verdeutlicht, warum MbE in der Kombination mit MbO für Telearbeit besonders geeignet erscheint.

Die strategische und taktische Führung innerhalb des Unternehmens erfolgt anhand des Management by Objectives. Haben die Mitarbeiter einmal Zielvorgaben erhalten und handeln eigenständig, so greift das Konzept des Management by Exception besonders gut.

6.2.2 Management by Delegation

Das Management by Delegation (MbD) setzt eine hierarchische Unternehmenstruktur voraus. Es eignet sich vor allem in einer Übergangsphase für Unternehmen, die noch durch einen autoritären Führungsstil weitgehend geprägt sind. Im Rahmen des Management by Delegation geht es nun darum, möglichst viele Zuständigkeiten und damit verbunden ein hohes Maß an Verantwortung soweit wie möglich an untere Instanzen der Hierarchie zu delegieren.

Kern des MbD ist somit die Abgabe von Verantwortung und Entscheidungsbefugnis einer relativ autoritären Führung an untere Instanzen. Jeder Mitarbeiter erhält einen eigenen Aufgabenbereich und abgegrenzte Kompetenzen. Das läßt zwar parallelen zum MbO erkennen, allerdings kommt der Kompetenzdelegation beim MbD ein wesentlich höheres Gewicht zu. Auch sind die eingerichteten Aufgabenfelder beim MbD statischer als im dynamischen Modell des Management by Objectives, das Änderungen und Anpassungen der Aufgaben an das Umfeld und die Tätigkeit voraussetzt.

MbD stellt somit eine ideale Zwischenlösung für solche Unternehmen oder Vorgesetzten dar, die sich zunächst nur schwer von ihrer Verantwortung und Kompetenz trennen wollen. Management by Delegation kann in einer Übergangsphase zum Einsatz kommen, sollte nach einigen Jahren aber auf jeden Fall in ein Konzept des Management by Objectives übergehen.

6.2.3 Management by Motivation

Management by Motivation (MbM) geht davon aus, daß nicht nur monetäre Anreize die Mitarbeiter zur Leistungserbringung ansporzen. Materielle Anreize lösen in der Theorie des MbM nur eine kurzfristige Wirkung aus, vielmehr kommt es aber darauf an, den Mitarbeiter auch langfristig zu motivieren und von seiner Tätigkeit zu überzeugen.

Aspekte des Management by Motivation spielen daher auch eine erhebliche Rolle im Konzept des Management by Objectives. Schlagworte wie „Job Enrichment" oder Selbstverwirklichung am Arbeitsplatz entsprechen dem Management by Motivation. Die Übertragung von Verantwortung an den Mitarbeiter, mehr Selbstkontrolle und demokratische Führungsstrukturen entsprechen diesem Konzept. Dieses Job Enrichment soll den Mitarbeiter nachhaltig und nicht nur kurzfristig motivieren und zufriedener machen. Von solchen „glücklichen" Mitarbeitern profitiert letztendlich auch das Unternehmen (s. Abb. 6.5.). Diese Prinzipien des MbM sind als integrierter Bestandteil des Management by Objectives anzusehen, insbesondere in Verbindung mit Telearbeit.

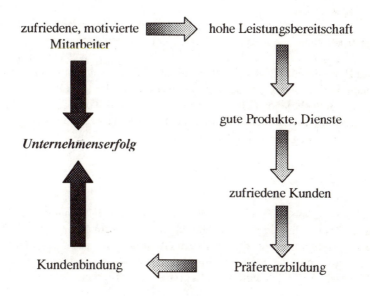

Abb. 6.5. Zufriedene Mitarbeiter als Ursprung für den Unternehmenserfolg

6.2.4 Das Harzburger Modell

Das Harzburger Modell wird auch als Führung im Mitarbeiterverhältnis beschrieben. Es ist als Führungskonzept in der Bundesrepublik Deutschland weit verbreitet und bekannt als Führungsstil, der sich gegen eine autoritäre Ausrichtung wendet.[53] Das Prinzip des Harzburger Modells entspricht weitgehend dem Management by Delegation, wobei die hierarchische Struktur des Unternehmens allerdings auch dauerhaft intakt bleibt.

Der Stellenbildung und Stellenbeschreibung kommt im Harzburger Modell eine erhebliche Bedeutung zu. In der Stelle manifestieren sich die Aufgaben und Kompetenzen eines Mitarbeiters. Die Führungsperson ist unter anderem für die richtige Besetzung der Stelle und die Einhaltung der Stellenbeschreibung verantwortlich. Der Vorgesetzte delegiert Sachaufgaben und Handlungsverantwortung. Er selbst übernimmt sowohl Sach- wie auch Führungsaufgaben.

Zu den wichtigsten Elementen der Führung innerhalb des Harzburger Modells gehört neben der Stellenbeschreibung die allgemeine Führungsanweisung. Diese soll dazu beitragen, einen homogenen Führungsstil im gesamten Unternehmen zu erzielen. Sie regelt Inhalte, Pflichten und Verantwortungen von Führungspersonen und Geführten. Von der Unternehmensführung aufgestellt, spiegelt die allgemeine Führungsanweisung eine Art Norm für das Führungsverhalten im Unternehmen wider.

Da das Harzburger Modell nur eingeschränkt in Verbindung mit Telearbeit einsetzbar ist, kann es nur solchen Unternehmen empfohlen werden, die sich mit der Einführung eines kooperativen Management by Objectives besonders schwer tun. Das Harzburger Modell erlaubt am ehesten die Beibehaltung von autoritären Elementen und gibt klare Hanldungsanweisungen. In der aktuellen Führungslehre liegt das Gewicht jedoch klar auf situativen und stark kooperativ ausgeprägten Führungsmodellen. Für eine ausführliche Darstellung des Harzburger Modells sei auf die einschlägige Literatur verwiesen.[54]

6.2.5 Theorie Z

Abschließend sei noch auf ein praktisches Führungsmodell hingewiesen, das aus dem japanischen Umfeld stammt. Die Theorie Z ist ein besonders auf die Zukunft ausgerichtetes Konzept der Personalführung. Wesentliches Element der Theorie Z, die ihren Ursprung in den Menschenbildern von McGregor (Theorie X und Theorie Y) findet, stellt die Integration des Mitarbeiters in das Unterneh-

---

[53] Vergl.: Hentze, J., Personalwirtschaftslehre 2: 6., überarbeitete Auflage. Bern Stuttgart Wien: Verlag Paul Haupt: 1995. S. 214
[54] Eine knappe Darstellung findet sich ebenda: S. 214 ff.

men dar. Hierbei steht eine langfristig wirksame Bindung zwischen Arbeitgeber und Arbeitnehmer im Vordergrund.

Einen kooperativen Führungsstil erreicht die Theorie Z durch ein erhebliches Gewicht auf der Bildung von Konsens bei jeglichen Entscheidungen. Die Struktur der Organisation wird stark personenorientiert aufgebaut und permanent kontrolliert. Die Theorie Z verlangt allerdings in besonderem Maße kommunikationsfähige Führungskräfte, die es als Integrator verstehen müssen, ihre Untergebenen in das gesamte Unternehmen einzugliedern.

Besondere Bedeutung kommt der Unternehmensphilosophie zu, die Aussagen zum Verhältnis zwischen Unternehmen, Mitarbeitern, Lieferanten, Kunden und anderen Geschäftspartner trifft. Auf Grund der langfristigen Bindung zwischen Unternehmen und Mitarbeiter wird die Karriereleiter langsamer erklommen, dafür ist jedem langjährigen Mitarbeiter früher oder später eine Beförderung sicher. Oftmals ist der Einsteig in ein Z-orientiertes Unternehmen nur auf einer bestimmten, meist der untersten, Hierarchieebene möglich.

Die Theorie Z ist auf Grund ihres stark integrativen Charakters für Telearbeit geeignet (s. Kapitel 7), allerdings fehlen konkrete Aussagen zum Führungsverhalten im einzelnen. Diese trifft das Management by Objectives. Die Theorie Z kann als Ergänzung dienen, um das MbO an eine bereits vorhandene, stark ausgeprägte und Z-orientierte Unternehmensphilosophie anzupassen. Eine Kombination aus Management by Objectives und Theorie Z kann gerade für größere Unternehmen sehr vorteilhaft sein. Für nähere Ausführungen zur Theorie Z sei an dieser Stelle ebenfalls auf die einschlägige Literatur verwiesen.[55]

6.3 Zusammenfassung

Insgesamt bleibt auch in der aktuellen Führungslehre das Management by Objectives die passende Führungsmethode in Verbindung mit Telearbeit. Die erfolgreiche Einführung und Umsetzung von Telearbeit im Unternehmen hängt in sehr ausgeprägtem Maße vom richtigen Management der Mitarbeiter und einer passenden Unternehmenskultur als Ausdruck oder Ursprung des Managements ab.

Wenn Telearbeitsprojekte scheitern, dann sind die Ursachen meistens in einer schlechten Umsetzung durch das Management zu suchen. Teilweise wird der Umstellung oder Anpassung des Führungsverhaltens zu geringes Gewicht beigemessen. Ohne das entsprechende Führungsverhalten kann Telearbeit jedoch nicht gelingen. Besonders erfolgversprechend sind daher solche Projekte, bei denen auch die Führungsperson in gewissem Umfang Telearbeit betreibt (s. auch Kapitel 5).

Nur so kann der Vorgesetzte selber Erfahrungen im Umgang mit der neuen Arbeitsform sammeln und besonders intensiv die Probleme der sozialen Interak-

---

[55] s. ebenda, S. 220ff.

tion und Kommunikation nachvollziehen. Das Lösen von Konflikten und das richtige Maß an Kommunikation fällt der Führungskraft erheblich leichter, wenn eigene Erfahrungen in die Tätigkeit als Vorgesetzter einfließen.

Unternehmer, die bisher einen völlig anderen Führungsstil praktizieren, etwa ein autoritäres „Management by Presence", sollten als erstes über ihr Führungsverhalten nachdenken und bereits vor Einführung des Telearbeitsprojektes die Manager auf den kommenden Wandel einstimmen. Dieser ist nicht nur unverzichtbar, im Zuge des zunehmenden Leistungsdrucks und der steigenden Beziehungs- und Mitarbeiterorientierung im Management sind autoritäre Führungsstile heute überholt.

Führungskräfte, die einen entsprechenden Wandel ihres Stils nicht vornehmen wollen oder vielleicht auf Grund ihres Alters oder der langjährigen Berufserfahrung nicht vollziehen können, sind für Telearbeitsprojekte kaum geeignet. Hier muß die Unternehmensleitung abwägen, in entsprechenden Abteilungen zunächst Telearbeit noch nicht anzubieten oder die Führungskraft doch von einer Fortbildung oder Umstellung zu überzeugen. In letzter Konsequenz steht auch die Möglichkeit eines Austausches der Führungskraft zur Verfügung.

Probleme dieser Art betreffen vor allem größere Unternehmen. Gerade in kleinen und mittelständischen Unternehmen, wo über Personalführung nicht so aktiv nachgedacht wird, ist das Management by Objectives ohnehin recht stark verbreitet. Es wird nur nicht als solches bezeichnet. In kleinen Unternehmen ist eine kooperative und zielorientierte Führung wesentlich einfacher zu realisieren.

Dabei muß Management by Objectives nicht immer nur als wissenschaftliche Methode im Unternehmen geplant und eingeführt sein. Oftmals praktizieren kleinere Unternehmen von sich aus einen kooperativen Führungsstil, der dem MbO sehr nahe kommt bzw. teilweise entspricht.

7. Soziale Aspekte

Telearbeits-Gegner führen die Gefahr der sozialen Isolation und fehlende Karrierechancen gern als Hauptargumente gegen die Entscheidung zur Telearbeit ins Feld. Verständlicher Weise stehen in der Diskussion um Telearbeit die sozialen Aspekte im Umfeld dieser neuen Arbeitsform im Vordergrund. Risiken und Gefahren, welche Opponenten der Telearbeit ausmachen, resultieren oft mehr aus einem subjektiv begründetem Angstgefühl, als daß sie auf objektiven Tatsachen beruhen.

Die Einführung von Telearbeit und die Entscheidung, Telearbeiter zu werden, sind immer mit Veränderungen verbunden. Im Unternehmen, für die Führungskraft, insbesondere jedoch für den Telearbeiter ändern sich gewohnte Arbeits- und Tagesabläufe. Der Mensch hält hingegen lieber am Gewohnten, Bewährten und Etablierten fest.

Das gesellschaftliche und staatliche Umfeld in Deutschland verstärken diesen Effekt noch. Die hohe Arbeitslosigkeit, Diskussionen um Entlassungen und den Standort Deutschland mit hohen Lohnnebenkosten schüren die Angst, den eigenen Arbeitsplatz zu verlieren. In dieser Umgebung fällt es schwer, eine gewohnte und vermeintlich sichere Position loszulassen und etwas Neues auszuprobieren.

Dies mag kurzfristig sogar sinnvoll erscheinen, auf lange Sicht jedoch überholen Innovation und gesellschaftlicher Wandel das, was heute sicher erscheint und zwingen zum Umdenken. In dieser Situation profitiert derjenige, der schon frühzeitig bereit ist, neue Wege zu gehen (s. auch Kapitel 1).

Gerade weil der mit Telearbeit verbundene Veränderungsprozeß sozial begründete Ängste auslöst, müssen diese bei der Umsetzung von Telearbeit in einem Unternehmen besondere Berücksichtigung finden. Wege zur Beseitigung der Ängste beginnen bei der Wahl einer Telearbeitsform (s. auch Kapitel 5) und setzen sich über entsprechendes Führungsverhalten (s. auch Kapitel 6) bis zur Auswahl der richtigen Mitarbeiter und der Unterstützung der zukünftigen Telearbeiter fort.

Ein Telearbeits-Projekt läßt sich nur dann erfolgreich realisieren, wenn allen Beteiligten die mit der neuen Arbeitsform verbundenen sozialen Aspekte bekannt sind und bei der Umsetzung und dem Umgang mit Telearbeit Berücksichtigung finden.

Dieses Kapitel beschäftigt sich mit solchen sozialen Aspekten und erklärt dem Telearbeiter und dessen Kollegen, Führungskräften und Entscheidungsträgern, wie sie hiermit sinnvoll umgehen, so daß sich Ängste zunächst zur sozialen Herausforderung und am Ende sogar zur sozialen Chance für alle Beteiligten wandeln.

Dabei soll auch nicht vergessen werden, daß es Telearbeiter gibt, die ihre Angst nicht überwinden können oder die einfach mit der neuen Arbeitssituation unzufrieden sind. Damit diese individuellen Probleme nicht zum Scheitern des gesamten Projektes führen, muß dem Telearbeiter immer der Weg zurück in das gewohnte betriebliche Umfeld offenstehen. Dem ist schon von Beginn des Projektes an Rechnung zu tragen und gerade bei der Betrachtung der sozialen Aspekte ein besonderes Augenmerk zu schenken.

7.1 Der richtige Mitarbeiter: Nicht jeder kann Telearbeiter werden

Jedes Tätigkeitsfeld stellt gewisse Anforderungen an Fähigkeiten und Fertigkeiten des Arbeitnehmers. Einige hängen von der eigentlichen Tätigkeit ab, andere ergeben sich mehr aus dem Umfeld. So ist eine Führungskraft mit hervorragendem Fachwissen aber ohne soziale Kompetenz mit Sicherheit zum Scheitern verurteilt.

Telearbeit bedingt eine Änderung gewöhnlicher Arbeitsabläufe und dient dem Ziel, neue Technologien nutzbringend für alle anzuwenden, sowohl für Arbeitnehmer und Arbeitgeber wie für die gesamte Gesellschaft. Andere Arbeitsbedingungen und ein geändertes Arbeitsumfeld implizieren wiederum einen Wandel bei den Anforderungen an die Arbeitnehmer, die Telearbeit nutzen.

Nicht jeder Arbeitnehmer kommt für Telearbeit in Frage und nicht jeder, der seine Aufgabe im Betrieb zu voller Zufriedenheit erledigt, muß auch ein guter Telearbeiter werden. Ob sich Telearbeit im Unternehmen erfolgreich umsetzen läßt, hängt in wesentlichem Ausmaß von der Auswahl der richtigen Mitarbeiter, gerade in der Pilotphase (s. Kapitel 9) ab.

7.1.1 Das Prinzip der Freiwilligkeit

Freiwilligkeit stellt die grundlegende Voraussetzung für eine erfolgreiche Zusammenarbeit zwischen Unternehmen und Telearbeiter dar. Einen Mitarbeiter zur Telearbeit zu zwingen, verurteilt ein Telearbeitsprojekt von vornherein zum Scheitern. Gerade bei der Einführung und Erprobung neuer Arbeitsabläufe müssen die Beteiligten mit einer positiven Grundeinstellung an die Sache herangehen.

Neue Konzepte setzen sich nur dann durch, wenn sie für alle Beteiligten Vorteile versprechen, sowohl für das Unternehmen wie für die Mitarbeiter. Potentielle Kandidaten für Telearbeit müssen überzeugt vom Sinn dieser neuen Tätigkeitsform sein, sonst können sie den mit der neuen Art der Beschäftigung verbundenen organisatorischen und sozialen Wandel nicht erfolgreich vollziehen. Dies führt mit Sicherheit zum Scheitern des Telearbeiters.

Hinzu kommt der hohe Grand an Selbständigkeit und Eigenverantwortlichkeit, der mit der Einrichtung eines Telearbeitsplatzes einhergeht. Mitarbeiter, die nicht von Telearbeit überzeugt sind, sondern zu ihr gezwungen werden, sind meist nicht bereit oder nicht in der Lage, die höheren Ansprüche an die persönliche Verantwortung zu übernehmen. Ihnen fehlt dann Fähigkeit zur Selbstmotivation (s. auch Abschnitt 7.1.2). Die Basis für Telearbeit kann daher nur die freiwillige Wahl des Arbeitnehmers darstellen.

Gleichzeitig steht das selbe Recht natürlich auch dem Arbeitgeber zu. Er muß nicht jedem Mitarbeiter einen Telearbeitsplatz zugestehen. Auch hier gilt, daß der Arbeitgeber mit der Einrichtung eines solchen Arbeitsplatzes einverstanden sein muß. Nicht jeder Mitarbeiter ist für Telearbeit geeignet. Somit ist auch dem Arbeitgeber eine Wahlmöglichkeit zuzugestehen.

Allerdings darf der Arbeitgeber nicht zu kleinlich über die Erteilung eines Telearbeitsplatzes entscheiden. Telearbeit darf sich nicht zu einem exklusiven Angebot für eine auserwählte Elite des Unternehmens wandeln. Das führt automatisch zu Neid und sozialer Spannung im Unternehmen, die sich störend auf die Arbeitsergebnisse und somit direkt auf den Unternehmenserfolg auswirken.

Das Angebot, Telearbeiter zu werden, sollte sich daher möglichst breit an alle Beschäftigten im Unternehmen richten, deren Aufgabenfeld Telearbeit zuläßt. Einzige Ausnahme stellt die Pilotphase dar, in der Telearbeit im Unternehmen erprobt und die breite Einführung vorbereitet wird (s. Kapitel 9). Ein Arbeitnehmer, der sich für die neue Arbeitsform interessiert, kann dann auf freiwilliger Basis einen Telearbeitsplatz beantragen. Stimmt der Arbeitgeber der Einrichtung eines solchen außerbetrieblichen Arbeitsplatzes zu, schließt er zusätzlich zu einer Betriebsvereinbarung einen individuellen Telearbeitsvertrag mit dem Arbeitnehmer ab (s. Kapitel 8).

Das ursprüngliche Arbeitsverhältnis zwischen Arbeitgeber und Arbeitnehmer bleibt hiervon unberührt. Eine Auflösung des Arbeitsverhältnisses und die Beschäftigung des Telearbeiters als freier Mitarbeiter hat aus Sicht des Arbeitnehmers nur in den seltensten Fällen Sinn. Die Aufgabe des Beschäftigungsverhältnisses sollte daher ebenfalls ausschließlich in beiderseitigem Einvernehmen erfolgen.

Erzwingt der Arbeitgeber zu seinem Vorteil einen neues Vertragsverhältnis mit dem Arbeitnehmer, besteht die Gefahr eines späteren Rechtsstreits zwischen den Vertragspartnern (s. auch Kapitel 8). Dies schadet nicht nur dem Ansehen des Arbeitgebers und des Unternehmens, sondern auch der Telearbeit als solches. Arbeitgeber dürfen Telearbeit daher nicht als Chance sehen, bestehende Vertragsverhältnisse zu ihren Gunsten neu zu gestalten.

Um Telearbeit während und auch schon vor einer Pilotphase im Unternehmen auf eine breite Basis zu stellen, kommt es ferner darauf an, eine positive Grundhaltung gegenüber dieser neuen Arbeitsform im Unternehmen zu schaffen. Dies kann gelingen, indem das Unternehmen eine offene Diskussion über Telearbeit zuläßt und auch annimmt. Gespräche zwischen Arbeitgeber und Arbeitnehmer oder deren Vertretungen können prüfen, wie und in welchem Umfang Telearbeit im Unternehmen für alle Beteiligten Vorteile schafft und Sinn macht.

Der Erfolg eines Projektes hängt oftmals von der Einstellung der direkt oder indirekt Beteiligten ab. Es betrifft also den Telearbeiter und seinen Vorgesetzten genau so, wie sämtliche Kollegen des Telearbeiters. Damit diese sämtliche Vorbehalte gegenüber Telearbeit aufgeben und es auf diese Weise gelingt, natürlich mit Telearbeit umzugehen, müssen die Projektmitglieder bei allen Mitarbeitern aktiv Vorurteile und falsche Argumente abbauen.

Man sollte daher Kollegen und Vorgesetzte von den Vorteilen überzeugen und die strategische Bedeutung der Telearbeit für das Unternehmen erklären (s. auch Kapitel 1). Die Diskussion um Telearbeit sollte im Unternehmen aktiv betrieben werden. Mit fundierten Argumenten muß man versuchen, eine positive Grundhaltung zu erzeugen. Argumente gibt es genug. So kann sich Telearbeit auch nach der Pilotphase etablieren. Es entsteht automatisch ein breites Interesse, Telearbeiter zu werden.

Mitarbeiter, die der neuen Arbeitsform mit einer natürlichen und gesunden Skepsis gegenüber stehen, sind meist sogar die besten potentiellen Telearbeiter, da sie bei der Umsetzung Probleme erkennen, aufdecken und vor allem auch benennen. Sie helfen so, ein begonnenes Projekt zu überdenken, zu verbessern und zum Erfolg zu führen. Sie stellen daher die idealen Partner für das Pilotprojekt dar (s. Kapitel 9).

Gleichzeitig gelingt die Einführung von Telearbeit einfacher, wenn das Angebot schon in möglichst frühem Stadium sämtliche Ebenen der Unternehmenshierarchie anspricht. Der Arbeitgeber oder Leiter des Telearbeitsprojektes sollte daher versuchen, auch Führungskräfte in die Pilotphase einzubinden.

Ein Vorgesetzter, der selbst Telearbeit praktiziert, hat mehr Verständnis für die spezifischen Probleme und Schwierigkeiten der Telearbeiter. Da die Führungskraft die Vorteile und Probleme der neuen Arbeitsform selbst erkunden kann, leitet sie ihr Team besser, gerade wenn die Gruppe weitere Telearbeiter umfaßt. Die Umsetzung eines ergebnisorientierten Führungsstils (s. Kapitel 6) gelingt ihr meist mit weniger Schwierigkeiten, als jemandem, der nicht selber Telearbeit nutzt.

7.1.2 Auswahlkriterien und Verhaltensanforderungen

Nicht jede Führungskraft ist geeignet, selbst Telearbeit zu praktizieren oder Telearbeiter anzuleiten. Das Konzept des Management by Objectives stellt die Grundlage für den erfolgreichen Umgang mit Telearbeit dar. Eine Führungskraft, die diesen Stil nicht beherrscht oder umsetzen kann, ist ungeeignet, Telearbeiter in ihrem Einflußbereich zu führen (s. auch Kapitel 6).

In diesem Fall stellt sich die Frage, ob Telearbeit in einem solchen Team anzubieten ist oder ob man eventuell einen neuen Aufgabenbereich für die Führungskraft suchen sollte. Ein Vorgesetzter mit negativer Haltung gegenüber Telearbeit stellt zweifellos ein erhebliches Hemmnis für die Realisierung des Telearbeitsprojektes im Unternehmen dar.

Auch nicht jeder Mitarbeiter ist ein geeigneter Telearbeiter. Das Angebot zu Telearbeit sollte sich zwar an das gesamte Unternehmen richten, gleichzeitig hängt die Erteilung eines Telearbeitsvertrages allerdings von der Zustimmung des Arbeitgebers oder einer entsprechenden Führungskraft ab.

Vor der Telearbeit steht somit eine Bewerbung im klassischen Sinn. Gewisse Anforderungen an Verhalten und Eigenschaften der Mitarbeiter qualifizieren diese für Telearbeit. Für die Auswahl der Telearbeiter, gerade für eine Pilotphase, sind diese Anforderungen essentiell. Während sich gewisse Eigenschaften auch noch während der Tätigkeit als Telearbeiter mehr oder minder schnell erlernen lassen, sind andere unverzichtbare Charaktereigenschaften.

Fehlen diese, kann ein Arbeitnehmer Telearbeit nicht erfolgreich praktizieren. Im Endeffekt stellt Telearbeit einen solchen Mitarbeiter vor mehr Probleme, als für ihn persönliche Vorteile aus der neuen Beschäftigungsform resultieren. Geringere Leistungsfähigkeit und schlechte Arbeitsergebnisse sind Anzeichen für das Fehlen grundlegender Eigenschaften, die zu Telearbeit befähigen. In diesem Fall sollte der Arbeitgeber das Telearbeitsverhältnis beenden und den Mitarbeiter möglichst schnell wieder in das betriebliche Umfeld integrieren.

Im folgenden geht es um Kriterien, die bei der Auswahl eines Telearbeiters zu berücksichtigen sind. Am Ende dieses Abschnittes befindet sich eine Tabelle, die zusätzlich zu der ausführlichen Beschreibung einen schnellen Überblick über die Anforderungen gibt (s. Tabelle 7.1.).

Sämtliche Anforderungen gelten sowohl für Telearbeiter, die ihrer Tätigkeit in einem Satelliten- oder Nachbarschaftsbüro nachgehen, wie für Heimarbeiter. Für letztere ist deren Erfüllung vor dem Abschluß eines Telearbeitsvertrages besonders genau zu beachten. Die Tätigkeit in der eigenen Wohnung stellt einfach höhere Anforderungen an den Arbeitnehmer.

In der eigenen Wohnung existieren mehr Störquellen, denn verschiedene Einflüsse und Faktoren lenken den Telearbeiter hier stärker von seiner betrieblichen Pflichterfüllung ab als in einem Nachbarschafts- oder Satellitenbüro. Daher muß der zu Hause tätige Telearbeiter vergleichsweise über ein stärkeres Maß an Eigenverantwortung, Motivation und Selbstdisziplin verfügen, als sein Kollege an einem betriebsähnlichen Telearbeitsplatz.

Eigenverantwortung und Pflichtbewußtsein

Die Fähigkeit, Verantwortung zu übernehmen, stellt eine grundlegende Voraussetzung für jeden Telearbeiter dar. Ergebnisorientiertes Führen als Basis für Telearbeit verlangt die Delegation von Aufgaben und Verantwortung an den Arbeitnehmer. Mitarbeiter, die diese Verantwortung nicht tragen können oder wollen, sind nicht in der Lage, eigenverantwortlich mehr oder minder komplexe Aufgabenstellungen ohne weitere Kontrolle oder Anleitung durch eine Führungskraft zu lösen. Den erfolgreichen Telearbeiter kennzeichnet hingegen, daß er ihm gestellte Aufgaben ohne wesentliche Überwachung und Hilfestellung von einem Vorgesetzten mit dem ihm zur Verfügung stehenden Know-how und den verfügbaren Mitteln eigenständig unter Einbeziehung moderner Technik löst.

Gleichzeitig muß der Telearbeiter dazu fähig sein, sinnvoll über seine eigene Arbeitszeit zu verfügen. Er trägt selbst die Verantwortung dafür, wie er am Telearbeitsplatz seinen Tagesablauf gestaltet, ohne seine arbeitsvertraglichen Verpflichtungen zu vergessen. Die Fähigkeit, nicht nur seine Arbeit selbst zu strukturieren, sondern völlig frei und gleichzeitig pflichtbewußt über Arbeits- und Freizeit zu verfügen, verlangt ebenfalls ein hohes Maß an Eigenverantwortung.

Selbstbewußtsein und Selbstsicherheit

Ohne ein gesundes Selbstbewußtsein kann kein Mensch Verantwortung übernehmen. Die Kenntnis der eigenen Fähigkeiten und der Grenzen sind für den Telearbeiter wichtig, da er eigenverantwortlich Aufgaben lösen und hierbei Probleme erkennen muß, ohne daß er ständig Hilfe durch Kollegen erwarten kann. Diese stand ihm bisher möglicherweise zur Verfügung, ohne daß er dies gemerkt hat. Der Telearbeiter muß insbesondere erkennen können, ob er in der Lage ist, eine gestellte Aufgabe eigenständig zu lösen.

Er muß möglicherweise schneller und deutlicher um Hilfe oder Unterstützung von Kollegen oder Vorgesetzten bitten und darauf hinweisen, daß eine Aufgabe ihn überfordert. Dies kann er wiederum nur mit einem entsprechenden Selbstbewußtsein, das ihn befähigt, eigene Stärken oder Schwächen zu erkennen. Schließlich fehlen dem Telearbeiter nicht nur direkte Kontrolle und Hilfe durch den Vorgesetzten, sondern auch Zuspruch, Motivation und Anerkennung. Das führt zur einer weiteren, äußerst wichtigen Eigenschaft des Telearbeiters.

Fähigkeit zur Selbstmotivation

Die Freiheit, seine Arbeitszeit weitgehend eigenverantwortlich einzuteilen und selbständig über Mittel und Wege zur Erfüllung einer gestellten Aufgabe zu entscheiden, erkauft sich der Telearbeiter mit einer höheren Eigenverantwortung. Dies bedeutet, daß ihn niemand permanent zur Erfüllung der gestellten Aufgabe antreibt. Der Abgabetermin, der unerbittlich näher rückt, kann dann bei ungenügender Motivation zur Panik führen.

Der Telearbeiter muß daher in der Lage sein, sich selbst zur Arbeit zu motivieren und anzutreiben. Die Selbstmotivation muß der ihm gewährten Zeitautonomie gegenüberstehen. Schließlich erwartet der Arbeitgeber unabhängig vom Arbeitsplatz die Erfüllung der betrieblichen und arbeitsvertraglichen Pflichten. Mitarbeiter, die ihre Tätigkeit ausschließlich als Pflichterfüllung sehen, die möglicherweise keine Freude bereitet, erkennen keinen Sinn in ihrer Tätigkeit und sind daher auch nicht in der Lage, sich selbst zur Arbeit zu motivieren.

Dazu gehört es auch, sich selbst für das Erreichen von Teilzielen oder andere zufriedenstellende Leistungen zu loben. Die eigentliche Arbeit, die der Telearbeiter zu Hause oder in einem Nachbarschafts- bzw. Satellitenbüro erledigt, vollzieht sich für Vorgesetzte und Kollegen eher anonym. Von diesen kann der Telearbeiter meist erst dann eine Reaktion erwarten, wenn er seine Arbeit als Ganzes abliefert. Zwischendurch muß der Telearbeiter seine Arbeit selbstkritisch betrachten (s. oben) aber auch sich selbst Anerkennung zusprechen, um sich zu motivieren.

Ein Telearbeiter muß in gewisser Weise von seiner Arbeit und der Art und Weise, wie er diese erledigt, überzeugt sein. Die Anforderungen Selbstbewußtsein und Fähigkeit zur Selbstmotivation sind daher untrennbar miteinander verwoben.

Disziplin

Disziplin ist eine weitere wichtige Eigenschaft, die in enger Verbindung mit der größeren Verantwortung des Telearbeiters erforderlich ist. Der Telearbeiter kann selbständig über Lage und Länge seiner Arbeitszeit entscheiden, gerade wenn er in seiner eigenen Wohnung tätig ist. Hier gibt es viele Quellen der Ablenkung, beispielsweise Familie, Kinder, Haustiere, das Fernsehen, Hobbies.

Diesen vielfältigen Versuchungen zur Ablenkung muß der Telearbeiter widerstehen, schließlich muß er sich auf seine Arbeit konzentrieren und die ihm gestellten Aufgaben bewältigen. Das geht nur mit der nötigen Ruhe und Konzentration. Der Ablenkung zu Hause muß der Telearbeiter mit Disziplin und Pflichtbewußtsein und guter Organisation seiner Tätigkeit begegnen.

Gleichzeitig kann er Disziplin in Verbindung mit der heimischen Geborgenheit und Ruhe nutzen, um ungestört und somit kreativ zu arbeiten. Schließlich gibt es auch im Büro Ablenkung und Störquellen, die ein ungehindertes und voll auf eine Problematik konzentriertes Arbeiten verhindern, teilweise sogar unmöglich machen können.

Kommunikationsfähigkeit

Unabhängig von der gewählten Form der Telearbeit stellt die Fähigkeit zur Kommunikation einen äußerst wichtigen Faktor dar. Oftmals bei der Beurteilung von Personal unterbewertet oder nur indirekt wahrgenommen, stellt die Fähigkeit zur Kommunikation eine wesentliche Grundlage für jede Tätigkeit dar, die mit der Übertragung von Verantwortung verbunden ist.

Für Telearbeit gelten generell besonders hohe Anforderungen an die Kommunikationsfähigkeit der Beteiligten. Der Telearbeiter steht nur zeitweise in direktem und persönlichem Kontakt mit Führungskräften und Kollegen, zumindest wenn er alternierende Telearbeit praktiziert (s. Kapitel 5). Trotzdem darf es den Informationsaustausch in beiden Richtungen nicht hemmen, wenn der Telearbeiter an einem Tag zu Hause bleibt und dort arbeitet.

Ein indirekter Kontakt wie der über das Telefon stellt jedoch höhere Anforderungen an die Fähigkeiten eines Menschen, sich erfolgreich mit Mitmenschen zu unterhalten. Erfolgreich nicht im unternehmerischen Sinne, sondern im Sinne einer Verständigung. Jemand, der prinzipiell ungern das Telefon benutzt, wird als Telearbeiter auf Schwierigkeiten stoßen. Umgekehrt führen übermäßig lange Telefongespräche nicht nur zu unnützen Kosten, sie gefährden auch eine ökonomische Nutzung der Arbeitszeit.

Innovationsfreudigkeit

Ähnlich grundlegend gestaltet sich die Anforderung an einen Telearbeiter, mit neuen Technologien und Medien umzugehen. Für den Telearbeiter gehört nicht nur die Kommunikation via Telefon und Fax zum Alltag, er nutzt auch E-Mail, Inter- und Intranet, eventuell sogar Bildkommunikation oder einfache Videokonferenzsysteme.

Gerade für ein Pilotprojekt haben die Mitarbeiter Vorteile, die im Umgang mit moderner Informations- und Kommunikationstechnik über gewisse Erfahrungen verfügen und damit Aufgeschlossenheit zeigen. Der Umgang mit E-Mail und Internet läßt sich zwar schnell erlernen, aber gerade am Anfang bereiten neue Kommunikationsmedien und die damit verbundene Technik oft Probleme, die einen unerfahrenen PC-Benutzer schnell zum Verzweifeln bringen können und wertvolle Arbeitszeit kosten.

Während im Büro ein Techniker oder Experte für Computer und Netzwerke meist direkt vor Ort oder schnell verfügbar ist, ist der Telearbeiter im Umgang mit der modernen Technik eher auf sich selbst gestellt. Eine gewisse Erfahrung im Umgang mit Rechner und Software, die den Telearbeiter in die Lage versetzt, Probleme selber oder per „Telefondiagnose" ohne direkte Hilfe eines Experten zu bewältigen, sind zwar nicht unverzichtbar, aber sehr hilfreich.

Loyalität

Ein gewisses Maß an Vertrauen zwischen Arbeitgeber und Arbeitnehmer sollte Grundlage jedes Arbeitsverhältnisses sein. Da der Arbeitgeber einen Telearbeiter mit wesentlich mehr Verantwortung ausstattet und dieser zudem eigenverantwortlich tätig ist, muß der Telearbeiter ein entsprechendes Vertrauen des Arbeitgebers genießen.

Dieses Vertrauen kann der Telearbeiter nur durch Loyalität zum Unternehmen und zum Arbeitgeber rechtfertigen. Loyalität ist deshalb unbedingt erforderlich. Schließlich verfügt der Telearbeiter nicht nur über Informationen, von denen für das Unternehmen der Erfolg abhängen kann, er besitzt einen externen Zugang zum Unternehmensnetz. Teilweise muß der Telearbeiter Dokumente und Unterlagen aus dem Büro an den Telearbeitsplatz mitnehmen, die vertrauliche Informationen enthalten.

Den Zugang zu diesen unternehmenskritischen Informationen könnte ein Telearbeiter ausnutzen und dem Unternehmen einen erheblichen Schaden zufügen. Dabei muß der Mitarbeiter nicht einmal aktiv und beabsichtigt Industriespionage betreiben. Dritte Personen könnten den Telearbeiter auch als Informationsquelle mißbrauchen. Zwischen Telearbeiter und Arbeitgeber müssen daher gewisse Verhaltensregeln existieren, was den Umgang mit solchen sensiblen Daten angeht (s. Kapitel 8). Verhält sich ein Mitarbeiter loyal zum Unternehmen, wird er diese Verhaltensregeln auch beachten.

Bei allen der genannten Anforderungen an einen Telearbeiter ist immer auch die Spezifik der von ihm ausgeübten Tätigkeit und deren Eignung für Telearbeit zu beachten. Bei der konkreten Entscheidung sind die Kriterien daher unterschiedlich zu wichten. Keinesfalls sollte man jedoch eine der Anforderungen ganz außer Acht lassen. Die angegebenen Indikatoren können als Anzeichen für die entsprechenden Eigenschaften dienen, sie sind jedoch keinesfalls mehr als Beispiele und besitzen noch keine Beweiskraft für die Eignung zur Telearbeit.

Tabelle 7.1. Anforderungskatalog an einen Telearbeiter

Anforderung	Indikatoren
Eigenverantwortung	Mitarbeiter erledigt Aufgaben weitgehend eigenständig ohne Hilfe
Pflichtbewußtsein	Vorgesetzter oder Kollegen müssen Mitarbeiter nicht ständig zur Arbeit „ermahnen"
Selbstbewußtsein	Kenntnis über eigene Stärken und Schwächen
Selbstsicherheit	Sicheres Auftreten des Mitarbeiters gegenüber Kollegen oder Unternehmenskunden
Fähigkeit zur Selbstmotivation	Mitarbeiter sucht nur selten Bestätigung unter Vorgesetzten und Kollegen
Disziplin	Respektvolles Verhalten, auch in Konfliktsituationen, nicht nur gegenüber Vorgesetzten sondern auch gegenüber Kollegen
Kommunikationsfähigkeit	Entsprechendes Verhalten in Teambesprechungen, Diskusionen, soziale Stellung des Mitarbeiters unter Gleichberechtigten in der Unternehmenshierarchie
Innovationsfreudigkeit	Mitarbeiter verfügt über Erfahrungen im Umgang mit moderner Technik wie PC und E-Mail
Loyalität	Positive Grundeinstellung des Mitarbeiters gegenüber dem Unternehmen, Mitarbeiter ist bereits Geheimnisträger

7.2 Telearbeit sozial richtig umsetzen

Die Auswahl geeigneter Mitarbeiter stellt nur den ersten Schritt einer erfolgreichen Einführung von Telearbeit im Unternehmen dar. In den ersten Monaten der Telearbeit bleibt die oben beschriebene, mit der Umsetzung neuer Konzepte und Arbeitsabläufe verbundene, natürliche Angst und Skepsis gegenüber allem Neuen bestehen.

Beachtet man die sozialen Gefahren beim Umgang mit Telearbeit nicht, kann dies zu schwerwiegenden Problemen führen. Argumente gegen Telearbeit, wie die Angst vor sozialer Isolation oder die schlechteren Karrierechancen, sind unbedingt ernst zu nehmen. In der Vergangenheit realisierte Projekte rechtfertigten einerseits Bedenken gegen die Einführung von Telearbeit. Andererseits zeigen diese Projekte, daß soziale Probleme bei der Realisierung durchaus lösbar sind. Deshalb kommt es von Anfang an darauf an, besonderes Gewicht auf die sozialen Aspekte zu legen und Telearbeit sozial richtig umzusetzen.

7.2.1 Die Gefahr der sozialen Isolation

Ende der achtziger Jahre verlangten die Gewerkschaften noch ein Verbot von Telearbeit, da es zur sozialen Vereinsamung führe (s. auch Kapitel 1). Arbeitnehmervertreter befürchteten, der Telearbeiter könne zum anonymen Kollegen am Telefon „verkommen". Mittlerweile haben auch Gewerkschaften die strategische Bedeutung von Telearbeit erkannt, weisen aber immer noch zu Recht auf die Gefahr einer sozialen Isolation hin.

Für viele Menschen, gerade für Alleinstehende, stellt der Arbeitsplatz die einzige soziale Schnittstelle zu Mitmenschen und ihrer Umwelt dar. Bekannte und Freunde finden sich heute oft unter Kollegen und Geschäftspartnern. Für diese Menschen birgt Telearbeit die Gefahr, die wichtigen sozialen und privaten Kontakte am Arbeitsplatz zu verlieren.

Für solche Mitarbeiter stellt sich damit die Frage, ob für sie Telearbeit in Frage kommt. Das Argument der sozialen Isolation verkennt oftmals einen für viele Telearbeiter wesentlichen Beweggrund, sich für die Arbeit zu Hause oder in einem Nachbarschafts- oder Satellitenbüro zu entscheiden: Die Möglichkeit, flexibler über Zeit zu verfügen, um auch außerberufliche Kontakte zu pflegen und vielleicht zu intensivieren.

Der Arbeitsplatz stellt auch in Zukunft nicht die einzige Gelegenheit dar, Kontakt zu anderen Mitmenschen zu suchen. Soziales Engagement und Kontakte müssen sich nicht auf das berufliche Umfeld beschränken. Die Mitarbeit in Vereinen und Organisationen oder die Übernahme ehrenamtlicher Funktionen stellen zwei einfache Beispiele dar, wie der Gefahr der sozialen Isolation begegnet werden kann.

Der Telearbeiter hat vielleicht nicht mehr Zeit als andere Berufstätige, sich im außerberuflichen Umfeld zu betätigen, er kann jedoch flexibler über seine Zeit verfügen. Es liegt also mehr oder minder an ihm selbst, sein Leben aktiv zu gestalten und somit nicht zu vereinsamen. Eine soziale Fixierung auf das Berufsleben birgt gesellschaftliche Gefahren wie Politikmüdigkeit, zunehmende Gleichgültigkeit gegenüber gesellschaftlichen Mißständen und gegenüber dem Verfall sozialer Werte.

Telearbeit führt somit nicht zwangsläufig zu sozialer Isolation. Man muß sich jedoch der Gefahren bewußt werden, die aus geringeren Kontakten mit dem bisher gewohnten beruflichen Umfeld resultieren. Dem muß in geeigneter Weise entgegnet werden.

Alternierende Telearbeit, eventuell sogar in Verbindung mit einem Satelliten- oder Nachbarschaftsbüro, stellt unter diesem Aspekt die beste Form der Telearbeit dar. Sie gibt dem Telearbeiter die Möglichkeit, an den Vorteilen der Telearbeit zu partizipieren, neue Arbeitsformen und den Umgang mit moderner Technologie und neuen Medien zu lernen, und gleichzeitig das wichtige soziale Umfeld im Berufsleben aufrecht zu erhalten.

Die Einbindung der Telearbeiter in die Unternehmenskultur, verbunden mit einer positiven Grundhaltung aller Unternehmensmitarbeiter gegenüber den neuen Arbeitsabläufen und Kommunikationswegen, stellt die richtige Basis dar, um der Gefahr der sozialen Isolation zu begegnen. Im beruflichen Umfeld müssen Vorgesetzte und Telearbeiter neue Kommunikationsformen intensiv nutzen und zusammen mit der Unternehmensführung dafür sorgen, ein positives Image mit Telearbeit zu verbinden.

Ängste und Gefahren dürfen nicht im Vordergrund der Diskussion stehen, auf die Vorteile für alle Beteiligten kommt es an. Gerade in der Pilotphase (s. Kapitel 9) sollten daher Kandidaten für das Projekt ausgewählt werden, die sowohl im Unternehmen wie außerhalb auf einem sozial gefestigten Fundament stehen. Für sie besteht keine Gefahr einer sozialen Isolation, gleichzeitig werden sie der Vorbildfunktion im gesamten Unternehmen gerecht, um Vorurteile und teilweise berechtigte Ängste bei anderen Mitarbeitern auszuräumen.

Für einen Mitarbeiter, der schon mehr oder minder sozial vereinsamt ist und dessen Kontakte sich auf das berufliche Umfeld beschränken, stellt Telearbeit ein hohes Risiko dar. Man darf jedoch nicht verkennen, daß Telearbeit in sehr vielen Fällen den sozialen Status eines Menschen verbessert. Keinesfalls stellt Telearbeit den ausschließlichen Grund für eine soziale Vereinsamung dar. Telearbeit bietet genau so die Chance, soziale Kontakte auszubauen und zu pflegen.

7.2.2 Kommunikation

Im Idealfall ist ein Telearbeiter auf identische Weise in den Arbeitsprozeß integriert, wie ein Mitarbeiter im Büro. Ihm steht eine gleichwertige Computerausrüstung mit der gleichen Software wie am Arbeitsplatz im Unternehmen zur Verfügung. Es kann über Datenkommunikation auf firmeninterne Datenbestände zugreifen. Mit Blick auf seine gewohnten Arbeitsabläufe unterscheidet sich sein Telearbeitsplatz nur durch die räumliche Distanz vom Büroschreibtisch.

Dieser wesentliche Unterschied wirkt sich erheblich auf die Kommunikationswege im Arbeitsalltag aus. Saß ein Mitarbeiter früher noch im Nachbarzimmer oder sogar gegenüber, befindet er sich jetzt einige Kilometer entfernt. Man kann ihm also nicht schnell etwas zurufen oder einfach das letzte Rundschreiben oder bestimmte Akten auf den Schreibtisch legen. Auch Aushänge am schwarzen Brett erreichen den Telearbeiter nur schwierig und eventuell verspätet.

Für den Telearbeiter stellt die Integration in die betriebliche Kommunikation somit das eigentliche Problem dar, dessen Bewältigung oft wichtiger ist, als den Umgang mit neuer Technik zu erlernen. Damit der Telearbeiter seine Aufgaben korrekt erledigen kann und sich nicht vom betrieblichen Umfeld isoliert, muß er sämtliche relevanten Informationen erhalten, auch die informellen. Das betrifft Akten und Unterlagen ebenso, wie die Ankündigung der nächsten Teamversammlung, Abteilungsfeier oder ähnliches.

Zur Kommunikation mit Kollegen stehen dem Telearbeiter verschiedene Medien zur Verfügung. Am wichtigsten sind neben dem Telefon, das einen direkten Kontakt ermöglicht, die elektronische Post (E-Mail), Fax und eventuell sogar das Bildtelefon (s. Abbildung 7.1.). Der Telearbeiter muß von sich aus diese verschiedenen Medien intensiv nutzen, um den Kotakt zum Unternehmen aufrecht zu erhalten.

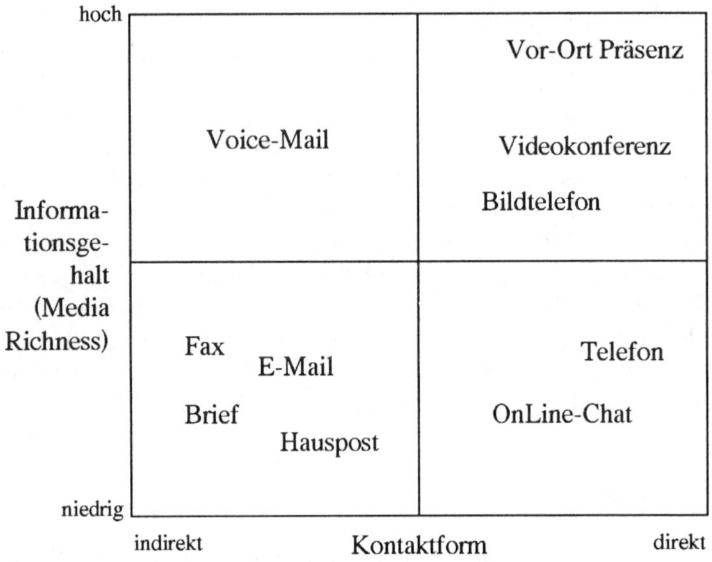

Abb. 7.1. Kommunikationsmedien am Telearbeitsplatz

Aber auch in umgekehrter Richtung darf die räumliche Distanz nicht dazu führen, dem Telearbeiter Informationen vorzuenthalten. Hier kommt es darauf an, daß die Führungskraft sich als Kommunikator versteht (s. Kapitel 6). Sie muß dafür sorgen, daß der Telearbeiter mit sämtlichen relevanten Informationen versorgt wird. Gerade in einer Pilotphase muß der Vorgesetzte sorgfältig darauf achten und eventuell ermahnen, die verschiedenen Möglichkeiten zum Kontakt mit dem Telearbeiter auch von seiten des Unternehmens zu nutzen.

Vorteile bei der Integration des Telearbeiters in den Kommunikationsprozeß besitzen diejenigen Unternehmen, die bereits verstärkt den elektronischen Datenaustausch im Bürobereich einsetzen. Zentral verfügbare elektronische Dokumente und Akten lassen sich problemlos auch einem Telearbeiter zustellen. Bei einer eher papierbasierten Arbeit gestaltet sich dies schwieriger und zeitaufwendiger.

Rundschreiben und Ankündigungen lassen sich nicht nur am „Schwarzen Brett" anbringen, sondern auch per E-Mail an die Belegschaft weiterleiten. Telearbeiter erhalten diese Informationen somit automatisch. Das Unternehmen kann ein solches elektronisches Infoboard im Intra- oder Internet einrichten und hier Informationen der Allgemeinheit bekanntgeben.

In Zukunft kommen fast alle Büroangestellten nicht umhin, sich mit neuen Kommunikationsmedien wie dem Internet und E-Mail vertraut zu machen. Nutzen die Mitarbeiter eines Unternehmens solche Medien schon intensiv, bevor Telearbeit eingeführt wird, bereitet die Einführung der neuen Arbeitsform geringere Schwierigkeiten. Kollegen und Büroangestellte verfügen so über das notwendige Know-how, um mit einem Telearbeiter auf unterschiedliche Weise zu kommunizieren. Weiterhin sichern Erfahrungen und Kenntnisse im Umgang mit elektronischer Kommunikation die Bereitschaft zu intensiven Kontakten beispielsweise per E-Mail.

Aber auch der Telearbeiter muß hierzu seinen Beitrag leisten. Der regelmäßige Kontakt zu Kollegen über das Telefon gehört auch im Zeitalter der digitalen Revolution dazu. Deshalb ist die Vereinbarung gewisser Regelarbeitszeiten zwischen Telearbeiter und Arbeitgeber auch unverzichtbar. Zu gewissen Zeiten sollten seine Kollegen den Telearbeiter mit Sicherheit an seinem Arbeitsplatz erreichen können.

Diese „Kernzeiten" müssen den Kollegen bekannt sein. Für den Telearbeiter sind sie essentiell, um der Gefahr eines schleichenden Ausscheidens aus dem betrieblichen Kommunikationsprozeß entgegen zu wirken. Erreicht ein Kollege oder Vorgesetzter den Telearbeiter in der Kernarbeitszeit nicht, und muß er mehrere Anläufe starten, um bestimmte Informationen direkt weiterzugeben, kann ein Anruf und somit die Informationsweitergabe schnell in Vergessenheit geraten.

Ist ein Telearbeiter mehrmals nur schwierig per Telefon zu erreichen, so verlieren seine Kollegen schnell das Interesse, immer wieder zum Telefonhörer zu greifen und ihn anzurufen. Das führt dazu, daß dem Telearbeiter wichtige Informationen entgehen. Er kann seine Arbeit somit nicht problemlos erledigen, was nicht nur dem Unternehmen, sondern auch dem Telearbeiter schadet.

Beide Seiten müssen daher großes Gewicht auf Erreichbarkeit legen. Mitarbeiter im Außendienst oder Telearbeiter, die an verschiedenen Arbeitsplätzen außerhalb des Unternehmens tätig sind, können diese Erreichbarkeit auch per Mobiltelefon sicherstellen. Auf jeden Fall aber muß ein Telearbeiter für Kollegen und Vorgesetzte schnell und unkompliziert erreichbar sein.

Deshalb sollten Telearbeiter, Kollegen und Führungskraft gerade in der Pilotphase immer wieder aktiv auf Kommunikation hinarbeiten und von Beginn an bewußten und intensiven Kontakt suchen. Sowohl traditionelle Kommunikationsmittel wie neue Medien sind hierbei zu nutzen. So etabliert sich auf lange Sicht eine gute und für das Unternehmen vorteilhafte Kommunikationskultur.

7.2.3 Identifikation

Ein Telearbeiter, der entfernt von der betrieblichen Arbeitsstätte seine Arbeit verrichtet, wird nicht nur für Kollegen sondern auch für das Unternehmen als Ganzes anonymer. Auch das Unternehmen wird für den Telearbeier unbekannter. Er begibt sich nicht, wie sonst üblich, ins Büro an seinen Schreibtisch, er arbeitet vielleicht sogar in seiner eigenen Wohnung.

Dem Telearbeiter fällt daher die Identifikation mit dem Unternehmen schwerer als bei einer Tätigkeit an einem innerbetrieblichen Arbeitsplatz. Dies wirkt sich dann nicht nur auf die Unternehmenskultur, sondern auch auf die Präsentation des Unternehmens durch den Telearbeiter gegenüber Dritten wie Geschäftskunden oder auch Bekannten aus.

Als Unternehmen sollte man jedoch darauf bedacht sein, den Mitarbeitern Möglichkeiten zur Identifikation mit der Firma zu geben. Nur jemand, der sich mit seinem Arbeitgeber identifizieren kann, verrichtet seine Arbeit gerne und zeigt dies auch nach außen. Hier besteht eine beiderseitige Wechselwirkung zwischen positiver Außenwirkung und Zufriedenheit der Mitarbeiter (s. Abbildung 7.2.).

Dem Telearbeiter fällt die Identifikation mit dem Unternehmen schwerer, da das betriebliche Umfeld und Klima nicht so stark auf ihn einwirkt, wie auf traditionelle Büroangestellte. Daher muß das Unternehmen für den Telearbeiter neue oder zusätzliche Identifikationsmöglichkeiten schaffen. In größeren Firmen stellt beispielsweise eine eigene Hauszeitung ein brauchbares Mittel dar, um auch Telearbeiter über aktuelles Geschehen im Unternehmen zu informieren und ein positives Image mit gleichzeitiger Identifikation zu vermitteln.

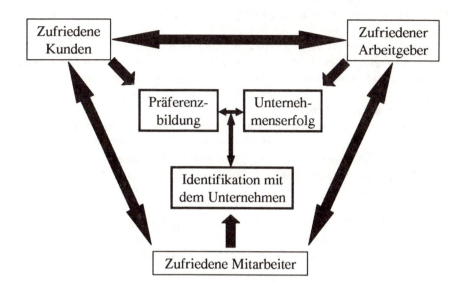

Abb. 7.2. Zufriedenheit als Erfolgsfaktor: Identifikation ist Nebenprodukt und gleichzeitig integraler Bestandteil des Konzepts

Eine weitere Möglichkeit besteht in regelmäßigen Treffen der Telearbeiter und ihrer Vorgesetzten. Diese dienen nicht nur zum Erfahrungsaustausch. Sie schaffen eine Basis, Problemstellen zu erkennen und unbürokratisch aus dem Weg zu räumen. Der direkte Kontakt zwischen den Telearbeitern untereinander und ihren Vorgesetzten erzeugt Synergieeffekte, die zur Effektivierung der Telearbeit und der Pflege des Firmenimages dienen können.

Ebenso müssen Arbeitgeber und Vorgesetzte dem Telearbeiter eine Identität im Unternehmen vermitteln. Nur, wer im Unternehmen etwas zählt, kommt auch gern in die betriebliche Arbeitsstätte. In einem gut geführten Unternehmen werden jedem Mitarbeiter dessen Wert sowie die Bedeutung seiner speziellen Tätigkeit für das gesamte Unternehmen vermittelt. Für den Telearbeiter gilt dies in besonderem Maße.

Insofern müssen die Führungskraft, aber auch der Telearbeiter selbst, darauf achten, daß die Kollegen den Mitarbeiter am anderen Ende der Leitung nicht zum anonymen Dienstleister degradieren. Es gilt also, dem Telearbeiter eine Identifikation zu verschaffen, indem er aktiv in alle Teambesprechungen, Gruppensitzungen und Betriebsfeiern einbezogen wird.

Regelmäßige informelle Treffen einer Abteilung mit sämtlichen Mitarbeitern in lockerer Atmosphäre fördern außerdem soziale Kontakte und sorgen für die

Integration des Telearbeiters als vollwertiger Kollege. Probleme und Schwierig-keiten auf Abteilungsebene lassen sich hier oft leichter lösen als auf dem übli-chen Dienstweg.

Die Delegation von Verantwortung in Einklang mit ergebnisorientiertem Füh-ren (s. Kapitel 6) kann ebenfalls zur Vermittlung einer zusätzlichen Identifikati-on dienen. Mehr Verantwortung ist nicht nur eine Belastung für den Telearbeiter, sondern auch ein Vertrauensbeweis seitens des Unternehmens und zeigt die Wertschätzung des Arbeitgebers.

Eine positive Grundhaltung gegenüber dem Arbeitnehmer bildet die Basis für eine Vertrauensbeziehung. Ein Mitarbeiter, der vom Unternehmen überzeugt ist und sich mit der Firma identifiziert, ist außerdem motivierter. Seine Arbeitslei-stung bedarf keiner ständigen Kontrolle - genau die Grundlage also, die für Tele-arbeit notwendig ist.

Indem der Vorgesetzte dem Telearbeiter Freiheiten gewährt und Vertrauen vor Kontrolle stellt, vermittelt er das Fundament, auf dem der Telearbeiter seine Beziehung zum Unternehmen aufbaut. Gleichzeitig bestehen hierin Chancen, positive Nebeneffekte für das Ansehen des Unternehmens in der Gesellschaft zu erzielen (s. Abschnitt 7.3).

7.2.4 Betriebsklima

Die Einführung von Telearbeit im Unternehmen wirkt sich erheblich auf das Betriebsklima aus. Telearbeiter sind nur noch an bestimmten Tagen im Büro. Es entsteht daher eine Verringerung der Präsenz der einzelnen Angestellten. Neue Kommunikationsformen müssen sich etablieren. Außerdem verbreitet Telearbeit als eine gänzlich neue Arbeitsform zunächst eine gewisse Unsicherheit. Bei Einführung von Telearbeit besteht also zunächst die Gefahr einer Verschlechte-rung des Betriebsklimas.

Dem muß gerade die Führungsebene aktiv entgegenwirken. Ein schlechtes Betriebsklima behindert nicht nur produktives und effektives Arbeiten, es kann das gesamte Projekt Telearbeit zum Scheitern bringen. Ein gutes Betriebsklima dagegen bewirkt Synergieeffekte, die letztendlich entscheidend für den Erfolg oder Mißerfolg eines Unternehmens sein können.

Die Bedrohung oder zumindest die Gefahr, die von Telearbeit für das Be-triebsklima ausgeht, muß daher sowohl Führungskräften als auch Telearbeitern bewußt sein. Dies stellt die Grundlage dar, um sich aktiv aber nicht zu aufdring-lich für ein gutes Betriebsklima einzusetzen.

Viel hängt vom Image ab, das mit Telearbeit und deren Umsetzung im Unter-nehmen verbunden ist. Eine positive Grundhaltung gegenüber der neuen Arbeits-form stellt die notwendige Grundlage dar, auf der vor allem die positiven Effekte zu vermitteln sind. Die strategische Bedeutung von Telearbeit für das Unterneh-men und die Gesellschaft sind nur einige Argumente, die hier zählen.

Innovation, Sicherung von Arbeitsplätzen durch neue Arbeitsformen sowie die individuellen Vorteile für den Telearbeiter stellen die positiven Seiten der Telearbeit dar. Kann das den Arbeitnehmern verdeutlicht werden, entsteht ein solches Umfeld, das ein gutes Betriebsklima fördert. Es muß aber auch vermittelt werden, daß gerade in der Anfangsphase immer wieder Probleme oder Schwierigkeiten auftreten werden, deren Lösung für das Unternehmen wie für alle Beteiligten höchste Priorität besitzt.

Ein wesentliches Element der Unternehmenskultur und eines guten Betriebsklimas stellt die sogenannte „Kaffeekannen-Innovation" dar. Informelle, teils private teils berufliche Gespräche während der Kaffeepause, in der Teeküche oder beim Mittagessen in der Kantine beinhalten ein nicht zu unterschätzendes kreatives, innovatives und vor allem soziales Potential. Man kennt sich nicht nur untereinander oder sogar persönlich, Probleme lassen sich hier oft leichter diskutieren, Schwierigkeiten werden problemloser aus dem Weg geräumt als auf formellem Wege.

Telearbeiter können an derartiger Kaffeekannen-Innovation nicht teilnehmen, da sie nicht im Unternehmen arbeiten. Insofern führt Telearbeit zu einer Verringerung der sozialen Kontakte im Unternehmen mit den bereits genannten Gefahren. Die Bedeutung dieser sozialen Kontakte und deren Auswirkungen auf Betriebsklima, Produktivität, Image und Unternehmenserfolg rechtfertigen die Implementierung von alternierender Telearbeit als sinnvollste Telearbeitsform (s. Kapitel 5).

Die Arbeitstage im Betrieb geben dem Telearbeiter die Chance, soziale innerbetriebliche Kontakte weiter zu pflegen und die nicht unmittelbar zur Arbeitsaufgabe gehörenden Informationsmöglichkeiten auszuschöpfen. Gleichzeitig sollte man versuchen, auch für die Tage der ausschließlichen Telearbeit ein solches informelles Forum zu schaffen. Die neuen Kommunikationsmedien dürfen für die Kollegen nicht nur dazu dienen, ausschließlich beruflich mit dem Telearbeiter zu kommunizieren.

Zu fördern ist auch der Austausch privater Informationen, sofern er nicht übertrieben wird. Oft genügt schon eine persönliche Bemerkung in der E-Mail, um das gute Betriebsklima zu fördern. Gerade nach dem Wochenende lassen sich nicht nur E-Mails zum aktuellen Stand eines Projekts verschicken. Telearbeiter sollten die Gelegenheit nutzen, die neuen Medien auch für den privaten Informationsaustausch einzusetzen.

Auf diese Weise lernen auch die Kollegen schneller und besser, mit den neuen Kommunikationsformen umzugehen und diese nicht nur für berufliche Belange einzusetzen. Die Einführung von Telearbeit stellt schließlich für alle Beteiligten einen Lernprozeß dar.

Gerade in der Pilotphase kommt es darauf an, solche Mitarbeiter als Telearbeiter zu selektieren oder anzuwerben, die über ein gefestigtes soziales Standbein in einer Abteilung verfügen und gleichzeitig kommunikationsfähig sind. Besteht bereits ein gutes Betriebsklima, so liegen hier die idealen Voraussetzungen vor, um mit der richtigen Kenntnis bei Führungskräften und Telearbeitern das neue Konzept erfolgreich in das Team einzuführen.

7.3 Als Unternehmen von Telearbeit profitieren

Digitale Revolution, MultiMedia-Gesellschaft und strategische betriebswirtschaftliche Ziele gehören zu den Schlagworten im Zusammenhang mit Telearbeit. Konkurrenzfähigkeit sowie die Förderung von Innovation sind wichtige Argumente, um die Einführung von Telearbeit im Unternehmen zu begründen.

Telearbeit bietet ein großes Potential an Vorteilen, von denen das Unternehmen profitieren kann. Es kommt nur darauf an, diese Vorteile und die daraus resultierenden Synergieen zu erkennen und als Unternehmen effektiv zu nutzen. Telearbeit eröffnet viel mehr als die bisher in der Öffentlichkeit diskutierten Chancen und Möglichkeiten. Ergänzend zu Kapitel 2 soll hier die Frage beantwortet werden, inwiefern Telearbeit für das Unternehmen Vorteile bringt.

7.3.1 Telearbeit nach außen transportieren

Nach anfänglicher Skepsis, vor allem zu Beginn der achtziger Jahre, haben Regierung, Gewerkschaften und viele Manager heute die Bedeutung von Telearbeit für die zukünftige Entwicklung des Standorts Deutschland erkannt. Selbst wenn man derzeit sicherlich nicht von einer Telearbeits-Euphorie sprechen kann, sehen auch Gesellschaft und Arbeitnehmer mittlerweile mehr die Vorteile, die diese neue Beschäftigungsform mit sich bringt.

Das Unternehmen kann von dem positiven Image, das Telearbeit in der Gesellschaft und im Geschäftsleben gegenwärtig genießt, auf verschiedene Weise profitieren. Für Führungskräfte zählt die Möglichkeit, Telearbeit zu praktizieren, zu den attraktiven Arbeitsbedingungen, die den Ausschlag für die Annahme der angebotenen Stelle bilden können.

Ein Unternehmen, in dem Telearbeit eingeführt wird, gilt für Arbeitnehmer, Kunden sowie Geschäftspartner als innovativ und aufgeschlossen für zukunftsorientierte Technologien.

Ein Unternehmen kann mit der Einrichtung von Telearbeitsplätzen soziale Probleme lösen. Es bietet solchen Menschen eine Chance für interessante Tätigkeiten und berufliches Fortkommen, die sonst keine Möglichkeit dafür hätten. Beispiele sind nicht nur Mütter mit Kleinkindern oder Alleinerziehende. Oftmals gestattet Telearbeit die nötige Fürsorge für ein pflegebedürftiges Familienmitglied und erspart die Unterbringung in einem Heim. Diese Art der Fürsorge für Arbeitnehmer mit sozialen Problemen muß das Unternehmen auch in der Öffentlichkeit präsentieren.

Telearbeit kann insofern aktiv als PR-Instrument benutzt werden. Dadurch vermittelt der Arbeitgeber nicht nur ein positives Image, er gibt seinen Angestellten und vor allem den Telearbeitern eine Gelegenheit, stolz auf ihren Arbeitgeber und ihre Arbeitsstelle zu sein. Das bewirkt eine positive Stimmung gegenüber Telearbeit und den Telearbeitern im Unternehmen und trägt zu einem guten Betriebsklima bei.

Gleichzeitig erlangen die Telearbeiter einen angesehenen Status und bilden durch aktive Präsenz in der Öffentlichkeit eine Corporate Identity, eine Möglichkeit zur Identifikation mit dem Unternehmen, die zum Imagegewinn beiträgt.

7.3.2 Telearbeit als interne Herausforderung

Ebenso wie Telearbeit Chancen eröffnet, das Unternehmen nach außen zu profilieren, kann es auch intern profitieren. Dann nämlich, wenn Mitarbeiter und Führungskräfte Telearbeit auch als interne Herausforderung verstehen.

Kostenoptimierung und die in den neunziger Jahren propagierte Orientierung auf Geschäftsprozesse führten zum „Business Process Reengineering". Viele Unternehmen nutzen die Überprüfung interner Abläufe, um diese kostenoptimal zu gestalten und gleichzeitig das Unternehmen wirtschaftlich profitabel umzustrukturieren. Ähnlich diesem finanzwirtschaftlich orientierten Umgestaltungsprozeß beinhaltet die Einführung von Telearbeit ein ähnliches Potential zur Verbesserung der gesamten Unternehmensstruktur und -kultur, allerdings überwiegend auf personalwirtschaftlicher Ebene.

Für viele Unternehmen erweist sich die Kostenoptimierung durch Business Process Reengineering heute als unumgänglich, um auf dem internationalen Markt konkurrenzfähig zu bleiben. Kapital ist aber nur einer der wesentlichen Produktionsfaktoren. Gerade für kreativ tätige Unternehmen stellen die sogenannten „Human Ressources", also die Mitarbeiter, das eigentliche Kapital dar.

Telearbeit eröffnet die Chance, Schwachstellen und Defizite im Personalwesen zu erkennen und diese auf mannigfaltige Weise zu beheben. Dies erzielt einen vergleichbaren wettbewerbsorientierten Vorteil wie das Business Process Reengineering. Zwar erscheint Telearbeit heute noch nicht als unumgänglich, um konkurrenzfähig zu bleiben, jedoch bringt ihre Einführung Nutzen, der leider oftmals übersehen wird und somit ungenutzt bleibt. Der Grund liegt darin, daß dieser Zusatznutzen zunächst schwer quantifizierbar ist.

Die Einführung von Telearbeit verlangt es, neue Kommunikationsmedien zu nutzen. Computer, Internet und E-Mail als Arbeitsmittel werden zum alltäglichen Bestandteil der Bürotätigkeit. Telearbeit zwingt zur effizienten Nutzung neuer Technologien und somit zu einer adäquaten Aus- bzw. Weiterbildung.

Das erfordert sicherlich Investitionen in die Schulung der entsprechenden Mitarbeiter, die sich jedoch durch eine höhere Produktivität und effektivere Ausnutzung der technischen Einrichtungen schnell amortisieren. Telearbeit dient dazu, solche Bildungsdefizite aufzudecken und ihre Mitarbeiter auch nach abgeschlossener Ausbildung auf einem generell recht hohen Bildungsniveau zu halten. Andererseits bereitet das Unternehmen seine Mitarbeiter nicht nur beruflich, sondern auch privat auf die zukünftige MultiMedia-Gesellschaft vor, was sich im Endeffekt positiv für das Unternehmensimage vermarkten läßt (s.o.).

Die erfolgreiche Umsetzung des Telearbeitskonzepts stellt eine zusätzliche Herausforderung für die Führungskräfte dar. Telearbeit erfordert nicht nur einen neuen Führungsstil (s. Kapitel 6), sondern verlangt dem Vorgesetzten viel Verständnis und soziales Gespür ab. Die Einführung von Telearbeit schult somit die sozialen Kompetenzen einer Führungskraft.

Ergebnisorientiertes Führen verlangt ein ebenfalls mit zusätzlicher Schulung verbundenes Umdenken bei den Führungskräften. Mit Telearbeit ersetzt Management by Objectives oftmals lang genutzte, eher traditionelle Methoden. Im Hinblick auf Kreativität und Innovationsbereitschaft zeigt sich ergebnisorientiertes Führen vielen traditionellen Konzepten deutlich überlegen.

Telearbeit zwingt die Führungskräfte, sich auf eine neue Unternehmenskultur und moderne, eher partnerschaftlich orientierte Führungsphilosophie vorzubereiten. Eine Führungskraft, die diesen Wandel nicht vollziehen kann oder will, schadet dem Unternehmen ebenso, wie ein überflüssiger oder aufwendiger Geschäftsprozeß. Telearbeit hilft dem Unternehmen im Endeffekt, Konzepte wie Lean-Management umzusetzen und den „Führungs-Wasserkopf" abzubauen.

Das größte Potential zur Steigerung der Effektivität und zur Verbesserung von Unternehmensstruktur und -kultur verbirgt sich hinter den neuen Aspekten der Bewertung und des Vergleichs von Mitarbeitern und Führungskräften sowie der Teams, in denen diese tätig sind. Nicht nur die eigene Arbeitsleistung entsprechend dem ergebnisorientierten Führen steht im Mittelpunkt (s. Kapitel 6), auch andere Gesichtspunkte wie die soziale Kompetenz einer Führungskraft oder die Kreativität eines Teams treten bei richtiger Umsetzung von Telearbeit in den Vordergrund. Das sorgt für die notwendige Effizienz des Unternehmens nicht nur in der klassisch betriebswirtschaftlichen Sichtweise, sondern auch in modernen personalwirtschaftlichen Dimensionen.

Die im Abschnitt 7.2 angesprochenen Vorgehensweisen zur sozial richtigen Umsetzung von Telearbeit können also dazu dienen, die einzelnen Bereiche im Unternehmen eingehend zu betrachten und zu bewerten. Gerade Aspekte wie das Betriebsklima, soziale Kompetenz oder Kommunikationsfähigkeit gelten zu Recht als wichtige Basis für ein erfolgreiches Handeln. Nur wenige Unternehmen bewerten Mitarbeiter, Führungskräfte oder Teams unter diesen Aspekten.

Mit der Einführung von Telearbeit entsteht ein Anlaß, solche oftmals schwer und nur indirekt zu bewertenden Faktoren besser zu erfassen. Allein dadurch, daß diese im Zuge der nötigen Prozeßumgestaltung und des damit verbundenen Umdenkens offengelegt werden, lassen sich Probleme und Schwachstellen erkennen. Gerade in Verbindung mit der Einführung von Telearbeit empfiehlt es sich somit, unterschiedliche und regelmäßige Audits mit den Betroffenen einzuführen und über einzelne Aspekte (s. Tabelle 7.2.) zu diskutieren.

Tabelle 7.2. Bewertungskriterien für Team- und Einzel-Audits

Kriterium	Mögliche Fragestellungen
Arbeitsleistung	Verbesserung / Verschlechterung der Arbeitsqualität
	Auswirkung der Telearbeit auf die benötigte Arbeitszeit
	zur Erreichung von Zielen / Termintreue
	Verbesserungsvorschläge / Innovationen
	Effektivität: Material- / Ressourcenverbrauch
Sozialverhalten	Kontakte zwischen Telearbeitern und Kollegen
	Beteiligung an Betriebsaktivitäten
	Aktive Kommunikation mit Vorgesetzten / Kollegen
	Nutzung von Kommunikationsmedien
	Soziales Engagement
Arbeitszufriedenheit	Betriebsklima und Stimmung
	Eigene Zufriedenheit mit der neuen Arbeitsform
	Auswirkungen der Telearbeit auf die sozialen Kontakte
	innerhalb des Unternehmens
	Konfliktpotentiale, Konflikte (vorhandene und latente)
Arbeitsbedingungen	Ausreichende Ressourcenzuteilung
	ausreichende Arbeitsausstattung des Telearbeitsplatzes
	Akzeptable Zugriffszeiten auf Firmendaten über das
	Netz
	Selbsorganisation der Arbeit und der Kontakte
	Verbesserungsvorschläge
Kommunikation und	Aktive Kommunikation mit den Arbeitskollegen
Interne Kontakte	Aktive Kommunikation mit dem Vorgesetzten
	Erreichbarkeit des Telearbeiters für Kollegen / Vorge-
	setzte
	Verständigung zwischen Telearbeiter und Kollegen,
	Mißverständnisse, usw.
	Ausmaß der Kontakte zu Kollegen
	Primäre Kontaktpersonen / seltene Ansprechpartner
	Nutzung neuer Kommunikationsmedien
	Informationsflüsse (formelle und informelle)
Externe Kontakte	Kontakte zu Unternehmenspartnern (Kunden, Lieferan-
	ten)
	Informationsflüsse zwischen externen Partnern und Te-
	learbeiter
	Nutzungsmöglichkeit für neue Medien (E-Mail, ...)

Management	Ausreichendes Feedback gegenüber der Arbeitsleistung des Telearbeiters
	Versorgung des Telearbeiters mit allen nötigen Informationen und Terminen
	Organisation und Einbindung des Telearbeiters in den innerbetrieblichen Ablauf
	Prozeßorganisation
	Informationsbereitstellung
	Technische Voraussetzungen für die Kommunikation zwischen Telearbeiter und Unternehmen
	Hilfestellung bei Problemen
Führungsstil	Informationsflüsse zwischen Telearbeiter und Vorgesetztem
	Kommunikationsverhalten des Vorgesetzten
	Richtige Zuordnung von Arbeitsleistungen und Ergebnissen
	Zielvereinbarung und Terminfestlegung
	Soziale Integration des Telearbeiters durch den Vorgesetzten / Team-Führung
	Hilfestellung / Unterstützung bei Problemen

Die Nutzung solcher Reviews als Mittel zu Mitarbeiter- Team- und Unternehmens-Bewertung läßt sich mit der Einführung von Telearbeit hervorragend begründen. Gleichzeitig liefern sie wichtige Erkenntnisse, die auch der Bewertung von Führungskräften und der Ermittlung von Schwachstellen in der Unternehmensführung sowie in Abläufen und Prozessen dienen. Diese Ergebnisse kann die Personalabteilung zur gezielten Personalentwicklung und Bedarfsermittlung ebenso nutzen wie die Unternehmensleitung zur Verbesserung der Unternehmensstrukturen. Werden solche Gespräche mit den Mitarbeitern richtig durchgeführt, entsteht eine echte Mitbestimmung des Mitarbeiters bei der Unternehmensleitung. Im Endeffekt profitieren beiden Seiten von diesem Prozeß.

Die Pilotphase ermöglicht den direkten Vergleich zwischen Abteilungen, die Telearbeit nutzen, und herkömmlich organisierten Arbeitsbereichen. Der gezielte Vergleich von Betriebsklima, Kreativität und Produktivität (s. Tabelle 7.3.) erlaubt Aussagen über den Vorteil bzw. Schaden, der dem Unternehmen durch die neue Arbeitsform entsteht. Entsprechend diesen Ergebnissen und den individuellen Erfahrungen der Projektteilnehmer ist das Telearbeitsprojekt zu korrigieren, umzugestalten, zu überdenken oder eventuell auch zu verwerfen. Wichtig ist es auf alle Fälle, schon frühzeitig mögliche Probleme, Störfaktoren und Fehler bei der Umsetzung zu erkennen.

Natürlich übt Kontrolle durch die mit ihr verbundene Erwartungshaltung immer einen gewissen Leistungsdruck aus. Telearbeit basiert jedoch viel extremer als ein normales Arbeitsverhältnis auf dem Vertrauensgrundsatz. Daher muß die

Unternehmensleitung die richtige Balance zwischen Kontrolle und Vertrauen finden.

Neue Bewertungsmaßstäbe nicht als reine Kontrolle, sondern als notwendiges Mittel zur Überprüfung der gesamten Unternehmensstruktur und -kultur zu verstehen und so zu vermitteln, kann helfen, Vorbehalte und das Gefühl des Leistungsdrucks beim Telearbeiter abzubauen. Telearbeit sollte nicht als Druckmittel gelten, das aus jedem Mitarbeiter das äußerste herausholt. Vielmehr ist Telearbeit als interne Herausforderung an das gesamte Unternehmen zu verstehen (s. Abbildung 7.3.).

Tabelle 7.3. Aspekte des internen Vergleichs von Abteilungen oder Teams, die Telearbeit nutzen und traditionell organisierten Unternehmensstrukturen

Kriterium	geeignete Meßgröße oder Merkmal
Produktivität	Arbeitsergebnis, Qualität / Quantität des Outputs der einzelnen Abteilungen, Umsatz-/Gewinnzahlen, Auftragsbestand, etc.
Effektivität	Mittelverbrauch, Materialverbrauch, Kostenrechnung, Kosten/Nutzen-Relationen
Kreativität	Verbesserungsvorschläge, Arbeitsorganisation, Produktverbesserungen, Neuentwicklungen
Innovationsbereitschaft	Bereitschaft zur Einführung von Neuerungen, Reaktion auf Innovationsvorschläge (passives oder aktives Verhalten)
Termintreue	Einhalten von Abgabeterminen und Meilensteinen, Arbeitsgeschwindigkeit
Abteilungsklima	Beschwerden (externe und interne / Kunden und Mitarbeiter), Mobbing-Effekte, Management-/Vorgesetzten-Beurteilung, Mitarbeiterbefragung, Stimmung, Zufriedenheit, Konflikthäufigkeit, Konfliktpotential-Analyse
Unternehmensimage	Kundenzufriedenheit, Lieferantenzufriedenheit, Beschwerden, Reklamationen, Umfragen, Demoskopie, etc.

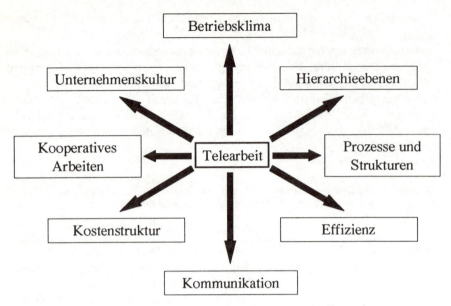

Abb. 7.3. Telearbeit als Stimulator neuer Herausforderungen an das Unternehmen

7.4 Das Umfeld des Telearbeiters

Telearbeit ändert betriebliche Abläufe und führt zu einer neuen Unternehmensstruktur und -kultur. Nicht nur für den Betrieb, die Mitarbeiter und die Vorgesetzten ändern sich Arbeitsabläufe und Kommunikationsbedingungen (s. oben).
Besonders gravierend gestalten sich die Prozesse der Umgewöhnung für den
Telearbeiter. Er muß mit neuen Formen der Arbeit und einem zunächst ungewohnten Arbeitsumfeld zurecht kommen.

Dies gilt insbesondere für die Einrichtung eines Telearbeitsplatzes in der eigenen Wohnung. Die Tätigkeit in der eigenen Wohnung bringt einerseits gewisse
Vorteile mit sich, die unter anderem den besonderen Reiz dieser neuen Arbeitsform für den Arbeitnehmer ausmachen. Andererseits birgt das heimische Umfeld
aber auch verschiedene Gefahren für eine ungestörte und produktive Arbeit.

Eine für Unternehmen und Telearbeiter erfolgreiche Arbeit zu Hause ist nur
dann möglich, wenn der Telearbeiter bei der Ausübung seiner beruflichen Tätigkeiten in der eigenen Wohnung über die hieraus resultierenden Besonderheiten
Bescheid weiß. Er muß diese bei der eigenverantwortlichen Planung seiner Arbeit und seines Arbeitsplatzes berücksichtigen. Nur so stellen sich die bereits
genannten Vorteile wie höhere Produktivität und Kreativität oder eine bessere
Vereinbarkeit von Beruf und Privatleben wirklich ein.

Die Arbeit zu Hause birgt ein besonderes Gefahren- und Konfliktpotential,
das in einem betrieblichen Arbeitsumfeld nicht vorhanden ist. Dies kann sich

negativ auf einzelne Faktoren auswirken, insbesondere auf die Arbeitsergebnisse des Telearbeiters. Daher sollte der Telearbeiter im Hinblick auf die Besonderheiten der neuen Arbeitsform (s. Abschnitt 7.2) unbedingt gewisse Regeln bei der Arbeit zu Hause beachten.

Für Telearbeiter in einem Nachbarschafts- oder Satellitenbüro ergeben sich abgesehen von der neuen Arbeitsform an sich keine so gravierenden Besonderheiten, die durch das spezielle soziale Umfeld entstehen. Die Arbeitsumgebung entspricht hier weitgehend der eines herkömmlichen Büroarbeitsplatzes, so daß die folgenden Überlegungen überwiegend für den Heimarbeiter relevant sind.

Für die Tätigkeit in einem Nachbarschaftsbüro sei jedoch auf die besonderen Sicherheitsrisiken hingewiesen. Hier gehen auch Telearbeiter anderer Unternehmen, gegebenenfalls der Konkurrenz, ihrer Tätigkeit nach. Dies sollte der Telearbeiter beim Umgang mit Informationen, die vertraulichen Charakter besitzen, berücksichtigen. Beispielsweise sollte man in einem Nachbarschaftsbüro keine Unterlagen mit Betriebsgeheimnissen oder von besonders wettbewerbsrelevantem Charakter während der Mittags-, Zigaretten- oder Kaffeepause offen liegen oder für jedermann lesbar am Monitor stehen lassen.

Bei der Telearbeit in der eigenen Wohnung ergeben sich solche Probleme natürlich weniger. Auch hier muß der Telearbeiter natürlich mit der gegebenen Sorgfalt Firmenunterlagen wie mitgenommene Aktenordner oder Betriebsgeheimnisse anderer Art hüten. Schließlich können auch in diesem Umfeld vertrauliche Informationen in die falschen Hände geraten.

Am heimischen Arbeitsplatz drohen jedoch Gefahren ganz anderer Art. Es handelt sich um das gesamte Spektrum möglicher Ablenkungen oder Störungen, die in der häuslichen Umgebung denkbar sind. An erster Stelle sind hier natürlich die Familienangehörigen zu nennen. Sowohl für den Lebenspartner wie auch für eventuelle Kinder ist der Telearbeiter jederzeit vor Ort. Er scheint für Fragen, das Herunterbringen der Mülleimer oder auch zum Spielen jederzeit ansprechbar zu sein. Unterbrechungen dieser Art oder auch die teilweise unvermeidlichen Hintergrundgeräusche stören natürlich gerade bei kreativen Tätigkeiten ungemein.

Andere Faktoren lenken im heimischen Umfeld ebenfalls von der produktiven Tätigkeit ab. Sei es der plötzliche Besuch von Freunden oder auch die vielfältigen Möglichkeiten der Freizeitgestaltung, die das heimische Umfeld bietet. Vor allem der übermäßige Medienkonsum droht, den Telearbeiter von der eigentlichen Tätigkeit abzulenken. Die größte Gefahr geht hier vom Fernsehen aus, eine Ablenkung, die bei falscher Nutzung schnell den Tagesablauf des Telearbeiters dominieren kann.

Schließlich hat der daheim arbeitende Telearbeiter die Freiheit, seinen Tagesverlauf selbständig zu planen. Entsprechend kann er selbst entscheiden, wie viele Stunden er nicht nur für Kollegen per Telefon erreichbar bzw. mit seinem Arbeitsplatzrechner im Firmennetz eingeloggt ist, sondern sich wirklich produktiv betätigt. Hiervon hängt natürlich in starkem Ausmaß ab, in welcher Qualität und mit welchem Aufwand der Telearbeiter die ihm gestellten Ziele zum geplanten Termin (s. Kapitel 6) letztendlich erreicht.

Andererseits machen die Freiheiten sowie die ständige Verfügbarkeit zu Hause den besonderen Reiz der Telearbeit aus. Vielfach stellt die notwendige Präsenz in der eigenen Wohnung den eigentlichen Grund für die Telearbeit dar, beispielsweise, wenn eine Mutter ein Kleinkind zu versorgen hat und gleichzeitig ihrer Arbeit weiter nachgehen möchte. In diesem Fall sind die Störungen bei der Arbeit einkalkuliert.

Traditionell ist das heimische Umfeld freizeit- und familienorientiert geprägt. Daß der Telearbeiter in dieser an sich für die Arbeitswelt nicht natürlichen Umgebung seine beruflichen Pflichten erfüllt, stellt für ihn eine außerordentliche Besonderheit dar. Diese gilt es, bei der Gestaltung der heimischen Tätigkeit und der Gestaltung der ganztägigen heimischen Präsenz zu berücksichtigen.

Für den Telearbeiter kommt es somit darauf an, die richtige Mischung zwischen den Freiheiten und den Besonderheiten des Umfeldes sowie den beruflichen Pflichten zu finden. Im Umfeld des Heimarbeiters finden sich vielfältige Störquellen, die zunächst eher einen Produktivitäts- und Kreativitätsverlust als einen Zuwachs bewirken. Dieser bedroht sowohl den beruflichen Erfolg des Telearbeiters wie auch seinen besonderen Arbeitsplatz an sich.

Für den Telearbeiter ist es also ebenso wie für den Vorgesetzten oder den Arbeitgeber von besonderer Bedeutung, dem drohenden Produktivitätsverlust aktiv entgegenzuwirken. Allerdings liegt die Initiative hier fast ausschließlich beim Telearbeiter selbst. Der Arbeitgeber kann allenfalls gewisse Empfehlungen zur sinnvollen Gestaltung der heimischen Arbeit und zum pflichtbewußten Umgang mit der neuen Freiheit geben sowie schon bei der Auswahl darauf achten, daß der Telearbeiter die notwendigen Eigenschaften wie Selbstbeherrschung und die Fähigkeit zur Eigenmotivation mitbringt.

Ein besonderes Gewicht bei der Gestaltung der heimischen Arbeit kommt der richtigen Organisation zu. Diese hängt natürlich von der Art der Tätigkeit sowie den persönlichen Neigungen des einzelnen ab. Der Telearbeiter muß generell in der Lage sein, seine Arbeit und das Vorgehen sowie den Mitteleinsatz zum Erreichen des Ziels bzw. gewisser Teilziele einzuteilen. Er muß also zu selbständiger Arbeit fähig sein.

Ähnliche Bedeutung besitzt die Organisation des heimischen Arbeitsplatzes und seines Umfeldes. Selbst aufgestellte Regeln ermöglichen ein relativ ungestörtes Arbeiten, zumindest in kreativen Phasen. Es sollte zu den Selbstverständlichkeiten gehören, daß sich der Telearbeitsplatz in einem möglichst abgeschlossenen Raum befindet und nicht etwa in einer Ecke des Wohnzimmers. Hilfreich sind dafür gewisse Absprachen mit allen Familienangehörigen.

Bei geschlossener Zimmertür sollte der Arbeitende nur in wirklich dringenden Fällen und nach Anklopfen gestört werden. Ist die Zimmertür hingegen geöffnet, so steht der Telearbeiter auch für andere Familienangehörige zur Verfügung. Solche Regelungen erscheinen vielleicht etwas formal, sind nach bisherigen Erfahrungen von Telearbeitern aber sehr hilfreich.

Ebenso sind zudem Regeln für das eigene Verhalten aufzustellen. So muß der Telearbeiter sich selbst gewisse produktive Arbeitsphasen vorschreiben und einhalten. Sonst drohen Ablenkungen wie eben das Fernsehen schnell den Arbeitstag des Telearbeiters zu bestimmen. Die eigentliche Arbeit kommt dann zu kurz, bis irgendwann der Termin für das nächste Teamgespräch ansteht, bei dem gewisse Teilziele erreicht sein müssen. Kurz vor dem drängenden Termin kommt es dann zu intensiven Arbeitstagen und unnötigen Nachtschichten, weil am Anfang zu viel Zeit für Freizeit vertan wurde.

So entstehen völlig unnötig außergewöhnliche und ungesunde Belastungen für den Telearbeiter mit unbefriedigenden Arbeitsergebnissen. Dem kann der Telearbeiter nur entgegenwirken, wenn er von Anfang an pflichtbewußt ein Mindestpensum an Arbeit leistetet. Hierzu ist es auch wichtig, die gesetzten Ziele nochmals selbständig zu unterteilen und sich kurzfristigere Aufgaben zu stellen.

Aber auch dem entgegengesetzten Extremfall gilt es durch Regelungen und selbst auferlegte Pflichten vorzubeugen. So kann Telearbeit zu permanenter Tätigkeit am heimischen Arbeitsplatz führen. Der Telearbeiter verbringt dann kaum noch Zeit mit seiner Familie, reagiert aggressiv auf Störungen und vernachlässigt wichtige Pausen zum Essen.

Hinzu kommt, daß die Grenze zwischen notwendiger Arbeit und Hobby schwer zu ziehen ist. Beispielsweise gelangt der Telearbeit bei Recherchen im Internet, die der Arbeitsaufgabe dienen, leicht in Bereiche, die nur noch für seine privaten Informationswünsche interessant sind.

Auch dies stört langfristig die Tätigkeit und wirkt sich im Endeffekt negativ auf die Arbeitsergebnisse aus. Gerade für den „Workaholic" kann Telearbeit zum endgültigen Abschied aus dem Privatleben bis hin zu gesundheitlichen Gefahren führen. Ein harmonisches Umfeld und ein gut eingespieltes „Team zu Hause" (beispieleweise in der Ehe) sind daher äußerst vorteilhaft für eine erfolgreiche Tätigkeit als Telearbeiter.

Das Verhalten gegenüber Familie, Freunden oder Nachbarn sowie anderen Personen des heimischen Umfelds spielt eine wesentliche Rolle für Erfolg oder Mißerfolg der Telearbeit zu Hause. Sich hierfür Regeln aufzustellen und zu wissen, wann man sich in seiner Tätigkeit stören läßt oder wann man selbst am ehesten produktiv arbeitet, obliegt den persönlichen Einstellungen und Gewohnheiten. Der Verzicht auf eigene Verhaltensregeln gegenüber dem privaten Umfeld wäre ein erheblicher Fehler des Telearbeiters, der somit zu Beeinträchtigungen des eigenen beruflichen Erfolges führen kann.

Der Telearbeiter muß aber auch das Verhalten gegenüber der Arbeitswelt regeln. Dies betrifft sowohl die eigenen Kollegen und Vorgesetzten als auch eventuelle Geschäftspartner oder Kunden des Unternehmens. Regelungen, wann der Telearbeiter für die Kollegen telefonisch erreichbar ist und wann er beispielsweise seine Mittagspause einplant, sind schon deshalb notwendig, um nicht das Betriebsklima negativ zu beeinflussen. Hilfreich sind solche Vereinbarungen zwischen Arbeitgeber und Telearbeiter, die gewisse Kernarbeitszeiten vorgeben (s. auch Kapitel 6). Zu diesen Zeiten ist der Telearbeiter generell erreichbar und steht für Probleme und Fragen von Kollegen oder Kunden auf jeden Fall zur Verfügung.

Im Zusammenhang mit der Organisation der Arbeit stellt sich die Frage nach dem Zutritt zur Wohnung des Telearbeiters, nicht nur unter rechtlichen und versicherungstechnischen Gesichtspunkten. In Ausnahmefällen kann es Telearbeitsplätze geben, bei denen der direkte Kontakt des Telearbeiters mit betriebsfremden Personen, beispielsweise Kunden oder Lieferanten, notwendig ist. Hier ist zu klären, ob der Telearbeiter generell bereit ist, Geschäftspartner in seiner Privatwohnung zu empfangen und ob der Arbeitgeber dies überhaupt wünscht. Schließlich ergibt sich hier ein anderes Umfeld für Verhandlungen oder Verkaufsgespräche als innerhalb eines repräsentativen Firmengebäudes. Die Frage des Zutritts zur Wohnung in Fällen, wo ein direkter Kundenkontakt notwendig ist, sollte unbedingt im Vorfeld berücksichtigt und eventuell in einer Betriebsvereinbarung oder dem individuellen Vertrag geregelt werden (s. Kapitel 8).

7.5 Scheitern der Telearbeit: Der Weg zurück

Das Scheitern der Telearbeits-Beziehung zwischen Arbeitgeber und dem einzelnen Telearbeiter ist natürlich nicht auszuschließen. Allerdings muß und darf eine einzelne fehlgeschlagene Telearbeits-Beziehung sich nicht negativ auf das gesamte Projekt Telearbeit im Unternehmen auswirken. Dafür ist es wiederum wichtig, schon vor Einführung von Telearbeit an das mögliche Scheitern von einzelnen Arbeitsbeziehung zu denken.

Die Gründe für das Scheitern können sehr unterschiedlich sein. So kann sowohl der Telearbeiter, der Arbeitgeber oder auch der Vorgesetzte den Grund dafür liefern, daß eine Beendigung dieser Arbeitsform erforderlich wird (s. Tabelle 7.4.). Unabhängig von der eigentlichen Ursache ist es dann wichtig, daß dem Telearbeiter der Weg zurück an den ursprünglichen innerbetrieblichen Arbeitsplatz offen steht. Wenn auch die Gründe für die Rückkehr in den Betrieb vielfältig sein mögen, so läßt sich doch die nötige Reintegration durch wenige Vorkehrungen schon bei Abschluß des Telearbeitsvertrages ermöglichen.

Ein Fehlschlagen des individuellen „Experiments" Telearbeit sollte auf keinen Fall zur Kündigung des Telearbeiters führen oder gar dafür ausgenutzt werden. Für eine Betriebsvereinbarung oder den Telearbeitsvertrag ist es daher wichtig, das Verfahren und den Weg zurück für den Fall eines Fehlschlagens schon festzulegen.

Tabelle 7.4. Objektive und subjektive Gründe für das Fehlschlagen einer Telearbeits-Beziehung

Unternehmensleitung	Vorgesetzter	Telearbeiter
Mangelnde Arbeitsergebnisse	Mangelnde Arbeitsergebnisse	Unzufriedenheit mit der neuen Arbeitsform
Nachlassende Arbeitsbereitschaft	Negative Beurteilungen	Fehlen einer wichtigen Eigenschaft (s. 7.1.2)
Erheblicher Produktivitätsverlust	Nachlassen / Verschlechterung im Vergleich zur vorherigen Tätigkeit	Persönliche Gründe
Fehlen einer notwendigen Eigenschaft (s. 7.1.2)	Fehlen einer notwendigen Eigenschaft (s. 7.1.2)	Mangelnde Organisation im heimischen Umfeld
Mangelnde Umsetzung des Projektes	Mangelnde Führung	Fehlende soziale Kontakte am Arbeitsplatz
Fehler bei der Anlage des Projektes Telearbeit	Falsche Management-Methoden	Schwierigkeiten mit Vorgesetzten
Mangelnde Bewertungsmaßstäbe	Fehlentscheidungen, Fehlbeurteilungen	Negatives Image der Telearbeit im Unternehmen
Fehlentscheidungen (bei Beförderungen, o.ä.)	Mangelnde Erreichbarkeit	Desintegration aus dem betrieblichen Umfeld
	Fehlende Innovationsbereitschaft	

Insbesondere muß hier festgelegt werden, unter welchen Umständen von betrieblicher Seite aus die Kündigung des speziellen Vertrages mit einem Telearbeiter möglich ist. Kriterien hierfür können beispielsweise schlechte Arbeitsleistungen, mangelnde Kommunikationsfähigkeit oder das begründete Urteil des direkten Vorgesetzten darstellen.

Auf jeden Fall aber sollte auch der Telearbeiter jederzeit von sich aus den Vertrag kündigen und ohne Angabe von Gründen wieder seine normale Tätigkeit aufnehmen können. Dies ist insbesondere dann zu empfehlen, wenn der Telearbeiter selbst merkt, daß er für diese neue Arbeitsform nicht die nötige Veranlagung besitzt, beispielsweise weil er seine Arbeit nicht selbst organisieren kann oder er die sozialen Kontakte des Arbeitsplatzes zu sehr vermißt.

In diesem Fall muß der Rückweg an den innerbetrieblichen Arbeitsplatz in beiderseitigem Interesse offenstehen. Dementsprechend sollten Vorkehrungen für die Reintegration des Telearbeiters bei Kündigung des Vertrages getroffen werden. Unter sozialen Aspekten ist hierbei besonders wichtig, daß der Telearbeiter im Betrieb sein Gesicht wahren kann und nicht als Versager erscheint.

Manchmal kann ein solcher Status- oder Imageverlust bei der Rückkehr von der neuen Arbeitsform auf den traditionellen Arbeitsplatz nur durch eine gleichzeitige Versetzung in eine andere Abteilung vermieden werden. Wenn möglich und wenn durch den Arbeitnehmer gewünscht, sollte bei Kündigung des Telearbeitsvertrages diese Versetzung unbedingt erfolgen.

Wünschenswert wäre zudem ein direktes Gespräch mit dem Telearbeiter, um eventuell gemeinsam die Ursache für das Scheitern zu analysieren. Die hieraus gewonnen Erkenntnisse stellen die wichtigste Grundlage für das Controlling der Telearbeit dar und gestatten das Erkennen von Schwachstellen oder Schwierigkeiten. Gerade weil Telearbeit so tiefgreifend in die Unternehmenskultur einschneidet, ist es wichtig, Probleme und Konfliktpotential früh zu erkennen und dem entgegenzuwirken. Sonst droht das gesamte Telearbeitsprojekt zu scheitern. Schwierigkeiten treten in der Praxis vor allem mit der Kommunikation zwischen Kollegen und Telearbeiter oder auch im Führungsprozeß auf.

Die Schuld für das Scheitern darf nicht alleine beim Telearbeiter gesucht werden. Einseitige Schuldzuweisungen spiegeln nur in den seltensten Fällen die Realität wider, da am Prozeß der Telearbeit die unterschiedlichsten Personen beteiligt sind.

Die gründliche Analyse des Fehlschlagens oder der Kündigung einer einzelnen Telearbeits-Beziehung verbunden mit der Bereitschaft, die Fehler auch im eigenen Unternehmen zu suchen, trägt dazu bei, interne Prozesse zu optimieren und das Vertrauen der Mitarbeiter in das Unternehmen oder die Führungsperson zu stärken. Eigene Fehler zu suchen, zuzugeben und diese zu beheben, zeigt Stärke und fördert die Autorität eines Vorgesetzten.

Legt die Unternehmensführung Fehler offen, hilft dies dem Telearbeiter bei der Rückkehr an den innerbetrieblichen Arbeitsplatz. Denn so wird von vornherein Vorurteilen begegnet und das Betriebsklima nimmt keinen Schaden. Damit kann weiterhin das Scheitern des gesamten Telearbeits-Projekts vermieden werden.

Die obigen Ausführungen über die Rückkehr des Telearbeiters in das Unternehmen beziehen sich natürlich vorwiegend auf Kündigungsgründe, die direkt mit der Telearbeit zusammenhängen. Sollten schwerwiegende generelle Probleme mit einem Telearbeiter vorliegen, beispielsweise ein Vertrauensbruch durch böswillige Weitergabe von Firmeninterna, so schließt dies natürlich die fristlose Kündigung des gesamten Arbeitsvertrages nicht aus. Das gilt für sämtliche Kündigungsverfahren und den Kündigungsschutz des zu Grunde liegenden Arbeitsvertrages, auch in einem Telearbeitsverhältnis.

Telearbeit kann auch nicht als Mittel für einen besonderen oder außerordentlichen Kündigungsschutz betrachtet werden. Löst der Arbeitgeber den eigentlichen Arbeitsvertrag auf, so entspricht dies einer Kündigung unabhängig von der gewählten Arbeitsform. Für die Auflösung des Telearbeits-Verhältnisses sind gerade zum Wie und Warum einer Kündigung Vorkehrungen und Regelungen in den Telearbeitsvertrag und in die Betriebsvereinbarung aufzunehmen (s. Kapitel 8).

8. Rechtliche Aspekte

8.1 Rechtliche Einordnung der Telearbeit

Die verschiedenen Erscheinungsformen der Telearbeit als neue Arbeitsform bringen unterschiedliche Besonderheiten mit sich. Diese wirken sich auf unterschiedliche Weise auf die rechtliche Beziehung zwischen Arbeitgeber und Telearbeiter aus. Beim Umgang mit Telearbeit, vor allem aber bei der Einführung, sind diese rechtlichen Aspekte unbedingt zu beachten.

Derzeit beherrscht die Diskussion über einen eventuell notwendigen rechtlichen Regelungsbedarf in Verbindung mit den besonderen Bedingungen der Telearbeit das gesamte Umfeld dieser Thematik. Die Unterarbeitsgruppe „Arbeitsrecht" des Petersberger Kreises hat sich in diesem Bereich intensiv mit einzelnen Problemfeldern auseinandergesetzt. Für fast alle betrachteten Bereiche sehen die Experten dieser Kommission keinen rechtlichen Handlungsbedarf durch den Gesetzgeber. Die vorhandenen Vorschriften genügen auch dem besonderen Wesen der Telearbeit in ausreichender Weise.

Eine Kenntnis sämtlicher Rechtsvorschriften, die beim Umgang mit Telearbeit eventuell in Betracht zu ziehen sind, ist dabei für eine konkrete Realisierung sicherlich weder notwendig noch möglich. Trotzdem sollten sowohl Telearbeiter als auch Arbeitgeber die relevanten Vorschriften kennen und bei der Umsetzung von Telearbeit berücksichtigen. Nur so lassen sich eventuelle Probleme von vornherein vermeiden. Grundlegende Kenntnisse der Rechtslage minimieren außerdem das Risiko eines gescheiterten Telearbeitsprojektes. Sie tragen auch dazu bei, die Gefahr einer einseitigen Ausnutzung von Telearbeitsverträgen zu Lasten des Arbeitnehmers zu vermeiden.

8.1.1 Grundlagen

Selbst, wenn der Petersberger Kreis derzeit keinen rechtlichen Handlungsbedarf des Gesetzgebers erkennt, gilt es als unumstritten, daß der Wandel hin zur Informationsgesellschaft auch das Arbeitsrecht berühren wird. Die Arbeitsbedingungen wandeln sich, geprägt durch den dezentralen Charakter neuer Organisationsformen. Neue Arbeitsformen führen zu einer Flexibilisierung des Faktors Arbeitskraft mit dem Ziel, diese effizienter einzusetzen.

Das „normale Arbeitsverhältnis" paßt insofern oft nicht mehr zu modernen Arbeitsformen der Informationsgesellschaft. Ein Arbeitsverhältnis setzt die Erfüllung arbeitsvertraglicher Verpflichtungen in einem bestehenden Abhängigkeitsverhältnis voraus. So definiert es die Begriffe des Arbeitnehmers und des Arbeitgebers.

Laut Definition (s. Kapitel 2) setzt Telearbeit im engeren Sinn ebenfalls arbeitsvertragliche Verpflichtungen voraus. Besteht ein der Telearbeit ähnliches Verhältnis zwischen rechtlich selbständigen Vertragspartnern, so ist diese Form als Telekooperation und nicht als Telearbeit zu klassifizieren. Das umfaßt vor allem die spezielle Form der freischaffenden Tätigkeit mit I&K-Technik, ähnlich einem Telearbeiter. Abschnitt 8.2 beschäftigt sich eingehend mit den Möglichkeiten der Vertragsgestaltung für ein Telearbeitsverhältnis und erörtert die damit einhergehende Problematik.

Grundlage für das rechtliche Verhältnis zwischen Telearbeiter und Arbeitgeber ist also der Arbeitsvertrag mit den daraus resultierenden gesetzlichen Regelungen. Der Arbeitnehmer stellt im Tausch gegen die Vergütung dem Arbeitgeber seine Arbeitskraft als Dienstleistung zur Verfügung. Das Wesen des Arbeitsverhältnisses bleibt somit auch bei Telearbeit bestehen, Besonderheiten ergeben sich allein aus der speziellen Wahl des Arbeitsortes.

Oftmals verrichtet der Telearbeiter seine Tätigkeit in der eigenen Wohnung. In diesem Fall ergeben sich zahlreiche rechtliche Konsequenzen, die im folgenden eörtert werden sollen. Aus Sicht des Arbeitsrechts zählt Telearbeit in der eigenen Wohnung zu Heimarbeit im weitesten Sinne. Entsprechend finden einzelne Regelungen des Heimarbeitsgesetzes (HeimArbG) Anwendung.

Besonderheiten ergeben sich bei dieser Form vor allem aus dem speziellen rechtlichen Status der Wohnung und der Privatsphäre des Telearbeiters (s. auch Abschnitt 8.4). Diese beeinflussen sämtliche Bereiche des Arbeitsrechts von Fragen der Haftung und des Versicherungsschutzes bis hin zur Gestaltung des Arbeitsplatzes unter Berücksichtigung von Maßnahmen zum Arbeitsschutz.

Rechtlich weniger kompliziert gestaltet sich hingegen die Telearbeit im Nachbarschafts- oder Satellitenbüro. Da es sich hier um vom Arbeitgeber angemietete bzw. zur Verfügung gestellte Büroräume handelt, entstehen einzelne rechtliche Probleme erst gar nicht. Der Telearbeitsplatz befindet sich in diesem Fall in einer innerbetrieblichen Arbeitsstätte. Diese gilt im Sinne des §4 BetrVG als selbständiger Betrieb oder Nebenbetrieb. Hier gelten die gleichen Bestimmungen wie am eigentlichen Büroarbeitsplatz.

Trotzdem sind auch bei dieser Form der Telearbeit spezielle Gesetze zu berücksichtigen. Da (noch) keine eigenständigen rechtlichen Regelungen in Bezug auf Telearbeit existieren, rekrutiert sich die Anzahl der relevanten Bestimmungen aus allen Bereichen des arbeitsrechtlichen Umfeldes. Es reicht vom speziellen Arbeitsrecht wie dem Kündigungsschutzgesetz (KündSchuG) über das Betriebsverfassungsgesetz (BetrVG) bis hin zum Steuerrecht und zum Bürgerlichen Gesetzbuch (BGB).

Die folgenden Abschnitte betrachten die wesentlichen Problemfelder, die mit der speziellen Arbeitsform Telearbeit einhergehen und erörtern die jeweils relevanten und zu beachtenden gesetzlichen Bestimmungen mit ihren Auswirkungen. Dies soll allen an Telearbeit Beteiligten nicht nur einen Einblick in das rechtliche Umfeld geben. Eine grundlegende Kenntnis der relevanten Regelungen ist für eine erfolgreiche Realisierung von Telearbeit auf allen Seiten unverzichtbar (s. auch oben).

Probleme im Umgang mit Telearbeit sind oftmals auf eine unzureichende Vorbereitung entsprechender Projekte und die fehlende Kenntnis der rechtlichen Rahmenbedingungen zurückzuführen. Zu einem korrekten Vorgehen bei der Einführung von Telearbeit gehört auch die jeweils betrieblich individuell regelbare Ausgestaltung des relevanten rechtlichen Umfeldes innerhalb der Rahmenbestimmungen. Sonst droht diese spezielle Arbeitsform an der fehlenden Rechtssicherheit zwischen Arbeitnehmer und Arbeitgeber zu scheitern.

8.1.2 Einführung von Telearbeit

Bereits bei der generellen Entscheidung, Telearbeit in einem Unternehmen einzuführen, sind gewisse Partizipationsrechte der Mitarbeiter beziehungsweise ihrer Vertretungen zu beachten. Dies gilt insbesondere für größere Betriebe die dem Betriebsverfassungsgesetz (BetrVG) unterliegen, in denen also ein Betriebsrat existiert.

Paragraph 111 BetrVG räumt dem Betriebsrat ein Mitspracherecht bei einer grundlegenden Änderung der Betriebsorganisation ein. Die Einführung einzelner Telearbeitsplätze innerhalb eines Pilotprojektes lösen das Mitspracherecht nach $111 BetrVG jedoch noch nicht aus. Anders gestaltet sich die Situation allerdings bei der Einführung von Telearbeit im größeren Stil. Sobald die Schaffung von Telearbeitsplätzen den Organisationsaufbau im Betrieb beeinflußt, kann der Betriebsrat gemäß § 111 BetrVG mitreden.

Rechtlich entspricht die Einrichtung eines Telearbeitsplatzes für einen konkreten Mitarbeiter zudem einer Versetzung. Diese kann ebenfalls Mitspracherechte des Betriebsrates nach § 99 BetrVG auslösen, zumindest, wenn die Versetzung in einen Telearbeitsplatz gegen den Willen des Arbeitnehmers erfolgen soll. Das gilt übrigens auch für die Rückversetzung von einem Telearbeitsplatz, es sei denn, eine konkrete Betriebsvereinbarung oder ein individueller Telearbeitsvertrag vereinbart abweichende Regelungen.

Wünschen allerdings sowohl Mitarbeiter als auch Arbeitgeber die Einrichtung eines Telearbeitsplatzes, so findet § 99 BetrVG keine Anwendung. Die Einrichtung einzelner Telearbeitsplätze in beiderseitigem Einvernehmen begründet daher noch keine Mitsprache des Betriebsrates gemäß §§ 99, 111 BetrVG, da daraus keine kollektiven Auswirkungen auf die übrigen Mitarbeiter ersichtlich sind.

Für die Versetzung auf einen Telearbeitsplatz gelten zudem die üblichen individualrechtlichen Bestimmungen, die einem Mitarbeiter bei Versetzung innerhalb des Betriebes zustehen. Dies ist gerade dann wichtig, wenn ein Betrieb einen Mitarbeiter gegen seinen Willen auf einen Telearbeitsplatz versetzt. Der Arbeitgeber könnte ein entsprechendes Recht aus den üblichen arbeitsvertraglichen Versetzungsklauseln in betriebsbedingten Fällen ableiten.

Eine solche zwangsweise Versetzung kommt jedoch zumindest dann nicht in Frage, wenn die Telearbeit von zu Hause aus erfolgen soll. Dann müßte der Mitarbeiter einen entsprechenden Arbeitsplatz in seiner Wohnung einrichten. Eine solche vom Arbeitgeber erzwungene Bereitstellung mitarbeitereigener Räumlichkeiten widerspricht jedoch jeglicher Versetzungsklausel.

Anders gestaltet sich hingegen die Versetzung auf einen Telearbeitsplatz in einem Satelliten- oder Nachbarschaftsbüro. Da es sich hier um betriebseigene bzw. vom Betrieb angemietete Räumlichkeiten handelt, kann der Arbeitgeber eine betriebsbedingte Versetzungsklausel rechtmäßig anwenden und einen Mitarbeiter zur Telearbeit zwingen. Aus Motivationsgründen sollte jeder Arbeitgeber jedoch von einer zwangsweisen Versetzung auf einen Telearbeitsplatz Abstand nehmen (s. auch Kontrollrechte und -möglichkeiten in 8.2.5). Die Einrichtung von Telearbeit auf beiderseitigen Wunsch hin schafft keine versetzungsbedingten Probleme.

Des weiteren berührt die Einführung von Telearbeit in keiner Weise übrige Mitspracherechte des Betriebsrats oder schränkt diese ein. Dies gilt insbesondere in Hinblick auf § 87 Abs. 1 Zif. 6 BetrVG. Demnach löst die Einführung einer beliebigen technischen Anlage, die sich in irgendeiner Form zur Überwachung von Mitarbeitern eignet, ein entsprechendes Mitspracherecht des Betriebsrates aus. Somit ist die Anschaffung jeder DV-Anlage zustimmungsbedürftig. Insbesondere trifft dies auf die nötigen Geräte am Telearbeitsplatz und besonders für die genutzten Kontrollmöglichkeiten zu.

Der folgende Abschnitt befaßt sich eingehender mit einer solchen Leistungskontrolle des Telearbeiters sowie den Fragen der Arbeitszeitgestaltung in einem Telearbeitsverhältnis, bei deren Festlegung ebenfalls Mitspracherechte des Betriebsrates in Betracht kommen.

Ein Betrieb, der sich zur Einführung von Telearbeit entschlossen hat, sollte angesichts dieser Partizipationsrechte möglichst frühzeitig die Mitarbeiter beziehungsweise Mitarbeitervertretungen in den Planungsprozeß eines Telearbeitsprojekts einbeziehen und innerhalb des weiten gesetzlichen Handlungsspielraums einen konkreten betriebsindividuellen Rahmen für Telearbeit schaffen.

Die gemeinsame Verabschiedung einer Betriebsvereinbarung zu Telearbeit zwischen Arbeitgeber und Arbeitnehmern stellt den optimalen Rahmen dar, um bereits im Vorfeld sämtliche Mitsprache- und Partizipationsrechte zu berücksichtigen und eventuellen nachträglichen Streitigkeiten aus dem Weg zu gehen.

8.1.3 Betriebsvereinbarung

Eine Betriebsvereinbarung zu Telearbeit schafft nicht nur den nötigen rechtlichen Rahmen, sie gestattet eine individuelle und auf die konkreten Bedürfnisse des Betriebes abgestimmte Regelung innerhalb der vorhandenen gesetzlichen Spielräume. Da kein eigenständiges Telearbeitsgesetz innerhalb des Arbeitsrechtes existiert, empfiehlt sich die Regelung relevanter Fragen zwischen Arbeitgeber- und Arbeitnehmervertretern bereits vor Einführung von Telearbeit durch eine Betriebsvereinbarung.

So trägt das Unternehmen nicht nur den oben erwähnten Mitspracherechten des Betriebsrates Rechnung, sondern schafft auch die notwendige Sicherheit, um eventuell später auftretende Probleme oder Streitfälle im Zusammenhang mit Telearbeit zu lösen. Eine Betriebsvereinbarung schafft somit den nötigen Konsens zwischen den beteiligten Partnern. Sie sollte daher unbedingt die Grundlage für die Vorbereitung und Umsetzung der neuen Arbeitsform im Unternehmen darstellen.

Sie bildet praktisch das Bindeglied zwischen dem bestehenden Arbeitsvertrag (s. auch Abschnitt 8.2) und einer individualrechtlichen Vereinbarung zwischen Telearbeiter und Arbeitgeber. Sie entspricht somit allgemeinen Geschäftsbedingungen beim Warenkauf (s. Abb. 8.1.). Die Betriebsvereinbarung sollte generelle Fragen zwischen Arbeitgeber und Arbeitnehmer klären, besonders in den Bereichen, die nicht eindeutig vom Gesetzgeber bestimmt sind. Vor allem betrifft dies folgende Fragen:

* Welche Mitarbeiter können Telearbeit in Anspruch nehmen?
* Welche Bedingungen muß ein Mitarbeiter erfüllen, um Telearbeiter zu werden?
* Wie kann ein Arbeitnehmer einen Telearbeitsplatz beantragen und welcher eventuelle Anspruch auf einen Telearbeitsplatz besteht?
* Wie, wo und durch wen erfolgt die Einrichtung eines neuen Telearbeitsplatzes?
* Welche Vereinbarungen gelten bezüglich Lage, Einteilung und Erfassung der Arbeitszeit?
* Wie erfolgen Erfassung und Vergütung der Arbeitsleistung und der entstehenden betriebsbedingten Kosten des Telearbeiters (Telefon, Strom, Reinigung, etc.)?
* Wie erfolgt die Vergütung der geleisteten Arbeit bzw. Arbeitszeit (Überstunden, Prämien, Provisionen, Grundlohn, aufgabenbezogene Vergütung)?
* In welchem zeitlichen Umfang ist Telearbeit möglich (alternierende Telearbeit)?
* Welchen Anspruch hat der Telearbeiter außerdem auf einen innerbetrieblichen Arbeitsplatz und wie gestaltet sich der Arbeitsplatz?
* Wer kann unter welchen Umständen und wie einen bestehenden Telearbeitsvertrag kündigen?

Die richtige Vertragsgestaltung

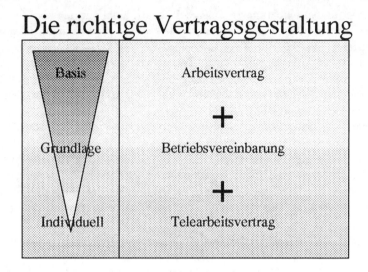

Abb. 8.1. Rechtliche Einführung von Telearbeit als Kombination einzelner Verträge

Ein Beispiel für das mögliche Aussehen einer Betriebsvereinbarung befindet sich im Anhang dieses Buches. Die dortige Betriebsvereinbarung stellt allerdings wirklich nicht mehr als ein Beispiel für die Ausgestaltung dar, da Größe, Tätigkeitsgebiet und Kultur des Unternehmens die konkreten Regelungen und Formulierungen beeinflussen. Arbeitgeber- und Arbeitnehmervertreter haben also die Aufgabe, Regelungen zu beiderseitigem Nutzen auszuhandeln, um so durch die Einführung von Telearbeit den größtmöglichen Erfolg sowohl für Arbeitnehmer als auch für das Unternehmen zu sichern.

Unter Berücksichtigung des bestehenden Arbeitsvertrages und der Betriebsvereinbarung kann ein interessierter Arbeitnehmer dann einen Telearbeitsplatz für sich beantragen. Ist der Arbeitgeber dann einverstanden, so wird, aufsetzend auf die Betriebsvereinbarung, ein individualrechtlicher Vertrag zur Telearbeit zwischen Arbeitgeber und Arbeitnehmer abgeschlossen.

Dieser Vertrag kann dann sehr einfach ausfallen, da sämtliche relevanten und zu beachtenden Regelungen in der Betriebsvereinbarung bereits getroffen sind. Im Einzelfall genügt eine beiderseitige Einverständniserklärung sowie ein ausdrücklicher Einschluß der geschlossenen Betriebsvereinbarung. Gleichzeitig gestattet der individuelle Telearbeitsvertrag zusätzliche Vereinbarungen zwischen Arbeitgeber und Telearbeiter, die unter Berücksichtigung besonderer Bedingungen notwendig oder sinnvoll erscheinen können. Dazu gehören beispielsweise Regelungen für einen Schwerbehinderten oder einen besonders weit entfernt wohnenden Mitarbeiter.

Eine Kündigung dieser individualrechtlichen Vereinbarung zur Telearbeit sollte unbedingt von beiden Seiten aus möglich sein. Dem Telearbeiter muß der Weg zurück in seine gewohnte Arbeitsumgebung offen stehen, wenn er mit der neuen Arbeitsform nicht zurecht kommt oder diese die gestellten Erwartungen nicht erfüllen kann. Gleichzeitig muß auch der Arbeitgeber die Möglichkeit haben, einen Telearbeitsvertrag rückgängig zu machen. So kann sich beispielsweise während der Telearbeit herausstellen, daß ein Mitarbeiter für diese Form der Arbeit nicht geeignet ist (s. auch Kapitel 7). In solch einem Fall kann der Arbeitgeber den Telearbeitsvertrag kündigen und den Mitarbeiter wieder in sein gewohntes Umfeld integrieren, ohne diesen gänzlich aus dem Unternehmen zu entlassen.

Ein Verzicht auf eine Betriebsvereinbarung ausschließlich zugunsten individualrechtlicher Vertragsabschlüsse erscheint hingegen wenig zweckmäßig. Abschluß und Ausgestaltung der Einzelverträge verursachen unnötig hohen Aufwand und somit Kosten für die Personalabteilung des Unternehmens. Gleichzeitig verletzt das Unternehmen Mitspracherechte der Arbeitnehmervertretung.

Das Fehlen einer für das gesamte Unternehmen gültigen rechtlichen Grundlage für Telearbeit führt zwangsläufig zu Unsicherheit. Es entstehen oft Streitfragen zwischen Arbeitnehmer und Arbeitgeber. Beispielsweise könnte ein Mitarbeiter versuchen, einen Anspruch auf einen Telearbeitsplatz einzuklagen, oder der Arbeitgeber zeigt sich mit Leistung und Vergütung eines Telearbeiters nicht einverstanden. Solche unnötigen Schwierigkeiten führen dann in vielen Fällen zum Scheitern des gesamten Projektes. Vor der Einführung von Telearbeit ist deshalb, insbesondere ab einer bestimmten Unternehmensgröße, der Abschluß einer Betriebsvereinbarung erforderlich.

8.1.4 Besonderheiten des Heimarbeitsplatzes

Ein Arbeitsort außerhalb des Betriebsgeländes erfordert in der Regel besondere rechtliche Regelungen oder Abstimmungen. Während Telearbeit in einem Nachbarschafts- oder Satellitenbüro der Beschäftigung in einer betrieblichen Arbeitsstätte gleichkommt und somit keine speziellen Besonderheiten aufweist, gilt dies nicht für Telearbeit in der eigenen Wohnung. In Verbindung mit dem besonderen rechtlichen Status der Wohnung ergeben sich erhebliche Konsequenzen für die Anwendung einzelner arbeitsrechtlicher Bestimmungen.

Aufbauend auf Artikel 13 des Grundgesetzes genießen Privatsphäre und somit auch die Privatwohnung einen besonderen Schutz. Dieser Schutz schließt den in der Privatwohnung eingerichteten Telearbeitsplatz ein. Insbesondere darf ein solcher Arbeitsplatz den Schutz der Privatsphäre in keiner Weise einschränken. Somit kann der Telearbeiter sowohl dem Arbeitgeber wie auch Arbeitnehmervertretern den Zutritt zur eigenen Wohnung untersagen.

Dies schränkt einzelne rechtliche Ansprüche des Arbeitgebers ebenso wie die von Arbeitnehmervertretungen erheblich ein. Das gilt beispielsweise für die Gestaltung des Arbeitsplatzes unter Berücksichtigung spezieller Kriterien der Arbeitssicherheit oder auch für die Durchsetzung und Einhaltung von Arbeitszeitvorgaben (s. auch Abschnitte 8.2.2 und 8.2.6).

Eine implizite Einräumung des Zutrittsrechtes mit Abschluß des Telearbeitsvertrages kommt ebenfalls nicht in Betracht. Das Grundrecht auf Unverletzlichkeit der Wohnung hebt eine solche Vereinbarung auf. Eine explizit in den Telearbeitsvertrag oder die Betriebsvereinbarung aufgenommene Übereinkunft, die ein Zutrittsrecht vorsieht, ist im Einzelfall sogar nichtig. Hier können spezielle Vereinbarungen nicht das verfassungsgemäße Grundrecht aushebeln.

Einzig im Falle einer Drittgefährdung oder bei Gefahr für die öffentliche Sicherheit und Ordnung kann sich der Staat über das Grundrecht hinwegsetzen und sich Zutritt zur Wohnung einer Privatperson verschaffen. Eine solche Gefahr dürfte von der Einrichtung und dem Betrieb eines Telearbeitsplatzes in der heimischen Wohnung allerdings nicht ausgehen.

Angesichts des fehlenden Zutrittsrechtes kann der heimische Telearbeitsplatz somit nicht als Betriebsstätte im Sinne des Arbeitsrechts, des Arbeitsschutzes oder auch des Steuerrechts angesehen werden. Im Sinne des erweiterten betriebsverfassungsrechtlichen Betriebsbegriffes zählt der Telearbeitsplatz in der eigenen Wohnung andererseits durchaus zum Betrieb. Somit ist gewährleistet, daß für den Telearbeiter ungeachtet der rechtlichen Sonderstellung seiner Wohnung weiterhin der Schutz des Betriebsverfassungsgesetzes gilt.

Die spezielle Problematik der Arbeitszeitgestaltung, des Arbeitsschutzes sowie der Kontrolle des Telearbeiters, die sich in Verbindung mit den Besonderheiten der Privatwohnung ergeben, betrachtet der folgende Abschnitt unter anderem näher. Die abweichend anzuwendenden Rechte und Pflichten der Arbeitspartner in Abgrenzung zur Beschäftigung in einer innerbetrieblichen Arbeitsstätte, einem Satelliten- oder Nachbarschaftsbüro sollen hier erläutert werden.

8.2 Arbeitsrecht

Das Arbeitsrecht spielt bei der rechtlichen Gestaltung von Telearbeitsverhältnissen eine entscheidende Rolle. Es regelt in seinem Umfang generell die Stellung von Mitarbeiter und Arbeitgeber, erklärt Pflichten sowie Rechte des Arbeitnehmers und bildet somit die Grundlage für jedes Beschäftigungsverhältnis. Da Telearbeit eine sehr junge aber vor allem besondere Form der Beschäftigung darstellt, ergeben sich arbeitsrechtlich relevante Probleme und Fragestellungen.

Dieser Abschnitt geht vor allem auf die Besonderheiten des Beschäftigungsverhältnisses zwischen Arbeitgeber und Telearbeiter und auf Fragen des Arbeitsschutzes ein. Es wendet sich gleichermaßen an Arbeitgeber wie Telearbeiter und erklärt insbesondere, warum das normale Arbeitsverhältnis die einzig sinnvolle rechtliche Grundlage für erfolgreiche Telearbeit darstellt.

8.2.1 Beschäftigungsverhältnis

Generell sind drei unterschiedliche Beschäftigungsformen im Unternehmen denkbar (s. Abb. 8.2.), die jeweils unterschiedliche Vor- und Nachteile für Arbeitgeber und Arbeitnehmer mit sich bringen. Für ein Telearbeitsverhältnis sind alle drei Beschäftigungsformen grundsätzlich denkbar, die beste Grundlage bildet jedoch der Arbeitsvertrag.

Der Arbeitsvertrag stellt die einzige Form einer abhängigen Beschäftigung des Telearbeiters dar. Dienst- und Werkvertrag hingegen gehen von einer selbständigen Tätigkeit des Dienst- bzw. Werkerbringers gegenüber dem Auftraggeber aus. Alle drei denkbaren Beschäftigungsformen implizieren weitreichende rechtliche Konsequenzen für das bestehende Verhältnis zwischen Arbeitgeber bzw- Auftraggeber und Telearbeiter.

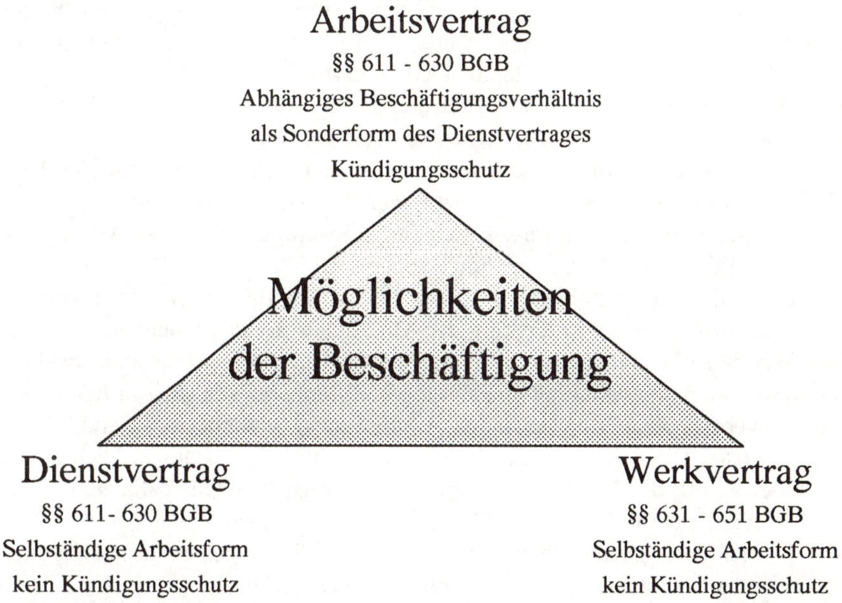

Arbeitsvertrag
§§ 611 - 630 BGB
Abhängiges Beschäftigungsverhältnis
als Sonderform des Dienstvertrages
Kündigungsschutz

Möglichkeiten der Beschäftigung

Dienstvertrag
§§ 611- 630 BGB
Selbständige Arbeitsform
kein Kündigungsschutz

Werkvertrag
§§ 631 - 651 BGB
Selbständige Arbeitsform
kein Kündigungsschutz

Abb. 8.2. Vertragliche Beschäftigungsformen

Werk- und Dienstvertrag

Ein Werk- oder Dienstvertrag zielt auf die Errichtung eines definierten Werkes bzw. die Erbringung eines Dienstes gegen eine entsprechende Vergütung ab. Der Auftragnehmer, in diesem Fall der Telearbeiter, verrichtet seine Arbeit hierbei auf eigene Rechnung und in einem rechtlich selbständigen Verhältnis. Nach Erfüllung des Vertrages haftet der Auftragnehmer innerhalb der üblichen gesetzlichen Haftungs- und Gewährleistungsfristen.

Abgesehen von der Gewährleistungspflicht entfällt nach Vertragserfüllung jegliche weitere rechtliche Verbindung zwischen Auftragnehmer und -geber. Für den Arbeitgeber könnte es somit zunächst keine günstigere Beschäftigungsform als den Werk- oder Dienstvertrag für Telearbeiter geben. Bei erhöhtem Arbeitsaufkommen kann der Arbeitgeber problemlos zusätzliche Telearbeiter per Dienst- oder Werkvertrag beschäftigen. Benötigt er weniger Arbeitskräfte, ist eine umständliche und aufwendige Kündigung von Arbeitsverhältnissen nicht notwendig. Bei Vertragserfüllung findet die rechtliche Verbindung zwischen Arbeitgeber und Telearbeiter automatisch ein Ende.

Aus Sicht des Telearbeiters ergibt sich aus einem Werk- oder Dienstvertrag lediglich der Vorteil, daß er seine Arbeit nicht nur einem Unternehmen, sondern jedem Interessierten anbieten kann. Der Telearbeiter verrichtet in diesem Fall seine Tätigkeit als freischaffender Selbständiger. Während in einigen Bereichen, wie beispielsweise dem Journalismus, diese Form der Beschäftigung durchaus üblich ist, versuchen immer mehr Arbeitgeber eine solche losgelöste Beschäftigungsform in Verbindung mit Telearbeit auch für andere Berufsfelder zu etablieren. Die Gefahren liegen auf der Hand: Bei zeitweiliger schlechter Auftragslage besitzt der nunmehr Selbständige keine soziale Absicherung.

Die Arbeitnehmervertretungen sollten bei der Einführung von Telearbeit in einem Unternehmen die Entlassung der Mitarbeiter in ein unabhängiges Dienst- oder Werkverhältnis nicht zulassen. Aus der Praxis sind Fälle bekannt, in denen der Arbeitgeber vor Abschluß eines Telearbeitsvertrages zunächst in beiderseitigem Einvernehmen den bestehenden Arbeitsvertrag ohne entsprechende Abfindung auflöste. Die weitere Zusammenarbeit beruht dann auf einem Dienst- oder Werkvertrag mit der Möglichkeit, den Arbeitnehmer bei Bedarf äußerst kostengünstig, nämlich zum Nulltarif, nicht mehr zu beschäftigen.

Arbeitnehmer sollten deshalb bei Übergang zur Telearbeit nicht auf die Kündigung ihres bestehenden Arbeitsvertrages eingehen. Die Einführung von Telearbeit erfordert keinesfalls die Auflösung des bestehenden Vertrages, eine zusätzliche individualrechtliche Vereinbarung zwischen Arbeitgeber und -nehmer, beispielsweise in Verbindung mit einer Betriebsvereinbarung, genügt.

Telearbeit als eindeutiges Arbeitsverhältnis

Auch für den Arbeitgeber erscheint die Auflösung der bestehenden Arbeitsverhältnisse nur oberflächlich gesehen als vorteilhaft. Er gefährdet nicht nur sein

8.2 Arbeitsrecht 167

Ansehen als seriöser Arbeitgeber und Geschäftspartner, Arbeitsgerichte erkennen die scheinbar selbständige Tätigkeit eines Telearbeiters zunehmend als ein bestehendes Arbeitsverhältnis im Sinne eines verdeckten Arbeitsvertrages an.

Die Rechtsprechung geht immer von einem verdeckten Arbeitsverhältnis aus, wenn beispielsweise der Arbeitgeber dem Beschäftigten die notwendigen Geräte und Werkzeuge zur Verfügung stellt (s. auch Abschnitt 8.2.4). Außerdem besteht ein Arbeitsverhältnis ungeachtet des zu Grunde liegenden Vertrages, wenn der Beschäftigte eindeutig als Arbeitnehmer zu identifizieren ist.

Zur Abgrenzung zwischen Arbeitsverhältnis und anderen arbeitsrechtlichen Vertragsverhältnissen achtet die Rechtsprechung dabei weniger auf vorhandene Verträge, sondern wendet folgenden einfachen Katalog von Kriterien an, um einen Arbeitnehmer zu identifizieren:
1. Persönliche und fachliche Weisungsgebundenheit
2. Eingliederung in den Betrieb oder die betriebliche Organisation
3. Bestimmung von Arbeitszeit und Arbeitsort durch den Arbeitgeber
4. Ständige enge Zusammenarbeit mit anderen im Dienst des Arbeitgebers stehenden Personen

Angesichts dieser Kriterien bedarf die Einordnung von Telearbeit als Arbeitsverhältnis näherer Betrachtung, da sich diese Einordnung auf die gesamte Diskussion um die Rechtsfolgen eines Telearbeitsverhältnisses auswirkt. Hinsichtlich der oben genannten Differenzierungskriterien bestehen bei den Punkten eins und vier kaum Einordnungsprobleme.

Schwieriger gestaltet sich dies bei den beiden anderen Kriterien. Die Erfüllung des zweiten, daß heißt die Einbindung des Telearbeiters in die Unternehmensorganisation, ist zumindest bei alternierender Telearbeit leicht festzustellen. Hier verbringt der Arbeitnehmer ebenfalls einen Teil seiner Arbeitszeit in der traditionellen Arbeitsumgebung.

Auch bei vollständiger Telearbeit, die gemäß Kapitel 4 kaum sinnvoll erscheint, lassen sich hinreichende Anzeichen für die Eingliederung des Arbeitnehmers in das Unternehmen erkennen. Diese mag man sowohl im engen Kontakt des Telearbeiters zu anderen Mitarbeitern wie auch in der Vergabe von Kompetenzen und damit verbundenen Bezeichnungen innerhalb der Hierarchie erkennen. Letztere entstehen durch das vorausgesetzte Arbeitsverhältnis an sich und nicht durch die Präsenz des Arbeitnehmers an einem bestimmten Ort.

Nicht so leicht fällt die Betrachtung des dritten Kriteriums. Die freie und flexible Bestimmung der Arbeitszeit macht gerade den Reiz der Telearbeit für den Arbeitnehmer aus. Selbst wenn der Arbeitgeber gewisse Arbeitszeiten auch im Telearbeitsverhältnis bestimmt (s. auch Kapitel 4 und 8.2.2), bleibt die Anordnung solcher Zeiten problematisch, da sich der Telearbeiter zumindest bei der Arbeit zu Hause über solche Vorgaben hinwegsetzen kann. Hierauf geht Kapitel 8.2.2 näher ein.

Zumindest Telearbeit im engeren Sinne erfüllt jedoch weitgehend auch diese Anforderung. So muß selbst der Telearbeiter zu gewissen Zeiten für die Kollegen erreichbar sein (s. Kapitel 4). Insofern bleibt auch ein zeitliches Weisungsrecht des Arbeitgebers bestehen. Zudem muß die Aufgabe der Zeitautorität des Arbeitgebers, die freiwillig erfolgt, noch nicht sein Weisungsrecht beeinflussen. Andernfalls entstehen schon bei der Einordnung vor Arbeitsformen mit Gleitzeit-Modellen anhand der obigen Kriterien Probleme.

Ähnliches gilt für die Bestimmung des Arbeitsortes durch den Arbeitgeber. Generell besitzt der Arbeitgeber auch gegenüber dem Telearbeiter Weisungsbe-fugnis was den Ort der Arbeitserfüllung angeht. Die Schaffung eines Telear-beitsplatzes entspricht aus rechtlicher Sicht einer Versetzung des zukünftigen Telearbeiters. Somit kann der Arbeitgeber einen Mitarbeiter unmöglich zur Te-learbeit zwingen, genau so wenig verfügt auch der Arbeitnehmer über ein Recht auf Telearbeit.

Auch bleibt ein Weisungsrecht des Arbeitgebers gegenüber dem Telearbeiter auf Anwesenheit am Betriebsort bestehen, gerade wenn alternierende Telearbeit zum Einsatz kommt. Bei der Ausübung dieses Weisungsrechtes hat der Arbeit-geber gewisse Fristen einzuhalten und die Pflicht, den Telearbeiter rechtzeitig von relevanten Terminen wie Gruppenbesprechungen zu informieren.

Eine tiefgreifende Betrachtung der Beschäftigungsproblematik würde den Rahmen dieses Buches sprengen. Eine Beschäftigung mit der Frage des richtigen Rechtsverhältnisses zwischen Telearbeiter und Arbeitgeber ist jedoch unum-gänglich, da sich hieraus erhebliche Konsequenzen für beide Seiten ergeben.

Bei der Einführung von Telearbeit in einem Betrieb stellt das bestehende Ar-beitsverhältnis die einzig sinnvolle Grundlage für den Arbeitnehmer und für den Arbeitgeber dar. Der Arbeitnehmer als Mitarbeiter des Unternehmens hat kei-nerlei Interesse an der Auflösung des bestehenden Vertragsverhältnisses mit der Gefahr, seinen gesetzlich garantierten Kündigungsschutz zu verlieren. Der Kün-digungsschutz gilt nämlich ausschließlich für das abhängige Arbeitsverhältnis und nicht für die freien Beschäftigungsformen.

8.2.2 Gestaltung der Arbeitszeit

Die freie Gestaltung von Arbeitszeit und Pausen stellt für den Telearbeiter einen der besonderen Reize dieser Beschäftigungsform dar, zumindest wenn die Tele-arbeit zu Hause erfolgt. Trotzdem liegt es im Interesse des Unternehmens, dem Telearbeiter gewisse Arbeitszeiten vorzuschreiben. Schließlich muß der Telear-beiter für seine Kollegen und Vorgesetzten auch am heimischen Arbeitsplatz erreichbar sein (s. Abb. 8.3.).

Gewisse Regelarbeitszeiten sind also auch für den Telearbeiter notwendig. Diese kann beispielsweise die Betriebsvereinbarung festlegen. Unabhängig von dieser vereinbarten Kernzeit verfügt der Telearbeiter faktisch über eine völlige Zeitautonomie. Letztendlich liegt es allein an ihm, ob er sich in seiner heimi-schen Wohnung an diese vorgegebenen Arbeitszeiten hält oder nicht.

Interessenkonflikt bei der Arbeitszeitgestaltung

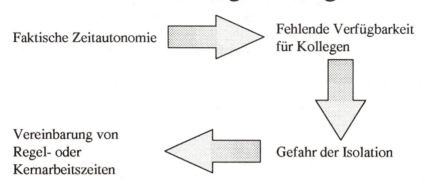

Faktische Zeitautonomie → Fehlende Verfügbarkeit für Kollegen

Vereinbarung von Regel- oder Kernarbeitszeiten ← Gefahr der Isolation

Abb. 8.3. Vereinbarung von Regelarbeitszeiten nicht als Einengung sondern als Notwendigkeit aus Sicht des Telearbeiters

Allerdings gibt es auch für den Telearbeiter Anreize, gewisse Verpflichtungen hinsichtlich der täglichen Arbeitszeitgestaltung einzugehen. Seine garantierte Verfügbarkeit zu gewissen Stunden gewährleistet die Integration in das Arbeitsumfeld und stellt eine Möglichkeit dar, einer drohenden Entfremdung oder Isolation aus seinem Arbeitsteam entgegen zu wirken (s. auch Kapitel 7).

Gleichzeitig sollten die vereinbarten Kernarbeitszeiten aber so freizügig angelegt sein, daß der besondere Reiz der Zeitautonomie für den Telearbeiter nicht verloren geht. Die Festlegung der Arbeitzeit sollte sich daher auf wenige Stunden beschränken. Beispielsweise kann es genügen, jeweils eine Stunde am Vor- und am Nachmittag als garantierte Arbeitszeit in beiderseitigem Einvernehmen zu bestimmen. Über die restliche Zeit verfügt der Telearbeiter freizügig.

Bei der Festlegung der Arbeitszeiten und der Pausen sind außerdem Mitbestimmungsrechte des Betriebsrates gemäß §87 Abs. 1 Zif. 2 BetrVG zu beachten. Da die konkrete Umsetzung der Vorgaben allein in Händen des Telearbeiters liegt, kann weder der Arbeitgeber noch der Betriebsrat ein zeitliches Weisungsrecht wirklich durchsetzen. Erinnert sei in diesem Zusammenhang an das Nachtarbeitsverbot für einen bestimmten Personenkreis.

Ein anderes Problem ergibt sich bei der Kontrolle der geleisteten Arbeitszeit. Theoretisch wäre eine Zeitkontrolle durch technische Mittel denkbar. Beispielsweise könnten hierzu die Login- und Logout-Einträge des Arbeitsrechners oder eines Servers ähnlich einer Stechuhr dienen (s. auch Abschnitt 8.2.5). Es ist jedoch fraglich, ob der Telearbeiter nur dann Arbeit leistet, wenn er seinen Rechner benutzt oder etwa mit dem Firmennetz in Verbindung steht.

Dies wirft die Frage auf, wie Arbeitszeit zu definieren ist. Betrachtet man als Arbeitszeit die Zeit, in der ein Telearbeiter im Auftrag des Arbeitgebers für diesen unabhängig von der Nutzung technischer Geräte und Kommunikationsmedien tätig wird, dann ergeben sich Schwierigkeiten in der Feststellung der tatsächlichen Arbeitszeit. Hinzu kommen Abgrenzungsprobleme, wenn eine Tätigkeit des Telearbeiters sowohl im eigenen wie auch im Interesse des Arbeitgebers liegt. Dies kann beispielsweise bei der Lektüre von Fachliteratur der Fall sein.

Zur Ermittlung der tatsächlich geleisteten Arbeitzeit bleibt somit die manuelle Aufzeichnung der Arbeitsstunden durch den Telearbeiter. Eine Kontrolle dieser Mitschriften hingegen erscheint weitgehend unmöglich. Zur Bewertung der Leistung des Telearbeiters bleibt schließlich allein das Arbeitsergebnis. Deshalb ist Management by Objectives in Verbindung mit Telearbeit nötig (s. Kapitel 6).

Trotzdem muß der Arbeitgeber bzw. Manager eine Relation zwischen den gestellten Aufgaben und der benötigten Arbeitszeit herstellen. Die gestellten Aufgaben sind durch den Telearbeiter in Eigenverantwortung innerhalb eines gewissen Zeitrahmens zu erfüllen. Steckt der Vorgesetzte diesen Zeitrahmen zu eng, führt dies zu einer übermäßigen zeitlichen Belastung des Telearbeiters und erzeugt somit unweigerlich Überstunden (s. auch Kapitel 6).

Über die Anerkennung und Vergütung dieser Überstunden müssen sich Telearbeiter und Arbeitgeber bereits im Vorfeld einigen. Die Betriebsvereinbarung stellt hierfür wieder den richten Rahmen dar. Bei der Erfassung der tatsächlichen Arbeitsleistung bleibt der Arbeitgeber auf das Vertrauen zum Telearbeiter angewiesen. Gleichzeitig wird dieser aber im allgemeinen seine geleisteten Stunden auch nicht künstlich erhöhen, da er hiermit den Anschein geringer Leistungsfähigkeit erweckt. Das kann sich für den Telearbeiter negativ auf ein regelmäßig, sinnvollerweise jährlich durchgeführtes Audit oder Review auswirken (s. Kapitel 9).

8.2.3 Kostenerstattung

Soweit durch die Einrichtung des Telearbeitsplatzes in der häuslichen Wohnung dem Mitarbeiter besondere Kosten beispielsweise für Strom oder Reinigung entstehen, kann er einen Anspruch auf Aufwandsersatz geltend machen. Ausnahmen bestehen nur dann, wenn eine ausdrücklich anders lautende Regelung vorliegt oder der Telearbeiter seine Tätigkeit im Rahmen eines Dienst- oder Werkvertrages verrichtet.

In einem Arbeitsverhältnis hingegen besorgt der Telearbeiter fremdes Geschäft gemäß § 375 BGB. Entsprechend hat er einen Anspruch auf den Ersatz der hieraus entstehenden Kosten. Dies gilt neben den oben erwähnten Positionen insbesondere auch für die Kommunikationskosten. Nutzt der Telearbeiter seinen privaten Telefonanschluß für dienstliche Gespräche, Fax oder den Zugang zum Firmennetz, so besteht auch hier der Anspruch auf Kostenersatz.

Oftmals rechtfertigt eine möglichst effektive Kostendifferenzierung schon die Installation eines eigenen Dienstanschlusses für den Zugang zu notwendigen Kommunikationsleitungen. Die private Nutzung dieser Leitungen ist dann natürlich nicht erlaubt. Der Arbeitgeber kann dies mittels der heutigen technischen Merkmale einer modernen Telekommunikationsanlage (TK-Anlage) verhindern bzw. überwachen.

Für die sonstigen Aufwendungen des Telearbeiters empfiehlt sich die Vereinbarung einer Pauschale. Diese kann die Betriebsvereinbarung festlegen, oftmals ist aber auch eine individuelle Vereinbarung im Telearbeitsvertrag sinnvoll.

Hinsichtlich des Anspruchs auf Kostenerstattung stellt der vom Telearbeiter dem Arbeitgeber zur Verfügung gestellte Arbeitsraum in seiner Wohnung eine Ausnahme zu anderen Kostenpositionen dar. Abgesehen von dem seltenen Fall, daß für die Einrichtung des Büros des Telearbeiters ein eigener Raum angemietet wird, besteht seitens des Telearbeiters kein Anspruch auf eventuelle Mietzahlungen des Arbeitgebers.

Die Bereitstellung des Raumes verursacht keinen besonderen zusätzlichen Aufwand für den Arbeitnehmer. Der Arbeitnehmer hätte die Wohnung in jedem Fall angemietet oder erworben, auch ohne hierin ausdrücklich einen Telearbeitsplatz einrichten zu wollen. Meist ist die Wohnung vor Einrichtung des Telearbeitsplatzes bereits vorhanden. In diesem Sinne besteht hier für den Telearbeiter kein rechtlicher Anspruch auf einen Teilersatz der Miete.

Sollte allerdings die Einrichtung des Telearbeitsplatzes die Anschaffung zusätzlichen Mobiliars oder bauliche Maßnahmen erfordern, müssen sich Telearbeiter und Arbeitgeber im Vorfeld über eine (Teil-)Kostenerstattung verständigen. Bei der Anschaffung von Büromöbeln für ausschließliche berufliche Zwecke ist auf alle Fälle dann von einem Anspruch auf Kostenerstattung auszugehen, wenn die Anschaffung für die zweckmäßige Erfüllung der Arbeitsaufgabe unumgänglich ist.

Ebenfalls keine Kostenerstattung muß der Arbeitgeber für eventuell notwendige Fahrten des Telearbeiters von seinem heimischen Arbeitsplatz zum Büro oder umgekehrt gewähren. Dies ergibt sich bereits aus der Tatsache, daß auch ein im normalen Arbeitsverhältnis beschäftigter Arbeitnehmer keinen Anspruch auf Ersatz der täglichen Fahrtkosten von der Wohnung zum Arbeitsplatz und umgekehrt gegenüber dem Arbeitgeber nach sich zieht. Allerdings kann der Telearbeiter diese Kosten in seiner Steuererklärung mindernd ansetzen.

Sämtliche gesetzliche Regelungen zur Herleitung einer Kostenerstattung bzw. Aufwandsentschädigung gestalten sich allerdings als Auffangrecht. Sie gelten nur dann, wenn Arbeitgeber und Telearbeiter keine anders lautenden vertraglichen Vereinbarungen getroffen haben. Oftmals empfehlen sich konkrete Aussagen zu Art und Höhe der gewährten Aufwandserstattung in einer Betriebsvereinbarung. Die Vereinbarung entsprechender Pauschalen und die eindeutige Regelung einzelner Kostenpositionen schaffen Sicherheit für den Telearbeiter und kalkulierbare Kosten für den Arbeitgeber.

8.2.4 Bereitstellung der Gerätschaften

Sofern ein Arbeitsverhältnis Grundlage für die Beschäftigung des Telearbeiters darstellt, hat der Arbeitgeber das nötige Equipment für die Einrichtung des Telearbeitsplatzes bereitzustellen. Dies gilt sowohl für die Anschaffung des Computers wie für etwaige Kommunikationsmedien (Telefon, Fax, Bildtelefon, ...). Die Nutzung eines bereits vorhandenen Computers, der sich im Besitz des Telearbeiters befindet, können Telearbeiter und Arbeitgeber ebenfalls vereinbaren. In diesem Falle hat der Telearbeiter einen Anspruch auf einen anteiligen Kostenersatz für die Nutzung der privaten Geräte.

In der umgekehrten Richtung sehen Arbeitsgerichte die Bereitstellung der nötigen Geräte durch den Arbeitgeber in einem Beschäftigungsverhältnis als ein Indiz für das Vorliegen eines Arbeitsvertrages. Stellt also ein Dienst- oder Werkvertrag die rechtliche Grundlage für die Beschäftigung des Telearbetiers dar, der Arbeitgeber stellt jedoch die nötigen DV-Anlagen zur Verfügung, so ist mit Sicherheit von einem verdeckten Arbeitsvertrag auszugehen.

Die Rechtsprechung stellt eine solche „Scheinselbständigkeit" unabhängig von der zu Grunde liegenden Vertragsform dem Arbeitsvertrag gleich, mit sämtlichen Konsequenzen hinsichtlich Kündigungsschutz und Ansprüchen des Telearbeiters.

Mit der Pflicht zur Bereitstellung der nötigen Gerätschaften entsteht andererseits die Frage der privaten Nutzung dieser Anlagen durch den Telearbeiter. Rechtlich kann der Arbeitgeber eine Privatnutzung untersagen. In den meisten Fällen erscheint dies auch sinnvoll. So kann der Arbeitgeber Datensicherheit beispielsweise durch erhöhten Virenschutz gewährleisten und die Anlage vor einem Schaden durch unsachgemäße Nutzung eines Dritten, beispielsweise des Ehepartners oder der Kinder, schützen. Außerdem kann er nur so verhindern, daß Unbefugte Einsicht in Firmendaten erhalten.

Entsprechende Verhaltensregeln im Umgang mit den Anlagen kann der Arbeitgeber nur dann vorschreiben, wenn er die Anlagen auch zur Verfügung stellt oder sich mit dem Telearbeiter individualrechtlich auf die Nutzung der privaten Anlagen für Firmenzwecke einigt. Andererseits kann der Arbeitgeber die Durchsetzung dieses Verbots mangels Kontrollmöglichkeiten nicht überwachen. Das Verbot der Privatnutzung sichert ihn allein rechtlich gegen mögliche Schäden und Ersatzansprüche ab.

In der Praxis müßte der Telearbeiter somit neben dem Gerät des Arbeitgebers für die private Nutzung einen weiteren Computer erwerben und aufstellen. Dies erscheint allerdings weder ökonomisch noch sinnvoll, ebenso wie die Bereitstellung zusätzlichen Equipments durch den Arbeitgeber bei einer ausreichend dimensionierten vorhandenen Computeranlage.

Hier können Arbeitgeber und Telearbeiter gemeinsam überlegen, wie eine private Nutzung der Geräte sinnvoll möglich ist unter gleichzeitiger Wahrung der Sicherheits- und Schutzinteressen des Arbeitgebers. Mit den heute verfügbaren technischen Ausstattungsmerkmalen lassen sich beide Interessen mit einer Anlage befriedigen.

So kann der Arbeitgeber einen Rechner mit einer herausnehmbaren Festplatte zur Verfügung stellen. Für die private Nutzung muß sich der Arbeitnehmer eine weitere Festplatte zur Speicherung der eigenen Daten anschaffen, die problemlos und in wenigen Sekunden im Gerät ausgetauscht ist. Auf diese Weise läßt sich ebenfalls Datensicherheit gewähren. Über eine Aufteilung der Anschaffungskosten können sich Arbeitgeber und Telearbeiter einigen. Den entsprechenden Rahmen hierzu bietet ein individueller Telearbeitsvertrag.

8.2.5 Kontrolle der Arbeitsleistung

Der Arbeitgeber kann Telearbeiter nicht in gleicher Weise kontrollieren wie sonstige Arbeitnehmer, da ihm nur im Rahmen seines Besitzes Zugang zu den Arbeitsstätten zusteht. Der in der eigenen Wohnung tätige Telearbeiter kann hingegen dem Arbeitgeber Zutritt zum Arbeitsplatz verweigern. Kontrolle läßt sich daher nicht direkt vor Ort, sondern nur von außen realisieren. Ein Überwachungsrecht gemäß § 80 Abs. 1 Zif. 1 BetrVG ist jedenfalls auch für die Arbeitsstätte in der eigenen Wohnung gegeben.

Generell sind hierzu verschiedene technisch installierbare Kontrollmechanismen denkbar. Über Maschinenprotokolle ließe sich beispielsweise die Nutzungszeit des Telearbeitssystems oder die OnLine-Zeiten innerhalb des Firmennetzes erfassen. Die Kontrolle der Tätigkeiten des Telearbeiters kann bis hin zur Aufzeichnung sämtlicher elektronisch unterstützter Aktivitäten reichen.

Bei der Installation solcher Kontrollmechanismen ist allerdings die Zustimmung des Betriebsrates gemäß § 87 Abs.1 Zif. 6 BetrVG notwendig. Eine Kontrolle oder Leistungserfassung ohne Wissen des Telearbeiters ist in jedem Falle verfassungswidrig, auch wenn im Unternehmen kein Betriebsrat besteht. Eine Leistungs- und Verhaltenskontrolle in der Wohnung des Telearbeiters durch den Arbeitgeber widerspricht in jedem Falle dem aus Artikel 1 und 2 GG abgeleiteten Recht auf informationelle Selbstbestimmung. Der Arbeitgeber hat somit für jede installierte Kontrollinstanz die Zustimmung des Telearbeiters einzuholen.

Fraglich bleibt allerdings, in wie weit solche Kontrollmechanismen die tatsächlich am Arbeitsplatz verbrachte Arbeitszeit widerspiegeln (s. auch Abschnitt 8.2.2). Zwar unterstützt die moderne Datenverarbeitung mittlerweile eine Vielzahl von Tätigkeiten, trotzdem aber bleiben einzelne Vorgänge wie beispielsweise telefonische Kontakte zu Mitarbeitern oder Kunden in solchen zeitlichen Protokollen unberücksichtigt.

Das ziel- und leistungsgerichtete Management gemäß Kapitel 6 muß daher eine reine Zeitkontrolle des Telearbeiters ergänzen oder sogar gänzlich ersetzen. Für Telearbeiter in Nachbarschafts- oder Satellitenbüros lassen sich auch traditionelle Kontrollmechanismen, beispielsweise durch den Besuch des Arbeitgebers vor Ort realisieren. Bei einem in Heimarbeit tätigen Mitarbeiter bereitet dies allerdings wegen des nicht vorhandenen Zutrittsrechts zum Telearbeitsplatz erhebliche Probleme.

Hier kommt es auf das gegenseitige Vertrauen zwischen Telearbeiter und Vorgesetztem sowie den richtigen Führungsstil an. Die Einhaltung vereinbarter Regelarbeitszeiten läßt sich zwar durch Anrufe beim Telearbeiter überprüfen, eine zu starke Anwesenheitskontrolle würde jedoch das Verhältnis zwischen Telearbeiter und Führungskraft erheblich beeinträchtigen und mehr hindern, als gewünschte Erfolge erzielen.

Im Zusammenhang mit der Kontrolle des Telearbeiters sei daher auf das Management by Objectives (s. Kapitel 6) sowie die denkbaren technischen Kontrollmechanismen, die für jeden rechnergestützten Arbeitsplatz denkbar sind, verwiesen. Im Endeffekt zählt bei der Einführung von Telearbeit die Kontrolle und Beurteilung des Arbeitsergebnisses mehr als traditionelle Kontrollmechanismen älterer Managementmethoden. Diese sind aus rechtlicher Sicht bei einem daheim tätigen Telearbeiter weder anwendbar, noch haben die Ergebnisse solcher Kontrollen arbeitsrechtlich Bestand.

8.2.6 Arbeitsschutz

Der gesamte Bereich des Arbeitsschutzes bedarf in Verbindung mit Telearbeit ebenfalls einer kurzen Betrachtung. Das Betriebsverfassungsgesetz schreibt Arbeitgeber und Betriebsrat vor, Maßnahmen zum Schutz des Arbeitnehmers vor drohenden Gefahren am Arbeitsplatz zu ergreifen.

Der Betriebs- und Gefahrenschutz kann sich ebenso auf Verhaltensregeln und Vorschriften für die Durchführung der Arbeit erstrecken wie auf die Gestaltung und Einrichtung des Arbeitsplatzes. In einem Satelliten- oder Nachbarschaftsbüro verfügt der Arbeitgeber über die notwendige Verfügungsgewalt, um die gesetzlich vorgeschriebenen Schutzmaßnahmen in seinen eigenen Betriebsräumen durchzusetzen.

Problematisch gestaltet sich allerdings die Umsetzung der Arbeitsschutzbestimmungen, wenn sich der Telearbeitsplatz in der Wohnung des Arbeitnehmers befindet. In diesem Falle fehlt sowohl dem Arbeitgeber wie auch dem Betriebsrat das Zutrittsrecht zur Wohnung (s. Abschnitt 8.1.4). Somit kann der Arbeitgeber weder auf die Gestaltung des Arbeitsplatzes einwirken, noch die Einhaltung der Schutzbestimmungen überwachen.

Deshalb kann der Arbeitgeber auch nicht für ein Mißachten der Bestimmungen zum Arbeitsschutz verantwortlich gemacht oder gar zur Rechenschaft gezogen werden. Im Sinne der sogenannten teleologischen Reduktion ist daher von einer Nichtanwendung der Bestimmungen für den Betriebs- und Gefahrenschutz auszugehen. Für den Heimarbeitsplatz kann der Arbeitgeber keinen Betriebsschutz gewährleisten.

Da bei Telearbeit in der eigenen Wohnung allerdings eine ähnliche Situation wie bei Heimarbeit vorliegt, kann der §16 des Heimarbeitsgesetzes (HeimArbG) Anwendung finden. Die tatsächliche Verfügungsgewalt über seine eigenen Wohnräume liegt dabei zweifellos beim Telearbeiter. So hat der Arbeitgeber gemäß §16 HeimArbG zwar die Pflicht, den Arbeitsschutz zu gewährleisten, die Durchführung des Gefahrenschutzes unterliegt allerdings demjenigen, der die Räume oder Betriebseinrichtungen unterhält, also dem Telearbeiter.

Sinnvoll ist sicherlich die Ausarbeitung von Richtlinien und Empfehlungen für die Gewährleistung des Betriebsschutzes am heimischen Telearbeitsplatz. Arbeitgeber und Betriebsrat können sowohl zur Einrichtung des Arbeitsplatzes als auch zum konkreten Verhalten des Telearbeiters gewisse Hinweise ausarbeiten und den Telearbeitern zur Verfügung stellen.

Durch die Einbindung des Betriebsrates bei der Ausarbeitung dieser Empfehlungen kommt der Arbeitgeber den Mitwirkungsrechten des Betriebsrates gemäß §§ 89, 90, 91 BetrVG nach. Der konkrete Arbeitsschutz ist allerdings der eigenen Verantwortung des Telearbeiters zu überlassen.

8.3 Versicherungsschutz

Neben dem Arbeitsrecht stellt der Versicherungsschutz ein zweites großes Problemfeld in Verbindung mit Telearbeit dar. Während für die Tätigkeit in einer Betriebsstätte, also auch in einem Satelliten- oder Nachbarschaftsbüro, keine versicherungsrechtlichen Besonderheiten bestehen, bedürfen Versicherungsschutz und Haftung für den heimischen Telearbeiter einer genaueren Betrachtung.

Konkrete Versicherungs- und Haftungsfälle verursachen immer wieder Probleme und Streitfälle hinsichtlich der Haftbarkeit zwischen den beteiligten Versicherungen. Auf der einen Seite kann der Arbeitgeber keinen direkten Einfluß auf das Verhalten des Telearbeiters im Umgang mit Geräten ausüben oder Maßnahmen zum Arbeitsschutz durchsetzen, andererseits besorgt der Telearbeiter fremdes Geschäft im Auftrag des Arbeitgebers und genießt somit Anspruch auf Versicherungsschutz. Die folgenden Abschnitte erläutern Fragen der Haftung und des Versicherungsschutzes für den zu Hause tätigen Telearbeiter.

8.3.1 Unfallversicherung

Ein Unfall während der Ausübung der beruflichen Tätigkeit unterliegt generell der gesetzlichen Unfallversicherung durch die zuständigen Berufsgenossenschaft. Dies gilt auch für die Ausübung der beruflichen Arbeit in Tele- oder

Heimarbeit. Allerdings ergeben sich mit der Tätigkeit in der eigenen Wohnung oftmals schwierige Abgrenzungsprobleme zwischen der beruflichen und der eigenwirtschaftlichen Tätigkeit.

Im Zweifelsfall ist jedoch anzunehmen, daß auch bei der Arbeit zu Hause die betriebliche Tätigkeit im Vordergrund steht. Ein Unfall während der Erfüllung der „betrieblichen" Heimarbeit unterliegt somit einem identischen Versicherungsschutz wie ein Unfall in einer Betriebsstätte. Einzelne Berufsgenossenschaften erkennen mittlerweile unstrittig Unfälle des Telearbeiters während der Ausübung der beruflichen Tätigkeit in der eigenen Wohnung als Berufsunfälle an.

Der Schutz des Arbeitnehmers entspricht somit dem am innerbetrieblichen Arbeitsplatz. Dies steht auch mit dem Grundsatz der Kostenerstattung für sämtliche entstandenen beruflich bedingten Aufwendungen für die Erledigung fremden Geschäfts im Einklang. Lediglich im Falle grober Fahrlässigkeit durch den Telearbeiter muß sich dieser das Unfallverschulden selbst zurechnen lassen. In einem solchen Fall müssen seine private Unfall- und Haftpflichtversicherung etwaige Ansprüche tragen.

Soweit der Telearbeiter an seinem häuslichen Arbeitsplatz in Erfüllung seiner beruflichen Pflichten Kunden empfängt, genießen diese einen identischen Schutz wie beim Besuch eines Firmengebäudes. Abgesehen von grober Fahrlässigkeit oder Vorsatz sind etwaige Schäden und Unfälle eines Firmenkunden durch Haftpflicht und Unfallversicherung des Unternehmens und somit des Arbeitgebers abgesichert.

8.3.2 Haftungsrecht

Bei Haftungsfragen stehen vor allem Schäden an den oder durch die vom Arbeitgeber zur Verfügung gestellten Anlagen zur Diskussion. Hierbei sind vier Fälle zu unterscheiden:

Vom Telearbeiter verursachter Schaden

Für den Arbeitnehmer hat die Rechtsprechung in Deutschland den Grundsatz der allgemeinen Haftungsbeschränkung im Arbeitsverhältnis entwickelt. Mit der Ausnahme grob fahrlässigen Handelns haftet der Arbeitnehmer nicht für einen von ihm verursachten Schaden an Firmeneigentum. Statt dessen trägt die Haftpflicht des Unternehmens den entstandenen Schaden.

Wie auch in anderen Bereichen gilt hier, daß der Telearbeiter nicht schlechter gestellt sein darf als ein Kollege auf einem innerbetrieblichem Arbeitsplatz. Durch die Ausübung der Telearbeit dürfen dem Telearbeiter keine zusätzlichen Kosten entstehen. Diese sind gegebenenfalls vom Arbeitgeber zu tragen. Somit bleibt auch bei der Ausübung der Tätigkeit in der eigenen Wohnung der Grundsatz der allgemeinen Haftungsbeschränkung generell bestehen, da es sich allein wegen der Bereitstellung der Anlagen durch den Arbeitgeber um ein Arbeitsverhältnis handelt (s. Abschnitt 8.2.4).

Von Dritten verursachter Schaden mit geltender Haftungserleichterung

Für Personen, die nicht in einem direkten Arbeitsverhältnis mit dem Arbeitgeber stehen, gilt in Ausnahmefällen ebenfalls der Grundsatz der allgemeinen Haftungserleichterung. Er findet dann analog Anwendung, wenn eine dritte Person, beispielsweise ein Familienmitglied, im Auftrag des Telearbeiters gewisse Aufgaben erledigt.

Hierbei ist von einer vermuteten Einwilligung des Arbeitgebers auszugehen, da gewisse Tätigkeiten auch in seinem Interesse liegen. Dies trifft für die regelmäßige Reinigung des heimischen Büroraumes und der installierten Anlagen zu (Investitionsschutz). Im Falle einer solchen stillschweigenden Einwilligung liegt während der Ausübung der Tätigkeit ein arbeitsähnliches Verhältnis zwischen Arbeitgeber und dem Dritten vor.

Entstehen während der Ausübung einer solchen Tätigkeit Schäden an der betriebseigenen DV-Anlage, so gilt hierfür ebenfalls der Grundsatz der allgemeinen Haftungserleichterung im Arbeitsverhältnis. Für den entstandenen Schaden haftet also nicht der Verursacher, sondern das Unternehmen selbst.

Von Dritten verursachter Schaden ohne geltende Haftungserleichterung

Anders gestaltet sich allerdings die Situation, wenn ein Schaden von einer dritten Person ausgeht, die unbefugt die Räume des Telearbeiters betritt. Verursacht die unbefugte Person einen Schaden am Eigentum des Telearbeiters oder des Unternehmens, so bleibt es bei der gesetzlichen Haftungspflicht des Verursachers.

Von den Geräten und Einrichtungen des Arbeitgebers verursachte Schäden

In Betracht kommen zudem Schäden an Personen oder materiellen Gegenständen, die durch Mängel oder unsachgemäße Installation der Einrichtungen und Anlagen des Arbeitgebers in der Wohnung des Telearbeiters entstehen. Hier ergeben sich keine haftungsrechtlichen Besonderheiten. Für Produktfehler haftet der Hersteller gemäß der gesetzlichen Produkthaftungspflicht.

Verletzt der Telearbeiter hingegen seine arbeitsvertragliche Obhutspflicht und trägt somit zum Entstehen des Schadens bei, kommt für den Telearbeiter eine Haftungspflicht in Frage. Diese ergibt sich aus §831 BGB. Der Telearbeiter gilt als Verrichtungsgehilfe des Arbeitgebers und haftet somit für Schäden, die er sich durch Verletzung seiner vertraglichen Pflichten zurechnen lassen muß.

Selbst in diesem Fall haftet allerdings nicht der Telearbeiter selbst. Auch hier trifft der Grundsatz der allgemeinen Haftungserleichterung zu, der in diesem Fall von einer Haftpflicht des Arbeitgebers ausgeht und den Arbeitnehmer von seiner Haftungspflicht entlastet. Einzig, wenn Vorsatz oder grobe Fahrlässigkeit des Telearbeiters den vom Gerät oder einer Anlage verursachten Schaden auslösen, muß dieser sich den Schaden selbst zurechnen lassen.

8.3.3 Versicherungsschutz

Um bereits im Vorfeld Rechtsstreitigkeiten zu vermeiden, empfiehlt sich eine ausdrückliche Regelung der jeweils zuständigen Haftpflicht im individuellen Telearbeitsvertrag oder noch besser in der Betriebsvereinbarung. Entsprechend den allgemeinen Grundsätzen der Kostenübernahme durch den Arbeitgeber sowie der herrschenden Rechtsprechung ist die Haftpflicht des Telearbeiters auf Vorsatz und grobe Fahrlässigkeit zu beschränken.

Zudem kann die Betriebsvereinbarung einen Katalog von autorisierten Tätigkeiten enthalten, die Dritte im Auftrag des Telearbeiters am heimischen Arbeitsort erledigen. Für hierbei auftretende Schäden gilt eine identische Beschränkung der Haftungspflicht. Die explizite Angabe der erlaubten Tätigkeiten, wie beispielsweise die Reinigung, beugt späteren Differenzen zwischen dem Dritten, dem Telearbeiter und dem Arbeitgeber vor.

Wenn die Tätigkeit des Telearbeiters zusätzlich den Besuch von Kunden oder anderen Personen in seiner Wohnung zur Erfüllung des Arbeitszweckes erfordert, sollte der Arbeitgeber, abgesehen von Vorsatz und grober Fahrlässigkeit in der Betriebsvereinbarung ausdrücklich den gesamten Versicherungsschutz für diese Personen übernehmen. Andernfalls kann sich der Telearbeiter vor einem drohenden Anspruch, der sich gegen ihn richtet, nur durch die Verweigerung des Zutrittsrechtes zur Wohnung schützen. Dies behindert jedoch die berufliche Tätigkeit und liegt somit nicht im Interesse des Arbeitgebers.

Zur Absicherung und Gewährleistung des korrekten Versicherungsschutzes empfiehlt es sich für den Telearbeiter außerdem, seine eigenen Versicherungen, vor allem die bestehende Haftpflicht, von der Einrichtung des Telearbeitsplatzes zu unterrichten.

Dies gilt insbesondere für die übliche Hausratversicherung. Bleibt der Arbeitgeber Eigentümer der installierten Anlagen, so besteht meist keine Veranlassung, die Versicherungssumme des Telearbeiters aufzustocken. Im Einzelfall kann jedoch ein klärendes Gespräch mit der Versicherung Klarheit schaffen, bevor ein tatsächlicher Schadensfall durch Diebstahl oder Feuer eintritt.

Um sich vor Überraschungen im Schadensfall zu schützen, sollte auch der Arbeitgeber seine Versicherung informieren, wenn sich im Zuge der Einführung von Telearbeit versicherungstechnische Fragestellungen ergeben. Bei der Einführung von Telearbeit in größerem Stil empfiehlt sich sogar der Abschluß einer eigenen Versicherung durch den Arbeitgeber. Hierdurch kann er den errichteten

Telearbeitsplatz eventuell vor dem erhöhtem Risiko, das aus der Privatwohnung herrührt, schützen.

8.4 Steuerrecht

Das Steuerrecht mag zwar im Zusammenhang mit Telearbeit eine geringere Rolle als die bereits betrachteten Rechtsgebiete spielen, dennoch bedarf es einer genaueren Betrachtung. Relevant ist vor allem die Frage der steuerlichen Abschreibung der getätigten Investitionen zur Errichtung des Telearbeitsplatzes.

Eine steuerliche Streitfrage ergibt sich wiederum nur für Telearbeitsplätze in Privatwohnungen. Vor allem Abschreibungen für das eigentliche Telearbeitssystem bereiten den Finanzämtern Probleme. Eine Investition kann nur der wirtschaftliche Eigentümer steuerlich geltend machen.

Selbst wenn der Arbeitgeber die entsprechenden Anlagen zur Verfügung stellt und sogar eine private Nutzung der Geräte ausschließt, hat er keine Verfügungsgewalt über die Installationen in der Privatwohnung. Trotzdem ist der Arbeitgeber auch in diesem Fall als wirtschaftlicher Eigentümer des Telearbeitssystems zu betrachten, da nur er den wirtschaftlichen Nutzen aus der getätigten Investition zieht. Besteht zwischen Telearbeiter und Arbeitgeber ein normales Arbeitsverhältnis, so bezieht der Arbeitnehmer den üblichen Lohn.

Um diesen zu erwirtschaften, bedarf es zwar des Telearbeitssystems, trotzdem liegt der größere wirtschaftliche Nutzen der Anlage beim Arbeitgeber. Ähnlich verhält es sich auch bei der Ausstattung für innerbetriebliche Büroarbeitsplätze. Eine durch den Arbeitgeber gestattete private Nutzung des Telearbeitssystems ließe sich bei Besteuerung so berücksichtigen, wie dies beispielsweise bei Firmenwagen der Fall sein kann.

Steuerbehörden erkennen Investitionen in Telearbeitssysteme mittlerweile meist als betriebsbedingte Ausgaben bzw. Investitionen an. Diese Praxis steht somit im Einklang mit den Tatsachen und den Interessen der Unternehmen, die sich für die innovative Beschäftigungsform Telearbeit entscheiden.

Hinzu kommt die Förderung von Telearbeit durch Regierung und Gesetzgeber. Kleinlichkeit bei der steuerlichen Anerkennung von Investitionen in Telearbeitssysteme wäre daher völlig unverständlich. Hier ist jedoch der Gesetzgeber aufgefordert, eindeutige Regelungen zu schaffen, die solche Investitionen denen zur Einrichtung eines neuen Büroarbeitsplatzes gleichsetzt.

Schließlich hat die Regierung die strategische Bedeutung der Telearbeit inklusive ihres Potentials, Arbeitsplätze zu erhalten und neue zu schaffen, erkannt (s. auch Kapitel 1). Investitionsbereite Unternehmen dürfen somit keinen steuerlichen Nachteil erleiden. Vielmehr wäre sogar über steuerliche Vergünstigungen bei der Einrichtung eines Telearbeitsplatzes, gerade in strukturschwachen Regionen, nachzudenken.

Eine etwas andere Situation ergibt sich, wenn der Arbeitnehmer seine eigenen Anlagen als Telearbeitssystem zur Verfügung stellt. Hier kann der Arbeitgeber nur eventuelle Mietzahlungen oder pauschalen Aufwandsersatz steuerlich geltend machen. Der Arbeitnehmer wiederum kann bei beruflicher Nutzung seines privaten Computers und anderer Installationen zumindest versuchen, einen Teilbetrag steuermindernd anzusetzen.

Erfolgt die Beschäftigung des Telearbeiters sogar in freier Form, also über ein Dienst- oder Werksvertragsverhältnis, so gilt der Telearbeiter als selbständiger Unternehmer. Dies wirkt sich in üblicher Weise sowohl auf seine steuerliche Veranlagung wie auch auf die Anrechnung der berufsbedingten Ausgaben aus. Die Abschreibung der Investitionen in die nötigen Anlagen und Systeme kann der Telearbeiter unter eventueller Berücksichtigung einer teilweise privaten Nutzung voll geltend machen.

Ein selbständiger Telearbeiter unterliegt der üblichen Einkommenssteuerpflicht. Unter Umständen kommen jedoch weitere Steuerarten hinzu, mit denen der Telearbeiter als angestellter Arbeitnehmer nicht konfrontiert wird. So muß ein selbständiger Telearbeiter bei Erreichen einer gewissen Umsatzgrenze Umsatzsteuer entrichten und regelmäßig die übliche Umsatzsteuervoranmeldung beim zuständigen Finanzamt einreichen. Vor dem bewußten Schritt in die freiberufliche Beschäftigung als Telearbeiter ist dies zu bedenken.

8.5 Datenschutz

Die Einführung von Telearbeit berührt in vielen Bereichen ganz erhebliche Fragen des Datenschutzes. Schließlich bewirkt die Einrichtung eines Telearbeitsplatzes den vermehrten Austausch von Informationen über gewisse Kommunikationsstrecken. Die zusätzliche Kommunikation schafft ein höheres Sicherheitsrisiko für das Unternehmen. Teilweise erfolgt der Datenaustausch über öffentliche Kommunikationsnetze, innerhalb derer keine Abhörsicherheit garantiert ist.

Gleichzeitig muß das Unternehmen für die Telearbeiter einen Zugang zu firmeninternen, teilweise sicherlich auch sensiblen Daten schaffen. Je wichtiger die so zugänglichen Daten für den Bestand des Unternehmens sind, um so entscheidender muß das Unternehmen diese vor dem Zugriff durch unberechtigte Dritte schützen. Der Arbeitgeber muß sich bei der Einführung von Telearbeit dieses erhöhten Sicherheitsrisikos bewußt sein, um dem mit entsprechenden Installationen und Vorkehrungen entgegenzuwirken.

8.5.1 Firmeninterne Dokumente am Heimarbeitsplatz

Nicht alle relevanten Informationen und Dokumente, die ein Telearbeiter benötigt, liegen derzeit in elektronischer Form vor und lassen sich somit über Kommunikationsmedien zwischen dem Unternehmen und dem Telearbeitssystem austauschen. Ein Telearbeiter benötigt auch noch im 21. Jahrhundert firmeninterne Dokumente und Unterlagen, die nicht elektronisch verfügbar sind.

Dies können beispielsweise Akten, Verträge oder Konstruktionszeichnungen sein, die vielleicht sogar bewußt nur auf Papier zur Verfügung stehen, um die in ihnen enthaltenen Informationen vor unberechtigtem Zugriff zu schützen. Benötigt ein Telearbeiter für seine Arbeit zusätzlich zum Telearbeitssystem und den elektronisch verfügbaren Unterlagen solche Dokumente in seiner Wohnung, muß ihm der Arbeitgeber diese Unterlagen zur Verfügung stellen (Informationspflicht des Arbeitgebers).

Selbst, wenn es sich bei solchen Unterlagen nicht um brisantes Material handelt, empfiehlt sich eine gewisse Kontrolle, bevor der Telearbeiter firmeninterne Papiere und Dokumente mit nach Hause nimmt. Dies kann von der Zustimmung einer Führungskraft abhängen. Der Telearbeiter darf nur die Unterlagen aus dem Büro mitnehmen, für die eine Erlaubnis des Vorgesetzten vorliegt.

Einerseits behält der Vorgesetzte so einen Überblick über den Verbleib der Unterlagen, andererseits kann er abwägen, ob der Telearbeiter die Unterlagen wirklich für seine Arbeit benötigt. So läßt sich erreichen, daß nur die Dokumente das Unternehmensgebäude verlassen, bei denen dies wirklich notwendig ist. Gleichzeitig kommt der Arbeitgeber seiner Verpflichtung nach, die nötigen Arbeitsmittel und Informationen zur Bewältigung der Aufgabe des Arbeitnehmers zur Verfügung zu stellen.

Sollten allerdings die benötigten Unterlagen so beschaffen sein, daß sich eine Mitnahme in jedem Fall verbietet, dürfte für diese Tätigkeit Telearbeit nicht oder nur in Ausnahmefällen als alternierende Telearbeit in Frage kommen.

8.5.2 Verhaltensvorschriften

Für den Umgang mit elektronischen wie mit gedruckten Informationen in der eigenen Wohnung empfiehlt es sich, dem Telearbeiter gewisse Verhaltensregeln vorzuschreiben. So lassen sich Firmengeheimnisse auch in Verbindung mit der Einführung von Telearbeit effektiv schützen. Entsprechende Regeln kann eine Betriebsvereinbarung enthalten.

Beide Seiten dürfen nicht vergessen, daß zwischen Arbeitgeber und Arbeitnehmer ein gewisser Vertrauensgrundsatz besteht. Ohne das nötige Vertrauen gibt es keinen Grund für eine Beschäftigung des Arbeitnehmers in einem Unternehmen und noch weniger für die Einrichtung eines Telearbeitsplatzes. Unabhängig davon ist sich der Telearbeiter oft nicht ausreichend der möglichen Gefahren bewußt, die firmeninternen Informationen in seiner Wohnung drohen.

Vom Arbeitgeber aufgestellte Verhaltensregeln zum Umgang mit Unterlagen und Informationen in der eigenen Wohnung sollte der Telearbeiter daher nicht nur als Vorschriften, sondern als notwendige Hilfen zum Schutz des Unternehmens auffassen. Der Arbeitnehmer ist durch seinen Arbeitsvertrag verpflichtet, solche Schutzmaßnahmen zu ergreifen und entsprechende Verhaltensregeln einzuhalten. Gleichzeitig sollte es aber auch in seinem eigenen Interesse liegen, Informationen und Daten des Unternehmens zu schützen. Dies sichert die Konkurrenzfähigkeit des Unternehmens und damit auch seinen eigenen Arbeitsplatz.

Die Verhaltensregeln können sich sowohl auf den Umgang mit dem Telearbeitssystem und elektronischen Informationen als auch auf mitgenommene Unterlagen und Dokumente beziehen:

- Sämtliche Systeme sind durch Paßwort vor dem Zugriff unberechtigter zu schützen. Dies gilt nicht nur für den Zugang zum Firmennetz, sondern auch für den Zugriff zum heimischen Computer.
- Bei Arbeitsende oder längeren Pausen ist die Verbindung zum Firmennetz zu trennen und gegebenenfalls der heimische Computer auszuschalten.
- Keine Dokumente, Aktenordner oder sonstige Unterlagen dürfen nach Arbeitsende oder in Pausen offen im Arbeitszimmer liegen.
- Bei Empfang von Dritten (Freunde, Bekannte oder auch Firmenkunden) sind Dokumente vor beabsichtigter oder unbeabsichtigter Einsichtnahme zu schützen. Der Bildschirm ist zu verdunkeln (Ausschalten oder Bildschirmschoner aktivieren).
- Besonders wichtige elektronische Dokumente sind mit einem eigenen Paßwortschutz zu versehen und, falls möglich, nur verschlüsselt zu speichern.
- Paßwörter sollen keinesfalls irgendwo notiert werden.
- Paßwörter sind in regelmäßigen Abständen zu ändern. Soweit die verwendeten Systeme dies unterstützen, ist die Paßwortänderung vom System zu erzwingen.
- Paßwörter, die Angriffen im allgemeinen Stand halten, bestehen aus einer nicht zusammenhängenden Kombination aus Buchstaben, Sonderzeichen und Ziffern. Sie besitzen eine gewisse Mindestlänge. Keinesfalls geeignet sind Geburtsdaten, sinnergebende Begriffe oder gar das eigene Autokennzeichen. Tip: Man kann sich einen Satz merken und die Anfangsbuchstaben der Wörter als Paßwort verwenden. Aus „Mein Hut, der hat drei Ecken, drei Ecken hat mein Hut" kann beispielsweise das Paßwort „MH(DH3E3EH,MH" werden.

8.5.3 Technische Schutz- und Sicherungsmechanismen

Zusätzlich zu den Verhaltensregeln lassen sich Telearbeitssysteme sowohl auf Seiten des Telearbeiters als auch im Unternehmen durch technische Installationen gegen unbefugtes Eindringen sichern. Die zahlreichen Mechanismen des Paßwortschutzes bilden die nötige Basis zum Datenschutz, stellen aber nur einen kleinen Ausschnitt aus den möglichen Sicherungssystemen dar.

Die Verschlüsselung sämtlicher Datenübertragungen zwischen Unternehmen und Telearbeiter über öffentliche oder private Netze bietet zusätzliche Abhörsicherheit. Entsprechende Verschlüsselungsverfahren und -mechanismen stehen als Hardware realisiert zur Verfügung. Unterschiedliche Kommunikationsgeräte wie aktive und passive Netzkomponenten oder teurere ISDN-PC-Karten unterstützten solche Verschlüsselungsmechanismen bereits. Zusätzlich investieren zahlreiche Kommunikations- und Hardwareanbieter derzeit in die Weiterentwicklung der Verschlüsselungstechnik, um auch in Zukunft eine sichere Datenübertragung für sensible Informationen zu garantieren.

Zur Sicherung des firmenseitigen Netzzugangs kommt heutzutage eine sogenannte „Firewall" zum Einsatz. Eine „Firewall" besteht aus einem Hard- und Softwaresystem, welches das unbefugte Eindringen Außenstehender in das Firmennetz verhindert. Eine Firewall läßt nur den Netzzugang von bestimmten Teilnehmer-Rufnummern aus zu. Einen noch besseren Schutz erreicht das Unternehmen, indem es beim Login eines Telearbeiters zunächst die aufgebaute Kommunikationsverbindung wieder trennt und zu dem bekannten Anschluß des Telearbeiters zurückruft.

Solche technischen Sicherungseinrichtungen stellen nur einen kleinen Ausschnitt aus der Palette der verfügbaren Systeme dar. Die Entwicklung auf diesem Sektor steckt gerade erst in den Anfängen. Gerade auf dem Markt für Sicherungssysteme sind in Zukunft Innovationen zu erwarten. Schon heute offerieren verschiedene Anbieter Systeme, die eine sichere und geschützte Datenkommunikation auf unterschiedliche Weise gewährleisten (s. auch Kapitel 4).

Ein effektiver Schutz der Unternehmensdaten und des Unternehmensnetzes vor „feindlichen Angriffen" beginnt daher mit der Auswahl eines meist externen Netz- und Kommunikationsexperten des Vertrauens. Dieser ist beim Aufbau eines modernen dezentralen Unternehmensnetzes, das Telearbeiter auf Netzebene in die Firmenumgebung integriert, unverzichtbar. Über die Installation einzelner Systeme zur Gewährleistung eines gewissen Sicherheitsstandards hinaus empfiehlt sich je nach Sensibilität und Schutzbedarf des konkreten Telearbeitsplatzes ein Ausbau der Sicherungsmechanismen mit zusätzlichen Komponenten.

8.5.4 Das Bundesdatenschutzgesetz

Die elektronische Verarbeitung und Weitergabe von Informationen im und zwischen Unternehmen unterliegt grundsätzlich den Bestimmungen des Bundesdatenschutzgesetzes (BDSG). Das BDSG regelt vor allem, in welchem Umfang und wie Unternehmen untereinander elektronische Informationen austauschen dürfen und welche gesetzlichen Einschränkungen und Auflagen existieren.

Für Telearbeit in öffentlichen Behörden und Institutionen finden sich im BDSG im zweiten Abschnitt die relevanten Regelungen, für die Privatwirtschaft ist der dritte Abschnitt von Interesse (s. Abb. 8.4.) Das BDSG enthält konkrete Regelungen, die das Speichern, Übermitteln, Verändern oder Löschen personenbezogener Daten jedweder Art betreffen. Dabei ist jede personenbezogene Datenverarbeitung im Sinne des BDSG zunächst nicht erlaubt, es sei denn, einer der Erlaubnistatbestände des §3 BDSG trifft zu oder die Person, deren Daten erfaßt und geändert werden, stimmt zu.

Bundesdatenschutzgesetz

Allgemeine Gültigkeit	Nur im öffentlichen Bereich	Nur im privatwirtschaftlichen Bereich
Abschnitt 1	Abschnitt 2	Abschnitt 3
allgemeine Bestimmungen (§§ 1-11)	Datenverarbeitung der öffentlichen Stellen (§§12-26)	Datenverarbeitung der nicht-öffentlichen Stellen (§§27-38)
Abschnitt 4 Sondervorschriften (§§ 39-42) Abschnitt 5 Schlußvorschriften (§§43-44)	a) Rechtsgrundlagen b) Rechte der Betroffenen c) Kontrolle	a) Rechtsgrundlagen b) Rechte der Betroffenen c) Kontrolle

Abb. 8.4. Für Telearbeit relevante Bestimmungen des Bundesdatenschutzgesetzes

Im Zusammenhang mit Telearbeit sind hierbei zwei Problemkreise zu unterscheiden. Zum einen könnte der Telearbeiter im Auftrag seines Arbeitgebers personenbezogene Daten, beispielsweise der Kunden, be- oder verarbeiten. Hierbei handelt es sich um einen innerbetrieblichen Vorgang. Für den Datenschutz hat entsprechend der Arbeitgeber Sorge zu tragen.

Arbeitet der Telearbeiter selbständig, handelt es sich also um Telekooperation (s. Kapitel 2), so liegt eine personenbezogene Datenverarbeitung durch eine eigenständige privatwirtschaftliche Organisation vor. Die Datenverarbeitung erfolgt im Sinne des §37 BDSG für fremde Zwecke. In diesem Falle muß der Auftraggeber für den Datenschutz sorgen, der Telearbeiter ist allerdings für die Datensicherheit verantwortlich.

Zum anderen werden im Rahmen des Telearbeitsverhältnisses personenbezogene Daten des Telearbeiters vom Arbeitgeber erhoben und verarbeitet. So lange die Speicherung dieser Daten im Rahmen des zweckbestimmenden Vertragsverhältnisses erfolgt und keine schutzwürdigen Interessen des Arbeitnehmers verletzt werden, ist diese Art der Verarbeitung personenbezogener Daten erlaubt. Über die Einhaltung des Datenschutzes, die der Arbeitgeber zu gewährleisten hat, wacht der Betriebsrat und/oder ein eigenständiger Datenschutzbeauftragter des Unternehmens.

Das BDSG ist allerdings nur ein Auffangrecht, das nur dann gilt, wenn innerhalb des Unternehmens oder im Verkehr zwischen Unternehmen keine eigenen vertraglichen Regelungen vorliegen. Gerade für die Datenverarbeitung im Unternehmen und Telearbeit im besonderen können konkrete Regelungen in einer Betriebsvereinbarung das BDSG übergehen.

Eine ausführliche Besprechung der Regelungen des BDSG ist an dieser Stelle daher weder notwendig noch sinnvoll, zumal das BDSG kaum Relevanz für die unternehmensinterne Datenkommunikation besitzt. Die Einrichtung eines Telearbeitsplatzes mit Anbindung an das Unternehmensnetz berührt das BDSG nur marginal. Ohnehin empfehlen sich dem Unternehmen konkrete Regelungen zur Gewährleistung des Datenschutzes in einer Betriebsvereinbarung.

Die wesentlichen Bestimmungen des BDSG, die in Verbindung mit Telearbeit von Interesse sein könnten, zeigt Abbildung 8.4. Unabhängig von der Einführung von Telearbeit unterliegt natürlich die gesamte elektronische Erhebung, Speicherung und Verarbeitung von Daten im Unternehmen den Schutzbestimmungen des BDSG, wenn keine anderen ausdrücklichen Vertragsklauseln bestehen. Sämtliche Auswirkungen und Regelungen des Bundesdatenschutzgesetzes zu besprächen, würde im Rahmen dieses Buches zu weit reichen. Hier sei auf den Gesetzestext und entsprechende Fachpublikationen verwiesen.

8.5.5 Besonderheiten des Nachbarschaftsbüros

Eine besondere Stellung im Rahmen des Datenschutzes nimmt das Nachbarschaftsbüro ein. Da es sich hierbei um ein gemeinsam von verschiedenen Unternehmen genutztes Telearbeitscenter handelt, sind besondere Maßnahmen zum Datenschutz zu ergreifen. Dies betrifft vor allem die Sicherung der firmeninternen Informationen gegenüber anderen, ebenfalls im Nachbarschaftsbüro tätigen Unternehmen.

Die Sensibilisierung der Telearbeiter stellt hier ein wesentliches Moment dar. Gerade für die Arbeit im Nachbarschaftsbüros sollte der Arbeitgeber daher auf entsprechende Verhaltensregeln starkes Gewicht legen. Außerdem sind gerade in diesem Umfeld die Vorschriften und Maßnahmen des Bundesdatenschutzgesetzes (BDSG), insbesondere hinsichtlich der Sicherungsmaßnahmen für die EDV-Anlagen zu beachten.

An dieser Stelle sei allerdings darauf hingewiesen, daß diesbezügliche konkrete Vertragsvereinbarungen, beispielsweise im Mietvertrag für ein Nachbarschaftsbüro, das BDSG als Auffangrecht ablösen. Das gilt vor allem auch, wenn die hier getroffenen Regelungen einen weniger weit reichenden Schutz gewährleisten, als ihn das BDSG bietet.

9. Vorgehensmodell

Telearbeit läßt sich nicht an einem Tag oder in einer Woche im Unternehmen etablieren. Wie die vorangehenden Kapitel zeigen, sind bei der Einführung von Telearbeit mannigfaltige technische, organisatorische, rechtliche und soziale Aspekte zu berücksichtigen. Eine Unterschätzung einzelner dieser Aspekte kann die Einführung von Telearbeit im Unternehmen gefährden und somit langfristig den strategischen Unternehmenserfolg bedrohen (s. auch Kapitel 1).

Die Planung und Einführung von Telearbeit im Unternehmen erfordert daher ein Vorgehen, das alle der oben genannten Aspekte berücksichtigt. Vom Status her entspricht das Vorhaben, Telearbeit als neue Arbeitsform in die Unternehmensorganisation und die Arbeitswelt zu integrieren, einem eigenständigen Projekt. Über einen längeren Zeitraum müssen die verschiedenen Beteiligten eng kooperieren, um den vielfältigen Anforderungen und Voraussetzungen der neuen Arbeitsform Telearbeit gerecht zu werden.

Die Einführung von Telearbeit im Unternehmen erfordert unbedingt ein eigenes Projektteam mit entsprechenden Kompetenzen. Dieser Abschnitt erläutert Aufbau und Zusammenstellung eines solchen Teams und enthält ein praktisches Vorgehensmodell zur Einführung von Telearbeit. Diese Empfehlungen beruhen auf Erfahrungen, die unterschiedliche Unternehmen und Projektgruppen bei der Einführung von Telearbeit in den vergangenen Jahren gewonnen haben.

Insbesondere sind in das Vorgehensmodell die Ergebnisse des IBM-Modells sowie des US-amerikanischen „Smart Valley Projekts" eingeflossen. Bei letzterem handelt es sich um eines der größten und frühesten Projekte zur Einführung von Telearbeit in Unternehmen verschiedener Branchen im sogenannten „Smart Valley", einer Region rund um die Metropole San Francisko.[56]

Die Erfahrungen dieser beiden recht großen Projekte, kombiniert mit den Ergebnissen in zahlreichen kleinen und mittelständischen Unternehmen, liefern wertvolle Anhaltspunkte und Ansätze. Insbesondere soll das hier vorgestellte Vorgehensmodell helfen, typische Fehler bei der Einführung von Telearbeit, wie die Vernachlässigung einzelner Teilaspekte, zu vermeiden. Außerdem sollte es dazu beitragen, daß die speziell gegründete Projektgruppe, möglichst schnell zu einer praktikablen Lösung gelangt.

---

[56] Vergl.: Smart Valley Corporation: Smart Valley Telecommuting Guide. Hinweise und Tips zur Einführung von Telearbeit im Smart Valley, Smart Valley 1993; sowie: Smart Valley Corporation: Ensuring the Success of the Telecommuting Pilot. Ergebnisse und Analysen der Umfragen nach Einführung von Telearbeit im Smart Valley. Smart Valley Oktober 1994

Das hier vorgestellte, relativ ausführliche Modell hat sich in der Praxis bewährt. Die Anpassung an die spezifischen Gegebenheiten im Unternehmen obliegt der jeweiligen Projektgruppe vor Beginn der eigentlichen Arbeit.

Dieses Kapitel soll deshalb als Ausgangspunkt für die Einführung von Telearbeit im Unternehmen sowie für die gezielte Tätigkeit einer eigenständigen Projektgruppe dienen. Das hier vorgestellte Vorgehensmodell garantiert zwar keinen Erfolg bei der Einführung von Telearbeit, die Erfolgswahrscheinlichkeit ist jedoch wesentlich höher, wenn dieses Konzept als Grundlage verwendet wird.

Auch wenn das Unternehmen bereits Telearbeit anbietet, kann sich dieses Kapitel als hilfreich erweisen. Anhand des Vorgehensmodells unter 9.3 kann der aktuelle Stand von Telearbeit im Unternehmen bestimmt und die bisherigen Schritte bei der Einführung von Telearbeit nachträglich überprüft werden. Das Modell kann somit dazu dienen, bereits begangene Fehler oder Nachlässigkeiten zu korrigieren. Das weitere Vorgehen kann sich dann an das Modell anlehnen.

9.1 Telearbeit als Projekt

Wie eingangs bereits erläutert, hat die Einführung von Telearbeit in ein Unternehmen den organisatorischen Charakter eines komplexen, über mehrere Monate laufenden Projekts. Der umfassende Charakter eines solchen Vorhabens, beginnend mit den ersten Überlegungen und einer Konzeption zur Telearbeit für das Unternehmen, bis hin zur Überführung in den Arbeitsalltag, beansprucht in der Regel mindestens ein, meistens eher zwei Jahre.

Während dieses Zeitraums ist eine permanente Kontrolle des Projektes „Telearbeit" sowie sämtlicher Einflußfaktoren wichtig. Auf diese Weise können Probleme und Schwierigkeiten frühzeitig erkannt und aus dem Weg geräumt werden. Neben der Planung und Vorbereitung von Telearbeit im Unternehmen hat diese Aufgabe eine eigens hierfür zuständige Projektgruppe zu übernehmen.

9.1.1 Zusammensetzung der Projektgruppe

Die Projektgruppe sollte aus verschiedenen Personen bestehen, welche die künftig in Telearbeit involvierten Gruppen repräsentieren. Die wichtigsten Mitglieder der Projektgruppe sind natürlich die Telearbeiter selbst bzw. deren Vertreter sowie Verantwortliche der Informatik- oder DV-Abteilung (z.B. ein Netzmanager, IT-Abteilungsleiter, o.ä.). Tabelle 9.1. enthält eine Übersicht über eine sinnvolle Zusammensetzung des Projektteams „Telearbeit" einschließlich der Zuständigkeit der einzelnen Teammitglieder.

Tabelle 9.1. Zusammensetzung des Projektteams „Telearbeit"

Person/ Funktion	Zuständigkeit
Unternehmensführung	Interessen der Unternehmung vertreten; Führungsaspekte, Umgestaltung der Unternehmenskultur, Auswahl der Telearbeiter, Vertragsgestaltung
IT-Abteilung (Netzmanager, Abteilungsleiter, ...)	Auswahl und Konzeption der Hardware für Telearbeit, Realisierung und Umsetzung der Anbindung an das Unternehmensnetz, Netzdesign und Netz- sowie Hard-/Software-Ergonomie
Betriebsrat / Arbeitnehmervertretung	Vertragsgestaltung, Umgestaltung der Unternehmenskultur und –philosophie, Schulung und Personalentwicklung, Mitbestimmung bei der Einführung neuer technischer Geräte und der organisatorischen Umgestaltung, Gewährleistung des Datenschutzes, Wahrung sämtlicher Arbeitnehmerinteressen (auch der Nicht-Telearbeiter!)
Führungspersonal	Umgestaltung der Unternehmenskultur, Einführung und Umsetzung neuer Führungsrichtlinien, Führungsverhalten bei Telearbeit, Führungsschulung
Personalabteilung	Auswahl der Telearbeiter, Personalentwicklung und Schulung mit Bezug auf Telearbeit (Umgang mit Hard- und Software, Ausbildung der Führungskräfte, ...), Abrechnungssystem, Zeiterfassung, Maßnahmen zur Integration der Telearbeiter
(zukünftige) Telearbeiter	Aushandeln von Vertragsmodalitäten, Sozialmaßnahmen, Realisierung des Telearbeitsplatzes (Hardware, Netzanbindung, Aufwandsentschädigung, ...), Kandidaten für Testphase, Erfahrungsbericht, Verbesserungsvorschläge
Rechtsabteilung	Vertragsmodalitäten und rechtliche Rahmengestaltung der Telearbeit

Datenschutzbeauftragter / Spionageabwehr	Wahrung der Schutzinteressen der Mitarbeiter und des Unternehmens, Sicherheitsbestimmungen für den Umgang mit sensiblen Daten und Informationen; Sicherung des Unternehmensnetzes (Paßwort- und Sperrmechanismen, FireWall, ...), Desaster Recovery (Schutzkonzept bei Totalausfall des Netzes oder eines Gebäudes)
Finanzabteilung	Controlling der Kosten, die durch die Einführung von Telearbeit entstehen
Public Relations	Unternehmenskultur und -philosophie, Präsentation des Unternehmens, Corporate Identity, „Vermarktung" von Telearbeit unternehmensintern und -extern
Forschung + Entwicklung	(evtl.) Erfahrungen aus neuer Arbeitsform in verbesserte Modalitäten oder neue Produkte umsetzen; neue IT-Lösungen entwickeln oder suchen (je nach Branche)

Die Zusammensetzung der Projektgruppe richtet sich natürlich vor allem nach der Größe eines Unternehmens. Die obige Tabelle geht von einem größeren Betrieb mit mindestens 500 Angestellten aus[57] und enthält eine relativ große Liste von Beteiligten. Auf jeden Fall sollten Vertreter der aufgeführten Gruppen aktiv am Telearbeitsprojekt beteiligt werden.

Das bedeutet nicht unbedingt, daß Vertreter auch Mitglieder des Projektteams sein müssen. Ein solches Team besteht am besten aus einem Kern von fünf bis zehn Mitarbeitern. Je nach Phase und Aufgabe kommen dann Vertreter der entsprechenden Gruppen hinzu. Zum Kernteam sollten unbedingt ein angehender Telearbeiter, je ein Vertreter der IT-Abteilung, des Betriebsrates, der Finanzabteilung sowie des Führungspersonals und möglichst auch ein Mitglied der Unternehmensführung gehören.

Die weiteren in Tabelle 9.1. aufgeführten Gruppen können ebenfalls direkt Mitglieder in das Projektteam entsenden. Oft genügt es, wenn sie vom Projektteam in entsprechenden Phasen bzw. bei entsprechenden Problemen oder Fragestellungen zu Rate gezogen werden. Um eine breite Resonanz und Zustimmung zum Projekt „Telearbeit" zu gewinnen, sollte sich das Team aus Vertretern möglichst vieler Unternehmensabteilungen zusammensetzen.

Die Mitarbeit im Projektteam erfordert nur eine anteilige Arbeitsbelastung, so daß die Mitglieder ihrer eigentlichen Tätigkeit weiter nachgehen können. Der Anteil, den die Projektmitarbeit ausmacht, muß allerdings im Vorfeld festgelegt

---

[57] Da bei dieser Unternehmensgröße eine Arbeitnehmervertretung in Form eines Betriebsrates vorgeschrieben ist.

werden. Mit Ausnahme des Projektleiters dürfte ein Anteil von unter 20 Prozent der eigentlichen Arbeitstätigkeit für die Mitarbeit im Projektteam ausreichen.

Sinnvoll ist sicherlich eine Projektorganisation, die den Mitgliedern zu entgeltende Überstunden erlaubt. Meist sind die Mitglieder der Projektgruppe von ihrem Ziel so motiviert, daß eine arbeitszeitliche Einschränkung der Projekttätigkeit die gesamte Projektdauer verlängert und so die Kreativität und die Begeisterung der Teilnehmer abnehmen.

9.1.2 Aufgaben des Projektleiters

Innerhalb der Projektgruppe ist ein Projektleiter (im folgenden auch Projektmanager) festzulegen. Die Aufgabe des Projektmanagers sollte ein in der Leitung von Projekten erfahrener Mitarbeiter mit ausgesprochener Führungsqualität übernehmen. Die Projektgruppe setzt sich sehr heterogen aus Vertretern unterschiedlicher Gruppen zusammen, die während der Projektausführung kontroverse Positionen vertreten können.

Der Projektleiter muß daher in der Lage sein, zwischen verschiedenen Standpunkten zu vermitteln und gleichzeitig zielorientiert die Arbeit der Projektgruppe voranzutreiben. Erfolg und Dauer des Projekts hängen im wesentlichen Maße von der Auswahl des richtigen Projektmanagers ab. Er muß von sämtlichen Mitgliedern der Projektgruppe (zumindest den Kernmitgliedern) als Leiter akzeptiert werden. Vor allem jedoch muß der Projektleiter selbst vom Konzept der Telearbeit überzeugt sein.

Die Anforderungen an den Leiter einer solchen Projektgruppe sind also relativ hoch, aber nicht unerfüllbar. Meist finden sich innerhalb des Führungspersonals die richtigen Kandidaten für die Leitung einer entsprechenden Projektgruppe.

Je nach Organisationsstil des Unternehmens erhält der Projektleiter eine entsprechende Zuteilung seiner Arbeitszeit zu dem Projekt. Auf der einen Seite darf diese nicht zu knapp ausfallen, um das Projekt nicht zu verzögern. Auf der anderen Seite sollte der Projektleiter allerdings nicht völlig aus seiner bisherigen Tätigkeit herausgerissen werden.

Natürlich wird erwartet, daß ein Projektleiter freiwillig zu bezahlten „Projekt-Überstunden" bereit ist. Für große und finanzkräftige Unternehmen empfiehlt sich oftmals die Einstellung eines externen Unternehmensberaters als Projektleiter für das Vorhaben Telearbeit. Diese externe Person sollte sowohl Erfahrungen im Projektmanagement aufweisen, als auch ein Experte für Telearbeit sein. Die richtige Auswahl eines kompetenten externen Partners ist für das Unternehmen sehr wichtig, hängen doch Erfolg und Dauer des Projekts nicht unwesentlich von der Fähigkeit und Akzeptanz des Projektleiters ab (s. oben).

Vor oder nach Bestimmung des Projektleiters sind dessen Aufgaben in einer Art Stellenbeschreibung festzulegen. Ebenso müssen seine Kompetenzen und die Personalverantwortung innerhalb der Projektgruppe festgelegt sein. Um das gesteckte Ziel zu erreichen, müssen ihm nicht nur die notwendigen Aufgaben gestellt, sondern auch die nötigen Mittel und Ressourcen zugeteilt werden.

Die wichtigste Aufgabe des Projektmanagers liegt natürlich in der Koordination und Zielorientierung der Projektgruppe. Er ist der Unternehmensleitung verantwortlich für das Erreichen der gesteckten Ziele und für die erfolgreiche Arbeit der Gruppe (s. auch Abschnitt 9.1.3). Im folgenden sollen einige der wichtigen Aufgaben besprochen werden, denen sich der Projektmanager stellen muß.

Werbung für Telearbeit im Unternehmen

Der Projektleiter muß vom Sinn und von den Erfolgschancen seines Projekts überzeugt sein und seine Überzeugung im Unternehmen verbreiten. Das Ziel muß zunächst darin bestehen, ein breites Interesse an der neuen Arbeitsform Telearbeit zu wecken. Hierzu muß der Projektmanager im gesamten Unternehmen die Tätigkeit seiner Projektgruppe bekannt machen, erklären und den Sinn auch jenen Mitarbeitern vermitteln, die nicht direkt am Projekt oder an der Pilotphase (s. Abschnitt 9.3) beteiligt sind.

Das Verteilen von Flyern, Plakate oder Wettbewerbe (z.B. Iddenwettbewerbe) können dabei helfen, Telearbeit im Unternehmen zu etablieren. Hierbei gilt es auch, die Vorteile und Vorzüge der Telearbeit in jeder Hinsicht zu verdeutlichen. Jeder einzelne soll den Sinn der neuen Arbeitsform für den Telearbeiter, das Unternehmen aber auch die Gesellschaft erkennen.

Hilfe erhält der Projektleiter bei dieser Aufgabe aus der PR-Abteilung, die gleichzeitig darauf achtet, die mit Telearbeit gewandelte Unternehmensphilosophie zu publizieren. Telearbeit kann dabei gut als „Herausforderung des Informationszeitalters" gelten und einen notwendigen Wandel oder eine Umstrukturierung begründen.

Als Fachmann auf dem laufenden sein und Visionen entwickeln

Der Projektleiter sollte ständig die aktuelle Entwicklung von Telearbeit beobachten. Weltweit führen immer mehr Unternehmen diese neue Arbeitsform ein und gewinnen Erfahrungen. Besonders im Bereich der Personalführung sind wesentliche Erkenntnisse und Verbesserungen im Umfeld der Telearbeit zu erwarten.

Es ist Aufgabe des Projektleiters, diese Erfahrungen und Verbesserungen ausfindig zu machen und in das eigene Projekt einfließen zu lassen. Die Lektüre einschlägiger Zeitschriften und Fachbücher ist ebenso unverzichtbar, wie der Besuch von Kongressen oder die Mitgliedschaft in Telearbeits-Foren. Entsprechende Vereinigungen entstehen an vielen Orten, unterschiedliche Anbieter führen oftmals Tagungen zur aktuellen Problematik der Telearbeit durch.

Ein Telearbeitsprojekt in einem kleinen, regionalen Unternehmen kann gleichzeitig dazu dienen, einen Interessenverbund verschiedener kleiner oder mittelständischer Unternehmen zu gründen und Erfahrungen auszutauschen. So können sich gerade kleinere Unternehmen die Last der Einführung von Telearbeit teilen. Auch die Einrichtung einer gemeinsamen Projektgruppe ist beispielsweise denkbar.

Zielvorgaben setzen, Unterstützung bieten und aktiv kommunizieren

Zur Einführung von Telearbeit empfiehlt sich ein konkretes Vorgehensmodell (s. Abschnitt 9.2). Die Orientierung an diesem Modell sowie die Ableitung konkreter und faßbarer Zielvorgaben für das jeweilige Projekt sind Bestandteile der Aufgaben des Projektleiters. Innerhalb der globalen Zielstellung „Telearbeit" sind Teilziele zu setzen und es ist ein zeitlicher Rahmen abzustecken.

Dies sichert nicht nur den Fortgang des Projekts, sondern macht ihn auch nach außen hin sichtbar. Gegenüber der Unternehmensleitung muß der Projektmanager regelmäßig Bericht erstatten und diese über den aktuellen Stand des Projektes unterrichten. Ein konkreter Zeitrahmen, der zusammen mit der Unternehmensführung aufgestellt wird, dient gleichzeitig als Erfolgskontrolle für den Projektleiter. Zeitplan und aufgestellte Meilensteine sind Grundlage für die Verantwortlichkeit des Projektleiters.

Aber auch unter den Mitarbeitern des Unternehmens sind Fortgang und Erfolg des Projektes bekannt zu machen. Das Unternehmen muß nicht nur breit über Telearbeit informiert werden, es muß auch bemerken, daß sich aus der Arbeit der Projektgruppe tatsächlich spürbare Änderungen ergeben.

In seiner Funktion ist der Projektleiter somit erster Ansprechpartner für das gesamte Unternehmen. Er muß für interessierte Mitarbeiter ebenso ein offenes Ohr haben, wie den ersten Telearbeitern eines Pilotprojekts mit Rat und Hilfe zur Seite stehen.

Gleichzeitig sollte der Projektleiter aber auch den Führungskräften helfen, neue Strukturen zu akzeptieren und neue Führungsmethoden einzusetzen. Schließlich ist er auch Partner der Unternehmensleitung bei der eventuell notwendigen Umgestaltung der Organisation oder der Corporate Identity.

Er muß also die einzelnen Bereiche des Unternehmens kennen und gleichzeitig Fachmann für Telearbeit sein. Unterstützung findet er in den verschiedenen Abteilungen des Unternehmens. Die Unternehmensleitung kann die Kooperationsbereitschaft der einzelnen Fachabteilungen dadurch sicherstellen, daß schon früh die strategische Bedeutung des Projekts verdeutlicht wird.

Überwachung und Kontrolle des gesamten Projektverlaufs

Der Projektleiter ist der zentrale Koordinator des gesamten Projekts und sollte in dieser Funktion die nötige Übersicht über den aktuellen Stand haben. Da er sich stets gegenüber der Unternehmensleitung verantworten muß, fällt die Überwachung, Kontrolle und Berichterstattung über das Projekt in seinen Aufgabenbereich.

Der Projektleiter muß in jeder einzelnen Phase über den aktuellen Realisierungsstand des Projektes informiert sein sowie genau auf die Einhaltung der Absprachen und Zeitvorgaben achten. Die exakte Realisierung des angepaßten Vorgehensmodells bildet die wesentliche Grundlage für den Erfolg des Projekts. Der Projektleiter ist somit von der ersten Zeugung der Idee bis zur Überführung in den betrieblichen Alltag in der Pflicht.

In einer jeden Phase muß der Projektleiter gleichzeitig mit dem notwendigen Fachwissen dafür sorgen, daß die Mitglieder des Projektteams sowie gegebenenfalls externe Spezialisten die Problemstellungen und Ziele korrekt umsetzen. Dies gilt ebenso für die technische Realisierung der Telearbeit durch die IT-Abteilung oder einen externen DV-Dienstleister, wie für die Schulung der Telearbeiter und Führungskräfte oder die Umgestaltung der Unternehmenskultur.

Unterstützung eines Pilotprogramms, Erfahrungen im Unternehmen sammeln und weitergeben

Innerhalb des Vorgehensmodells kommt dem Pilotprogramm eine besondere Bedeutung zu (s. Abschnitt 9.2). Die hier gewonnenen konkreten Erfahrungen mit Telearbeit muß der Projektleiter sammeln, publizieren und in die endgültige Form der Telearbeit im Unternehmen einfließen lassen.

Die Unterstützung eines Pilotprogramms mit der nötigen Flexibilität und Offenheit für Anregungen und Änderungen ist somit eine wesentliche Aufgabe des Projektmanagers. Das schnelle Reagieren bei Schwierigkeiten, die Identifikation von Isolation oder Kommunikationslücken sowie ständige Analyse und Überwachung des Pilotprogramms liegen in der Verantwortlichkeit des Projektmanagers.

Gleichzeitig muß der Projektmanager selbst immer noch von Telearbeit und seinem Vorhaben überzeugt sein. Getreu dem amerikanischen Motto „practice what you preach" (Mache, was du predigst) sollte er an das Projekt und die Ziele nicht nur glauben. Im Idealfall ergibt sich für den Projektleiter selber die Möglichkeit, am Pilotprojekt als Telearbeiter zu partizipieren.

9.1.3 Eingliederung der Projektgruppe in die Unternehmensorganisation

Die Projektgruppe „Telearbeit" verrichtet zwar selbständig und unabhängig von den eigentlichen Aufgaben im Unternehmen ihre Tätigkeit, trotzdem muß sie in irgendeiner Weise in die Unternehmensorganisation eingebunden sein. Da sich die Projektgruppe im günstigsten Fall aus Mitgliedern aller Abteilungen und Hierarchieebenen des Unternehmens zusammensetzt und ein breites Interesse seitens sämtlicher Angehörigen der Organisation besitzen sollte, steht sie im Mittelpunkt des Unternehmens.

Die permanente Werbung für das eigene Vorhaben und die Ziele des Projekts bedingen ein weitgehendes Interesse an der Projektgruppe und der neuen Arbeitsform. Dies ist notwendig, um den Erfolg von Telearbeit im Unternehmen sicherzustellen. Wie die Projektgruppe intern organisiert ist und wie sie in die Unternehmensstruktur integriert wird, hängt im wesentlichen Maße jedoch von der Unternehmensgröße und der üblichen Projektorganisation im Unternehmen ab.

Dies gilt sowohl für die internen Hierarchien in der Projektgruppe wie für die Verantwortlichkeit des Projektteams im Unternehmen. Ein Projektmanager gemäß Abschnitt 9.1.2 ist jedoch unverzichtbar. Um den Erfolg des Projekts zu sichern und ihm die richtige Stellung zukommen zu lassen, sollte das Projektteam direkt der Unternehmensleitung unterstehen.

Eine Einordnung in die Personalabteilung oder die Organisationsabteilung erscheint weniger sinnvoll, auch wenn Telearbeit als Arbeitsform am ehesten diesen Bereichen zuzuordnen ist. Eine andere Unterstellung des Projektteams als direkt der Unternehmensleitung gefährdet das Projekt möglicherweise dadurch, daß eine bestimmte Gruppe mit ihren Vorstellungen und Zielen innerhalb der Projektgruppe ein zu starkes Gewicht erhalten würde (s. Tabelle 9.1.). Abbildung 9.1. verdeutlicht die ideale Eingliederung des Projektteams in die Unternehmensstruktur.

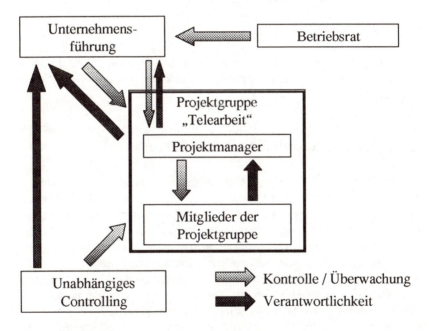

Abb. 9.1. Eingliederung der Projektgruppe in die Unternehmenshierarchie

Die dargestellte Einbindung des Projekts in das Unternehmen kann auf diese Weise völlig unabhängig von der sonstigen Unternehmensorganisation erfolgen. Die Mitglieder des Teams sind anteilig mit einer gewissen Arbeitszeit dem Projekt zugeordnet. Den Rest ihrer Arbeitszeit verrichten die Teammitglieder, eventuell mit Ausnahme des Projektleiters, in ihrer eigentlichen Stellung. Der Umfang der Zuteilung zum Projekt hängt jeweils von der aktuellen Aufgabenstellung und Problematik innerhalb des Vorgehensmodells ab.

Ungeachtet der direkten Unterstellung der Projektgruppe kann die Unternehmensleitung an einem zusätzlichen Controlling der Projekttätigkeit durch unabhängige Beauftragte interessiert sein. Ein Controlling ist nicht als Zeichen des Mißtrauens gegenüber Projekt oder Projektleiter zu verstehen, sondern vielmehr als notwendiges Instrument zur Sicherung des Projekterfolgs.

Eine außerhalb des Projektteams stehende Controlling-Gruppe kann sich beispielsweise aus Vertretern der Unternehmensleitung, der Arbeitnehmervertretung, der Finanz- und/oder Personalabteilung sowie der Marketing-Abteilung zusammensetzen. Maßstab für die Kontrolle stellen das angepaßte Vorgehensmodell und die Meilensteine dar. Anhand dieser Zielgrößen erfolgen regelmäßig Controlling und Positionsbestimmung des Projekts „Telearbeit".

Diese etwas umständlich anmutende Trennung von Controlling und Projektgruppe empfiehlt sich natürlich gerade für größere Unternehmen. Hier trägt das Controlling dazu bei, die Erfolgsaussichten erheblich zu erhöhen und den Erfolg in gewissem Maße vom Projektmanager zu entkoppeln. Diese Vorgehensweise stellt insbesondere für den Projektmanager eine Erleichterung dar und trägt dazu bei, daß sich Fehler in frühen Phasen nicht durch das gesamte Projekt hindurch auswirken.

9.2 Vorgehensmodell für die Einführung

Nach der Bildung einer Projektgruppe mit den notwendigen Hierarchien und Kompetenzen sollte sich die Tätigkeit voll auf die Umsetzung der Telearbeit im Unternehmen konzentrieren. Wie eingangs bereits erläutert, stellt die Einführung von Telearbeit im Unternehmen einen langwierigen und teilweise in alte Strukturen einschneidenden Prozeß dar. Somit ist das Projekt relativ langfristig angesetzt und auf einen langsamen und sanften Wandel auszurichten.

Um einen stetigen Fortgang, jedoch keine Revolution der Unternehmenskultur zu gewährleisten, empfiehlt sich die Einführung anhand eines konkreten und bewährten Vorgehensmodells. Die Einführung von Telearbeit in den betrieblichen Alltag wird hierbei in kleine und operationalisierte Teilschritte untergliedert. Diese sorgen nach und nach für den notwendigen Wandel und die angepaßte Umsetzung des Konzepts Telearbeit im Unternehmen.

Das hier vorgestellte Modell umfaßt die Einführung von Telearbeit von der ersten Idee bis zur endgültigen Alltagstauglichkeit. Es entspringt den Erfahrungen und der Publikation unterschiedlicher Modellprojekte (s. oben) und besitzt hohen praktischen Wert für jedes Telearbeitsprojekt. Das hier dargelegte Vorgehensmodell (s. Abbildung 9.2.) mit den einzelnen Phasen und Schritten sollte die Grundlage für die individuelle Anpassung des gesamten Projekts bilden.

Diese sollte weniger die Reihenfolge oder den Ablauf der einzelnen Schritte betreffen, als vielmehr die jeweiligen Inhalte der einzelnen Teilphasen genau definieren. Der zeitliche Rahmen für die Umsetzung der jeweiligen Teilaspekte unterliegt stark der Unternehmensgröße und –struktur. An wesentlichen Stellen wie dem Training oder der gesamten Reifephase wird auf die ideale Zeitdauer explizit hingewiesen.

Zeugung: Von der Idee zur Initiative
1. Vorbereiten und Präsentieren einer ersten Initiative
2. Zustimmung zur Einrichtung eines Pilotprojektes erlangen

Geburt: Pilotphase
3. Benennen eines Projektleiters und Einrichten eines Projektteams
4. Präsentation des Pilotprojekts im Unternehmen
5. Abstecken der Rahmenparameter für das Pilotprojekt
6. Rechtlichen Rahmen für Telearbeit im Unternehmen definieren
7. Kriterien für die Auswahl der Teilnehmer am Pilotprojekt festlegen
8. Kriterien zur Bewertung des Pilotprojektes festlegen
9. Rahmenbedingungen und Ausstattung des Pilotprojekts festlegen
10. Telearbeiter und Vorgesetzte für das Pilotprojekt auswählen
11. Kontrollgremium einrichten

Heranwachsen und Reifung: Beginn der Telearbeit im Unternehmen
12. Training und Schulung der Telearbeiter sowie der Vorgesetzten
13. Arbeitsplätze einrichten
14. Managementmethoden anpassen
15. Aufnahme der Tätigkeit durch die Telearbeiter
16. Evaluation und Kontrolle des Pilotprojektes
17. Analyse und Präsentation der Ergebnisse

Vollendung: Telearbeit im gesamten Unternehmen einführen
18. Entscheidung über die Einführung von Telearbeit im gesamten Unternehmen
19. Telearbeit als breites Angebot im Unternehmen einführen
20. Stetige Kontrolle des Programms
21. Anpassung des TA-Programms falls notwendig

Abb. 9.2. Vorgehensmodell für die Einführung von Telearbeit im Unternehmen

9.2.1 Zeugung: Von der Idee zur Initiative

Bevor Telearbeit im Unternehmen zu einem eigenständigen Projekt wachsen kann, muß von irgendeiner Seite die Idee oder die Anregung kommen, die bisherige Arbeitsweise durch Telearbeit zu erweitern. Waren in der Vergangenheit meist ambitionierte Mitarbeiter mit einschlägiger DV-Erfahrung der Ausgangspunkt für die Einführung von „Computer-Heimarbeit", so liegt der Ursprung heute oft in dem großen gesellschaftlichen und politischen Interesse an Telearbeit.

Sowohl die verschiedenen Initiativen der Bundesregierung wie auch die breite Öffentlichkeit vor allem in der Presse beeinflussen die schnelle Verbreitung von Telearbeit in den deutschen Unternehmen. Die Leser dieses Buches dürften zu dem wachsenden Kreis derer gehören, die sich mit der neuen Arbeitsform Telearbeit intensiv auseinandersetzen wollen. Der Anstoß für Telearbeit, gewissermaßen der Grundstein, ist damit gelegt.

1.   Vorbereiten und Präsentieren einer ersten Initiative

Je nachdem, von welcher Seite aus dieser Anstoß herrührt, gilt es nun in einem ersten Schritt die Zustimmung für das Konzept Telearbeit bei den wichtigsten Entscheidungsträgern zu finden. Der schwierigste Schritt liegt immer in der Gewinnung der Unternehmensführung und der Finanzabteilung. Letztlich bedeutet Telearbeit zunächst die Notwendigkeit von Investitionen und einschneidender Umstrukturierung.

Gute Argumente, gerade gegenüber der Unternehmensführung, liefern vor allem die gesellschaftlichen und politischen Rahmenbedingungen. Kapitel 1 erläuterte bereits, welche strategische Bedeutung der Telearbeit im Informationszeitalter zukommt. Überzeugend wirken oftmals zudem die Argumente höherer Produktivität und Kreativität sowie die gestiegene Eigenverantwortung. In vielen Unternehmen ist ein Wechsel weg von veralteten Führungsmethoden ohnehin überfällig, um im Zeitalter von Internet und globalem Wettbewerb bestehen zu können. Voraussetzung für ernsthafte Erwägungen, Telearbeit einzuführen, ist natürlich das Vorhandensein von Tätigkeiten, die für diese innovative Arbeitsform in Frage kommen (s. Kapitel 3).

2.   Zustimmung zur Einrichtung eines Pilotprojekts erlangen

Mit der Zustimmung „von oben" sollte dem zweiten Schritt, der Einrichtung eines Pilotprojektes „Telearbeit", nichts mehr im Wege stehen. Ausgehend von der ersten Konzeption oder dem Vorschlag, Telearbeit einzuführen, geht es hierbei um die Vorbereitung der nächsten Phase im Vorgehensmodell, dem Pilotprojekt.

Gleichzeitig sollten bereits zu diesem frühen Zeitpunkt die weitreichenden Mitspracherechte der Arbeitnehmervertreter Berücksichtigung finden. Eine nachträgliche oder zu späte Information des Betriebsrates bzw. ein Übergehen seiner Mitspracherechte kann das gesamte Projekt schnell zum Stillstand bringen oder sogar ganz stoppen.

Zum Schutz der Arbeitnehmerinteressen, vor allem bei der vertraglichen Gestaltung der Telearbeit, ist eine gewissenhafte und gründliche Einmischung des Betriebsrates oder anderer Arbeitnehmervertretungen unbedingt erforderlich (s. Kapitel 8). Daher sind diese Instanzen schon möglichst früh in die Planung und Durchführung eines so komplexen Projekts wie der Einführung einer neuen Arbeitsform einzubeziehen.

9.2.2 Geburt: Pilotphase

Die zweite Phase des Vorgehensmodell, die „Geburt", dehnt die Initiative oder Idee „Telearbeit" auf das gesamte Unternehmen aus und bereitet eine erste Pilotphase vor. Vor dem Beginn der ersten Telearbeit im Unternehmen sind in dieser Phase wichtige und nicht zu unterschätzende Probleme zu bewältigen.

3.   *Benennen eines Projektleiters und Einrichten eines Projektteams*

Zu den größten Problemen gehören erfahrungsgemäß die Definition des Projekts „Telearbeit" sowie die Einrichtung der Projektgruppe. Der Zusammensetzung des Projektteams sowie der Suche des richtigen Projektleiters kommt dabei besondere Bedeutung zu, da die Projektgruppe den gesamten Verlauf des Vorhabens maßgeblich beeinflußt (s. Abschnitt 9.1).

Vor Aufnahme konkreter Planungen für ein erstes Testprojekt durch die Projektgruppe müssen nach der generellen Zustimmung der Unternehmensleitung und des Betriebsrates die notwendigen organisatorischen Schritte für die Einführung von Telearbeit folgen. Insbesondere hat die Unternehmensleitung

1.   des Projekt an sich zu definieren,
2.   die strategischen Ziele festzulegen,
3.   eine Projektgruppe zu bilden,
4.   den Projektleiter zu benennen und
5.   die Projektgruppe in die Unternehmenshierarchie einzubinden.

Mit der erfolgreichen Einrichtung der Projektgruppe kann diese ihre Tätigkeit aufnehmen und zunächst das weitere Vorgehen anhand dieses Modells an die jeweilige Situation im Unternehmen anpassen. In dieser Phase muß der Projektleiter mit der Unternehmensleitung die ersten Meilensteine inhaltlich und terminlich genau festlegen. Zumindest die Schritte dieser Phase sollten im Detail abgestimmt werden. Für die weiteren Phasen erfolgen dann sukzessive entsprechende inhaltliche und zeitliche Planvorgaben.

4.   Präsentation des Pilotprojekts „Telearbeit" im gesamten Unternehmen

Mit der Einrichtung einer Projektgruppe kommt der Erläuterung des Vorhabens im gesamten Unternehmen eine primäre Bedeutung zu. Schließlich wendet sich das Projekt an alle Mitarbeiter und Institutionen der Organisation. Telearbeit betrifft sowohl die potentiellen Arbeitsplätze, die für diese Form der Tätigkeit geeignet sind, wie auch zukünftige Kollegen und Vorgesetzte von Telearbeitern.

Schließlich wirken sich ein neuer Führungsstil und eine geänderte Unternehmenskultur für alle Beschäftigten aus. Also sind auch solche Betriebsangehörigen von dem Projekt betroffen, deren Tätigkeit nicht für Telearbeit geeignet ist. Eine breite und vor allem positive Resonanz auf Telearbeit ist im Unternehmen aber nur dann zu erwarten, wenn alle Beteiligten früh über Chancen und Risiken sowie die persönlichen Auswirken ehrlich informiert werden.

Die Einrichtung einer speziellen Projektgruppe gibt oft Anlaß zu Gerüchten. Eine schnelle Aufklärung über Sinn und Zweck der neu eingerichteten Projektgruppe soll nicht nur Vorbehalten entgegenwirken. Eine frühe Information der Mitarbeiter gewinnt deren Aufmerksamkeit und schafft ein breites Interesse an Telearbeit. Für die Projektgruppe bildet dies die optimale Grundlage für weitere Informationen wie Plakatwerbung, Flyer, eine Firmenzeitung oder sonstige Veranstaltungen.

Zu diesem frühen Zeitpunkt, an dem die Modalitäten des Pilotprojekts noch nicht feststehen, muß die Projektgruppe in erster Linie Aufklärungsarbeit leisten. Die wichtigsten Fragen, welche die Belegschaft beschäftigen, sind zu beantworten. Insbesondere muß erklärt werden (s. auch Kapitel 2):

- was Telearbeit ist
- welche Formen der Telearbeit es gibt und welche eingeführt werden sollen
- welche Vorteile Telearbeit dem Unternehmen und dem einzelnen bietet
- warum das Unternehmen Telearbeit einführt
- wie sich Telearbeit positiv auf das Unternehmen auswirken kann

Die Information der Belegschaft sollte in enger Kooperation mit einer Marketing- oder PR-Abteilung erfolgen und schon eine notwendige Corporate Identity berücksichtigen (s. Kapitel 7). Gemeinsame Mitteilungen der Unternehmensführung, Projektgruppe und der Arbeitnehmervertretung stärken das Vertrauen der Belegschaft in das Vorhaben und helfen, mögliche Ängste und Vorurteile abzubauen (s. Kapitel 1 und 7).

5.   Abstecken der Rahmenparameter für das Pilotprojekt

Im ersten Schritt der konkreten Vorbereitung eines Pilotprojekts müssen die generellen Rahmenbedingungen überprüft und festgelegt werden. Vor allem ist die Machbarkeit des Projekts aus organisatorischer, technischer und finanzieller

Sicht zu testen. An dieser Stelle muß also eine grobe Überprüfung erfolgen, in welchem Umfang Telearbeit sinnvoll im Unternehmen eingeführt werden kann.

Wichtige Anhaltspunkte bietet unter anderem die Resonanz der Belegschaft nach der originären Information (s. Schritt 4). Hieraus läßt sich ein generelles Interesse oder Desinteresse ableiten. Bei letzterem müssen Projektgruppe und Unternehmensführung ernsthaft über den Verzicht auf weitere Aktivitäten zur Einführung von Telearbeit nachdenken.

Des weiteren gilt es, die für Telearbeit geeigneten Tätigkeiten im Unternehmen zu identifizieren. Hieraus kann ermittelt werden, wie viele Arbeitsplätze von der Einführung von Telearbeit betroffen sein könnten. Als Resultat lassen sich Schlußfolgerungen mit finanziellen Auswirkungen wie beispielsweise denkbare Andersnutzung von Büroraum bzw. Auslagerung ganzer oder neuer Abteilungen in ein Satelliten- oder Nachbarschaftsbüro ziehen.

Positive finanzielle Effekte sind den Aufwendungen gegenüberzustellen. Selbst die strategisch und langfristig bedeutsame Einführung von Telearbeit (s. Kapitel 1) läßt sich nur rechtfertigen, wenn sich die notwendigen Investitionen in einem vernünftigen Rahmen bewegen.

Einen wesentlichen Bestandteil der Investitionen macht die Aufrüstung der Unternehmenshardware sowie die Anschaffung spezieller Software aus. Die Überprüfung der technischen Machbarkeit ist somit ebenso bedeutend, wie die oben bereits angesprochenen Punkte. Hier geht es vor allem darum, den notwendigen Aufwand für die anvisierten Änderungen zu erkennen.

Ergebnis des fünften Schrittes sind somit noch keine konkreten technischen oder organisatorischen Lösungen. Diese folgen später. Vielmehr geht es hier darum, das abstrakte Konzept Telearbeit auf organisatorischer, struktureller und technischer Ebene anhand der gegebenen Voraussetzungen im Unternehmen umzusetzen.

Die vorgenommenen Analysen stellen die Grundlage für die jetzt notwendige generelle Entscheidung der Unternehmensleitung dar, ob die Einführung von Telearbeit strategisch und finanziell Sinn hat. Am Ende dieses Schrittes sollte außerdem ein an das Unternehmen angepaßtes Konzept für die Umsetzung von Telearbeit vorliegen, das angibt,

- welche Tätigkeiten für Telearbeit geeignet sind
- wie viele Mitarbeiter im Unternehmen Telearbeit betreiben könnten
- welche technischen Lösungen erforderlich sind
- welcher Aufwand zur Einführung von Telearbeit notwendig ist
- wie sich die Einführung von Telearbeit finanziell auswirken könnte

6.   Rechtlichen Rahmen für Telearbeit im Unternehmen definieren

In den nun folgenden Schritten konkretisiert sich das Pilotprojekt und mit ihm die breite Einführung von Telearbeit im Unternehmen. Vor der weiteren Planung des Pilotprojekts müssen daher zunächst die rechtlichen Grundlagen in Verbindung mit der neuen Arbeitsform zwischen Personalabteilung, Unternehmensleitung und Betriebsrat oder Arbeitnehmervertretern ausgehandelt werden.

Hier geht es darum, einen konkretes rechtliches Rahmengerüst für den Telearbeiter zu schaffen. Kapitel 8 erläutert ausführlich die zu beachtenden gesetzlichen Bedingungen und empfiehlt ein konkretes Vorgehen, das die Verabschiedung einer gemeinsamen Betriebsvereinbarung zur Telearbeit vorsieht.

Diese Betriebsvereinbarung und einen Mustervertrag für den individuellen Telearbeitsvertrag gilt es, an dieser Stelle aufzusetzen. Nur so schafft man im Unternehmen die notwendige Rechtssicherheit, die den Mitarbeitern das grundsätzliche Vertrauen gibt, ihren traditionellen Arbeitsplatz oder Arbeitsvertrag zu ergänzen und neue Bedingungen einzugehen. Wichtig ist hierbei, daß dem Telearbeiter weder rechtliche noch finanzielle Nachteile aus dem Angebot „Telearbeit" entstehen und daß auch soziale und Führungskomponenten in die Vertragsgestaltung einfließen (s. Kapitel 7 und 6, beispielsweise eine leistungsabhängige Entlohnung, ein Prämiensystem oder eine Erfolgsbeteiligung).

7.   Kriterien für die Auswahl der Teilnehmer am Pilotprojekt festlegen

Nach der Klärung sämtlicher rechtlicher Fragen folgt die konkrete Vorbereitung des Pilotprojekts. Hierzu sind Kriterien aufzustellen, nach denen die Auswahl der Bewerber um einen Telearbeitsplatz in dieser ersten Testphase erfolgt. Generell gilt hier natürlich der Anforderungskatalog nach Kapitel 7.

In der Pilotphase ist die Meßlatte für die hier angegebenen Kriterien besonders hoch anzulegen. Die noch hohe Unsicherheit und fehlende Erfahrungen mit dieser neuen Arbeitsform im Unternehmen machen dies erforderlich. Generell sollte der Teilnehmer am Pilotprojekt Erfahrung im Umgang mit DV-Anlagen aufweisen und in besonderem Maße bereit sein, Probleme und Schwierigkeiten eigenständig zu bewältigen.

In der Pilotphase kommt es außerdem auf die Auswahl von Probanden an, die in der Lage sind, ihre Schwierigkeiten und Verbesserungsvorschläge in den folgenden Reviews kritisch zu äußern. Nur bei der Auswahl wirklich geeigneter Teilnehmer kann man davon ausgehen, daß ein Pilotprojekt den gewünschten Erfolg bringt.

8.   Kriterien zur Bewertung des Pilotprojekts festlegen

Bevor nun die Auswahl der Telearbeiter für das Pilotprojekt erfolgt, muß die Projektgruppe, eventuell zusammen mit einer eigenen Controlling-Gruppe und der Unternehmensleitung, die Kriterien festlegen, an denen das Pilotprojekt gemessen werden soll. Insbesondere gilt es genau zu definieren, welche Effekte und Auswirkungen von Telearbeit auf das Unternehmen und die Tätigkeit des Telearbeiters zu untersuchen sind.

Eine wichtige Frage stellt natürlich die Leistung des Telearbeiters dar. Interessant sind weiterhin der Führungsprozeß, Kommunikationsmuster und die Akzeptanz neuer Medien wie E-Mail. Die Zufriedenheit des Telearbeiters, seiner Kollegen und seines Vorgesetzten gilt es ebenso zu untersuchen wie die finanziellen Auswirkungen und die Bedeutung der Telearbeit für das Unternehmensbild.

Es lassen sich somit viele Kriterien festlegen, an denen der Erfolg des Pilotprojektes gemessen werden kann. Wichtig ist jedoch, daß diese schon im Vorfeld fixiert sind, am besten mit den notwendigen Erfolgs- bzw. Mißerfolgskriterien. Schließlich soll das Pilotprojekt nicht nur dazu dienen, Erfahrungen zu sammeln und Fehler zu beseitigen. Es soll auch erlauben, den Sinn und die Notwendigkeit von Telearbeit für das jeweilige Unternehmen zu überprüfen.

Für die Erhebung bzw. Messung der notwendigen Daten sind schon an dieser Stelle die notwendigen Fragebögen, Umfragetechniken, Interviews, Erfahrungsberichte oder technischen Meßvorrichtungen zu planen und umzusetzen. Für eine Vorher-/Nachher-Bewertung sollten schon vor Beginn der Telearbeit entsprechende Umfragen bei den Projektteilnehmern, deren Vorgesetzten und den Kollegen erfolgen. Diese Umfragen liefern wertvolle Ergebnisse für das gesamte Unternehmensbild und sind schon an dieser Stelle zu planen.

9. Rahmenbedingungen und Ausstattung des Pilotprojekts festlegen

Auf der Grundlage der Grobkonzeption des Schrittes fünf folgt die konkrete organisatorische und technische Vorbereitung der Telearbeit. Der technische Planung und Realisierung müssen konkrete organisatorische Überlegungen vorausgehen. Wichtigster Partner der Projektgruppe in dieser Phase ist die IT- oder DV-Abteilung.

Konkret geht es darum, die notwendigen Rahmenbedingungen für die Aufnahme der Telearbeit zu schaffen. Die mit der technischen Umsetzung betreuten Netz- oder IT-Spezialisten müssen den sicheren Zugriff auf das Unternehmensnetz von außen einrichten. Die allgemein notwendige Ausstattung für die Einrichtung eines Telearbeitsplatzes für ein bestimmtes Tätigkeitsfeld ist festzulegen. Eventuell ist neue Software wie ein E-Mail-System oder ein Workflow-Management (CSCW) einzuführen. Wichtige Anhaltspunkte für die Tätigkeit in dieser Phase enthalten die Kapitel 3 und 4 dieses Buches.

Nach diesem Schritt muß die Einrichtung von externen Telearbeitsplätzen, sei es in der Wohnung des Telearbeiters oder in einem Satelliten- bzw. Nachbarschaftsbüro, technisch und organisatorisch möglich sein. Für die Installation des entfernten Telearbeitsplatzes stehen entsprechend den unter fünftens identifizierten Tätigkeitsfeldern Ausstattungslisten zur Verfügung, nach denen die notwendige Hard- und Software angeschafft, vor Ort installiert und konfiguriert wird (s. auch Anhang A).

10.   Telearbeiter und Vorgesetzte für das Pilotprojekt auswählen

Anhand der im 8. Schritt aufgestellten Kriterien erfolgt nun die Ausschreibung des Pilotprojekts „Telearbeit" an sämtlichen geeigneten Arbeitsplätzen im Unternehmen. Es folgt die entsprechende Auswahl von Testteilnehmern. Hierbei sei nochmals auf die Ausführungen unter achtens sowie im Kapitel 7 hingewiesen.

Besonders wichtig ist die Kooperationsbereitschaft der Vorgesetzten, in deren Abteilungen Telearbeiter am Pilotprojekt teilnehmen sollen. Sofern möglich richtet sich das Angebot sogar gezielt an diese Führungskräfte und sie praktizieren selbst in gewissem Umfang Telearbeit.

Insgesamt sollte das Pilotprojekt nicht zu groß geraten, je nach Resonanz und Unternehmensgröße aber durchaus auch einen gewissen Umfang erreichen. Ideal für ein Pilotprojekt erscheint eine Teilnehmerzahl von ca. zehn Prozent sämtlicher im Unternehmen für geeignet gehaltener Telearbeitsplätze.

Um Enttäuschungen oder Demotivation einzelner Bewerber zu vermeiden, sollten die Projektverantwortlichen schon bei der Ausschreibung des Pilotprojekts auf die besonderen Anforderungen hinweisen und verdeutlichen, daß die Teilnehmer sich als Testkandidaten zur Verfügung stellen.

Dies soll die Bewerber auf mögliche Probleme und Schwierigkeiten im Zusammenhang mit der Aufnahme ihrer Tätigkeit vorbereiten. Außerdem dient die gezielte Information sämtlicher denkbarer Telearbeiter der Vorselektion in der Bewerbergruppe. Dies erspart die Enttäuschung bei einer Ablehnung prinzipiell geeigneter, für das Pilotprojekt aber ungeeigneter Bewerber. Überhaupt ist eine ständige und regelmäßige Information der Belegschaft über den aktuellen Stand des Projekts „Telearbeit" gemäß Schritt 4 dringend zu empfehlen.

11.   Kontrollgremium einrichten

Zum Abschluß der Phase „Geburt" erfolgt die Festlegung des Kontrollgremiums, welches das Pilotprojekt überwachen soll. Dies setzt sich am besten aus Mitgliedern der Projektgruppe, der beteiligten Telearbeiter und Vorgesetzten sowie „normalen" Mitarbeitern der betroffenen Abteilungen zusammen.

Hinzu kommen eventuell Mitglieder der Personal- oder der Finanzabteilung und der unternehmenseigenen Controlling-Abteilung, sofern diese nicht in anderer Funktion bereits dem Projektteam oder der Kontrollgruppe angehören. Die eventuell eingerichtete eigene Controlling-Gruppe für das gesamte Telearbeitsprojekt (s. Abschnitt 9.1.3) spielt hier ebenfalls eine bedeutende Rolle.

Aufgabe des Kontrollgremiums ist die Überwachung des Pilotprojekts und die Erfassung der unter neuntens festgelegten Informationen. Hinzu kommen regelmäßige Treffen mit den Beteiligten am Pilotprojekt, um Erfahrungen auszutauschen und das Feedback über die vorgenommene Realisierung von Telearbeit zu erhalten. Das Kontrollgremium hat nicht nur die Aufgabe, schnell auf Mißstände zu reagieren und Fehler zu korrigieren, sondern diese auch detailgenau zu protokollieren.

9.2.3 Heranwachsen und Reifung: Beginn der Telearbeit im Unternehmen

Nach den intensiven Schritten der Vorbereitung in den ersten beiden Phasen ist nun endlich der „historische Augenblick" gekommen. Zum ersten Mal wird das Unternehmen Telearbeit einführen, die ersten Mitarbeiter des Pilotprojekts praktizieren Telearbeit. Sie erkunden eine gänzlich neue und für alle Beteiligten ungewohnte Form der Arbeit.

In dieser dritten Phase erfolgt zunächst die Vorbereitung und Schulung der Teilnehmer am Pilotprojekt, bevor diese an ihrem konkreten Telearbeitsplatz die neue Tätigkeit beginnen. Am Ende steht dann die Auswertung der Ergebnisse, die im Rahmen des Pilotprojekts gewonnen wurden, mit der spannenden Entscheidung, ob Telearbeit auf der Basis eines breiten Angebots im Unternehmen eingeführt oder wieder abgeschafft werden soll.

12. Training und Schulung der Telearbeiter sowie der Vorgesetzten

Die rekrutierten Telearbeiter dürfen keinesfalls einfach ins kalte Wasser geworfen werden. Bevor Telearbeiter und Vorgesetzte die neue Arbeitsform beginnen, sollten sie unbedingt in einem gemeinsamen Seminar geschult werden. Primär muß die Schulung natürlich der Vermittlung des nötigen Fachwissens dienen, um mit neuen Geräten und eventuell zusätzlicher Software umzugehen.

Man kann davon ausgehen, daß der Umgang mit der bisher gewohnten Hard- und Software keiner besonderen Schulung bedarf. Die Kommunikationstechnik mit der zugehörigen Software stellt hingegen vielfach Neuland für die Seminarteilnehmer dar.

Das Seminar vermittelt dem Telearbeiter, wie er sich korrekt im Firmennetz einwählt, beim betreffenden Server anmeldet und auf Firmendaten zugreift. Der Umgang mit neuen Kommunikationsmedien wie E-Mail, VoiceMail oder den Komfortdiensten eines ISDN-Anschlusses (z.B. Dreierkonferenz oder Makeln) sollte Telearbeitern und Vorgesetzten geläufig sein. Die Kommunikation zwischen Telearbeiter und Kollegen oder Vorgesetzten darf auf keinen Fall an fehlendem technischen Know-how scheitern.

Die mehrtägige Schulung muß auch sozialen Aspekten gerecht werden. Die Schulung soll die Vorgesetzten intensiv auf die (neue) Managementmethode vorbereiten. Das Seminar muß deshalb spezielle Probleme und Instrumente der Führungstätigkeit in Verbindung mit Telearbeit enthalten. Dem Telearbeiter muß es hingegen Techniken der Selbstorganisation und Selbstdisziplin vermitteln. Auch ihm ist das Management by Objectives mit der Leistung als Meßgröße seiner Arbeit zu erläutern.

Günstig ist es, wenn die Schulung nicht am Firmenstandort, sondern in externen Schulungsräumen mit adäquater, eventuell selbst mitgebrachter Hard- und Software stattfindet. In diesem Fall ergeben sich sozial wirksame positive Nebeneffekte. Die Gruppendynamik der Schulungsteilnehmer sorgt für ein „Wir"-Gefühl, das dem Telearbeiter Anonymität und Isolation nimmt.

Er lernt die anderen Teilnehmer des Pilotprojekts kennen, ebenso wie die Vorgesetzten. Dies wirkt sich positiv auf den Erfahrungsaustausch aber auch auf das Eigenverständnis und die gegenseitige Wertschätzung der Teilnehmer aus. Die Schulung sollte im Idealfall fünf Arbeitstage betragen, keinesfalls jedoch kürzer als drei Tage sein. Für die Ausbildung der Führungskräfte ist dieser Zeitraum zu knapp. Hier kann eine Verlängerung oder zusätzliche Schulung zur Umsetzung des neuen Führungskonzepts sinnvoll sein.

13.   Arbeitsplätze einrichten

Je nach gewähltem Standort sind die Arbeitsplätze der Pilot-Telearbeiter zu installieren. Entsprechend den im Schritt neun erstellten Ausstattungslisten für unterschiedliche Tätigkeiten nimmt die DV-Abteilung oder ein externer DV-Dienstleister die notwendigen Installationen vor Ort vor.

Am besten erfolgt die Einrichtung der Arbeitsplätze, während die Teilnehmer am Pilotprojekt sich auf ihrem Seminar befinden oder direkt danach. In diesem Fall können die geschulten Telearbeiter nach ihrer Rückkehr nahtlos die neue Tätigkeit aufnehmen und das gerade Gelernte praktisch umsetzen.

Bei der Installation der Anlagen und Geräte muß beachtet werden, daß eventuell Leistungen wie ein ISDN-Anschluß rechtzeitig zu beantragen sind. Man muß vor allem mit dem heimarbeitenden Telearbeiter klären, ob während der Schulung andere Personen im Haushalt anwesend sind, die eine Installation der notwendigen Hardware und Leitungen während der Abwesenheit des Telearbeiters eventuell erlauben.

14.   Managementmethode anpassen

Nachdem die nötigen Vorbereitungen und Schulungsmaßnahmen abgeschlossen sind, kann die Telearbeit als neuere Tätigkeitsform beginnen. Um den Erfolg zu gewährleisten, muß zuvor jedoch das Management im Unternehmen entsprechend angepaßt werden. Die Einführung einer leistungs- und zielorientierten Führungsmethode ist essentiell für die Tätigkeit des Telearbeiters (s. Kapitel 6).

Bei Widerstand gegen ein neues Managementkonzept im ganzen Unternehmen genügt es vorerst, das neue Management nur in den von Telearbeit betroffenen Abteilungen umzusetzen. Im Rahmen der Schulung (s. Schritt zwölf) sind die Führungskräfte bereits auf das neue Führungsmodell vorbereitet. Hier geht es nun darum, die gelernte Theorie praktisch einzusetzen und durch Zielvereinbarungen mit den Mitarbeitern die neue Tätigkeit zu ermöglichen.

Gleichzeitig muß der Vorgesetzte allen Mitarbeitern das neue Führungskonzept verdeutlichen. An dieser Stelle sollte er zusammen mit dem Telearbeiter nochmals darauf hinweisen, was es für die Kollegen bedeutet, daß ein oder mehrere Angehörige der Abteilung zumindest teilweise ihre Arbeit nicht im Büro verrichten (s. Kapitel 5).

Für die Unternehmensleitung bzw. die übergeordnete Hierarchieebene stellt sich nun die Aufgabe, die Führungskraft bei ihrer geänderten Tätigkeit zu unterstützen. Dies erfordert natürlich auch die Kontrolle der Führungskraft und ihrer Tätigkeit. Die Kontrolle signalisiert nicht Mißtrauen der Unternehmensleitung, sondern soll bei der erfolgreichen Umsetzung von Telearbeit helfen.

15.   Aufnahme der Tätigkeit durch die Telearbeiter

Nun ist es endlich so weit: Die Telearbeiter des Pilotprojekts können ihre neue Tätigkeit beginnen, ihre neue Freiheit genießen, aber auch die ihnen übertragene Verantwortung akzeptieren sowie das gezeigte Vertrauen der Unternehmensleitung rechtfertigen.

Gerade weil die Situation für alle Beteiligten neu ist, sollte der Telearbeiter in dieser frühen Phase von sich aus aktiv den Kontakt zu seinen Kollegen und dem Vorgesetzten suchen. Insbesondere in der Anfangsphase muß der Telearbeiter mit Problemen, Schwierigkeiten und auch möglichem Widerstand in der eigenen Abteilung rechnen. Deshalb sind regelmäßige Treffen zum Erfahrungsaustausch der Telearbeiter sehr wichtig.

Ähnliches gilt für die Vorgesetzten, die ihre Erfahrungen und Erkenntnisse ebenfalls untereinander austauschen sollten. In regelmäßigen Abständen sind außerdem Meetings der Vorgesetzten und Telearbeiter zusammen mit der Kontrollgruppe sowie dem Projektteam zur Evaluation des Projektstandes notwendig (s. nächster Schritt).

16.   Evaluation und Kontrolle des Pilotprojektes

Das Pilotprojekt soll dazu dienen, wichtige Erkenntnisse für den späteren alltäglichen Einsatz von Telearbeit im Unternehmen zu sammeln. Hierzu ist es unabdingbar, wesentliche Informationen zu sammeln und aus den Erfahrungen der Teilnehmer zu lernen. Regelmäßige Treffen (s. oben) zum Gedankenaustausch zwischen Telearbeitern, Vorgesetzten, dem Projektteam sowie der Kontrollgruppe sichern am ehesten den Erfolg des Pilotprojektes.

Die im achten Schritt festgelegten Kriterien und Erhebungstechniken dienen der Kontrolle und Evaluation des Pilotprojekts. Ergeben sich Schwierigkeiten oder lassen sich Fehler beispielsweise bei der Hardwareausstattung oder im Führungsprozeß erkennen, so ist bereits in das Pilotprojekt regulierend einzugreifen.

Sobald Probleme erkennbar sind, gilt es, sie sofort zu lösen. Verbesserungen sollten direkt implementiert werden, um den Telearbeitern und der gesamten Abteilung die Tätigkeit zu erleichtern. Während des Verlaufs des Pilotprojekts ist das Sammeln aller bedeutenden Informationen wichtig. Daher sollte die Kontrollgruppe alle Treffen, Erfahrungsberichte oder Schwierigkeiten akribisch protokollieren, ebenso wie die Ergebnisse und Auswertungen der vor und nach Telearbeit durchgeführten Befragungen.

Um genügend wichtige Informationen sammeln zu können und mögliche Fehlerquellen aufzudecken, sollte die Dauer des Pilotprojektes von Beginn der Tätigkeit an ein halbes Jahr nicht unterschreiten.

17.   Analyse und Präsentation der Ergebnisse

Nach Ablauf der Pilotphase sowie einer abschließenden Befragung oder Umfrage unter den Teilnehmern folgt die Aufbereitung der Ergebnisse. Das Pilotprojekt „Telearbeit" läuft während dieser Phase natürlich wie gewohnt weiter. Die gesammelten Erfahrungen und Erhebungswerte sind vom Projektteam und eventuell Spezialisten der Controlling-Abteilung auszuwerten und zu untersuchen.

Die Analyse sollte Erkenntnisse über die Auswirkungen von Telearbeit auf das individuelle Arbeitsverhältnis, die Abteilung und das Unternehmen liefern. Leistungssteigerung, Zufriedenheit und Interesse der Beteiligten an Telearbeit sind weitere Fragen von großem Interesse (s. im Detail Abschnitt 9.3).

Nach der Analyse folgt die Präsentation der Ergebnisse des Pilotprojekts. Zunächst sind die Ergebnisse der Unternehmensleitung vorzulegen. Weiterhin sollten die Analysen, zumindest teilweise und wenn dies für das Gesamtvorhaben „Telearbeit" vorteilhaft erscheint, in Abstimmung mit der Unternehmensleitung dem gesamten Unternehmen zu präsentieren (s. Schritt 18). Eventuell ist mit der Publikation der Erfahrungen des Pilotprojekts bis nach dem Schritt 18 zu warten.

9.2.4 Vollendung: Telearbeit im gesamten Unternehmen einführen

Mit den bisher beschriebenen Schritten haben die Beteiligten den größten Teil der Einführung von Telearbeit im Unternehmen bereits absolviert. Die Schwierigkeiten und Probleme, die sich bei einem so komplexen Vorhaben nicht vermeiden lassen, liegen bei richtigem Vorgehen hinter ihnen und wurden erfolgreich gemeistert. Nun muß die endgültige Entscheidung gefällt werden, ob das Vorhaben Telearbeit konsequent umgesetzt oder beendet wird.

18.   Entscheidung über die Einführung von Telearbeit im gesamten Unternehmen

Nach Abschluß des Pilotprojektes ist die Frage zu beantworten, ob die Ergebnisse der Telearbeit positiv für das Unternehmen und die Beteiligten zu bewerten sind, oder ob sich Telearbeit doch als unpraktikabel herausstellt. Anhand der Analysen und Erfahrungen aus dem Pilotprojekt hat die Unternehmensleitung also zu entscheiden, ob Telearbeit wieder abgeschafft oder an allen geeigneten Telearbeitsplätzen angeboten wird.

Das Urteil wird dem gesamten Unternehmen mitgeteilt und begründet. Für den Fall einer positiven Entscheidung endet das Pilotprojekt und die eingerichteten Telearbeitsplätze werden automatisch zu außerbetrieblichen Arbeitsstätten im Sinne des neuen Angebots im Unternehmen.

Bei einer Ablehnung von Telearbeit kehren die Teilnehmer des Pilotprojekts auf ihre alten Arbeitsplätze zurück. Eine „Reintegration" ist in dem Sinne zu unterstützen, daß den Kollegen im engeren Umfeld und der restlichen Belegschaft verdeutlicht wird, daß die Angehörigen des Pilotprojekts nicht persönlich für die Entscheidung der Unternehmensleitung verantwortlich sind. Sowohl die Teilnehmer als auch das Projektteam dürfen nicht als „Versager" oder „Verlierer" gelten.

19. Telearbeit als breites Angebot im Unternehmen einführen

Ist eine positive Entscheidung gefallen, so gilt es, das Pilotprojekt in den betrieblichen Alltag zu überführen. Dies bedingt die Auflösung der Projektgruppe. Die Verantwortlichkeit für Telearbeit, die Auswahl der Bewerber um einen Telearbeitsplatz und weitere personelle Entscheidungen fallen nun in die Zuständigkeit der Personalabteilung. Um das Know-how der Projektgruppe nicht verloren gehen zu lassen, ist eine zumindest vorübergehende Eingliederung des Projektleiters in die Personalabteilung sicherlich sinnvoll.

Als Ansprechpartner für Probleme und alle Schwierigkeiten sollte die Personalabteilung außerdem einen Beauftragten für Telearbeit berufen, der selbst über ein ausreichendes Fachwissen in Bezug auf Telearbeit sowohl auf technischer, organisatorischer und struktureller Ebene verfügt. Der ehemalige Projektleiter dürfte hierfür im allgemeinen der ideale Kandidat sein.

Weiterhin ist eine aktive Werbung für die neue Tätigkeit im Unternehmen zu betreiben. Allen potentiellen Telearbeitern ist das neue Angebot bekannt zu machen. Erfahrungsberichte eines Pilotteilnehmers beispielsweise in einer Firmenzeitung oder am Schwarzen Brett gewähren den Angestellten oftmals den besten Eindruck von den Vorzügen und Nachteilen der neuen Tätigkeit.

Mit der breiten Einführung von Telearbeit in den betrieblichen Alltag kann eine Umstellung des Führungssystems im gesamten Unternehmen nun nicht weiter ausbleiben. Eine erneute Schulung sämtlicher Führungskräfte erscheint daher sinnvoll (s. auch Kapitel 6). Die Umgestaltung der Unternehmenskultur entsprechend den Anregungen und Hinweisen in Kapitel 7 ist nunmehr voranzutreiben und schnell abzuschließen. Hierin liegt die primäre Aufgabe einer Marketing- oder PR-Abteilung.

20. Stetige Kontrolle des Programms

Obwohl das Pilotprojekt inzwischen ebenso wie die zeitweilig gebildete Kontrollgruppe aufgelöst ist, muß Telearbeit im Unternehmen weiterhin genau beobachtet werden. Hierzu sind Personalabteilung, Führungskräfte und Betriebsrat aufgefordert. Regelmäßige Analysen und Umfragen, beispielsweise zum Kommunikationsverhalten, können wichtige Aufschlüsse zur weiteren Verbesserung der neuen Strukturen und Arbeitsabläufe geben.

Die Beobachtung von Telearbeit im Unternehmen kann anhand der Parameter erfolgen, die im Schritt acht für das Pilotprojekt identifiziert wurden (s. auch Abschnitt 9.3). Die eingerichteten Aussprachen zwischen Telearbeitern und Vorgesetzten sowie die Treffen zum Erfahrungsaustausch sollten beibehalten werden. Regelmäßig, beispielsweise halbjährlich, sollte die Personal- oder die Controlling-Abteilung Berichte an die Unternehmensleitung mit Analysen der technisch gewonnenen Daten und den Erfahrungen aus diesen Treffen anfertigen.

21.   Anpassung des Telearbeits-Programms, falls notwendig

Schließlich muß das im gesamten Unternehmen laufende Telearbeits-Programm nicht nur ständig überwacht werden, die gewonnenen Ergebnisse sind permanent in Verbesserungen des Programms umzusetzen. Dies gilt sowohl auf technischer als auch auf organisatorischer Ebene.

Technisch machen sich fehlende Bandbreiten oder zu wenig Einwählpunkte in das Unternehmensnetz für die Telearbeiter negativ bemerkbar (s. Kapitel 4). Ebenso lassen sich die Probleme und Fragen der Telearbeiter, die bezüglich Hard- oder Software bei einem zentralen Help Desk eingehen, auswerten. Oftmals ergeben sich hieraus Verbesserungen der Ausstattung, notwendige Änderungen an der Hardwarekonfiguration oder Erkenntnisse über Schwächen der eingesetzten Software.

Aber auch im Bereich des Management by Objectives sind noch Erfahrungen im Umgang mit Telearbeit zu sammeln, die eine weitere Verbesserung und individuelle Anpassung des Führungsstils an die Unternehmensphilosophie erlauben. Auf sozialer und hierarchischer Ebene sind ebenfalls Erfahrungen zu sammeln und Probleme möglichst frühzeitig zu lösen.

Generell muß der alltägliche Einsatz von Telearbeit, wie jeder Produktionsprozeß, um permanente Verbesserung und Optimierung bemüht sein. Ein Vorschlagswesen oder Wettbewerbe und Preisausschreiben im ganze Unternehmen können neben den Analysen wichtige Hinweise und Anregungen zur ständigen Verbesserung der neuen Arbeitsform geben.

9.3 Das Pilotprojekt

Das Vorgehensmodell zeigt bereits deutlich die besondere Bedeutung des Pilotprojekts für die Einführung von Telearbeit im gesamten Unternehmen. Die zweite und dritte Phase beziehen sich nahezu ausschließlich auf die Phase der Erprobung und ersten Einführung. Hier erfolgt die Grundsteinlegung auch für eine spätere breite Einführung von Telearbeit im gesamten Unternehmen.

Dieser Abschnitt soll nicht nur die Bedeutung des Pilotprojekts erneut unterstreichen, er stellt Sinn und Ergebnisse dieser speziellen Phase tiefgehender als im Abschnitt 9.2 dar. Dies dient insbesondere als Hilfe für die Umsetzung des Projekts und für die Sammlung der notwendigen Informationen und Erfahrungen als wichtigstem Element des gesamten Pilotprojektes.

Wie bereits erwähnt, dient das Pilotprojekt dazu, vor dem breiten Angebot von Telearbeit mit einer speziell ausgewählten Gruppe besonders erfahrener und loyaler Arbeitnehmer die Besonderheiten dieser ungewohnten Arbeitsform praktisch kennenzulernen. Gleichzeitig geht es darum, ein neues oder zumindest abgewandeltes Führungskonzept im Unternehmen zu testen und einzuführen.

Das Pilotprojekt führt ausschließlich Freiwillige zusammen. An ihm sollten unbedingt mehrere Führungskräfte selbst als Telearbeiter teilnehmen. Zudem ist zu erreichen, daß jede Führungskraft bereit ist, sich am Projekt zu beteiligen.

Wichtige Hinweise für das Unternehmen entstammen einer Kommunikations- und Sozialanalyse. Gerade bei der Kommunikation können technische Indikatoren, wie beispielsweise Anzahl und Dauer von telefonischen Kotakten, Anzahl der E-Mail-Kontakte, Online-Zeiten des Telearbeiters usw. von Interesse sein. Ähnliches gilt für die Ermittlung der Leistungsänderung durch Telearbeit.

Soziale Aspekte lassen sich vor allem durch ständiges Feedback und Umfragen bei den beteiligten Telearbeitern und Vorgesetzten erkennen. Hier ist es wichtig, daß sowohl vor Einführung der Telearbeit als auch nach Beendigung des Pilotprojekts Umfragen, beispielsweise in Kooperation mit der Personalabteilung, durchgeführt werden.

Interessante Themen sind Erwartungen und anschließend tatsächlich empfundene Vorteile aus Sicht des Telearbeiters in den Bereichen

- Lebensqualität
- Verminderung der Reisezeiten zum und vom Arbeitsplatz
- flexible Arbeitseinteilung
- Arbeitsqualität
- Produktivität
- Kreativität
- Kosteneinsparung
- Unabhängigkeit
- etc.

Fragen nach Produktivitätssteigerung oder Kreativität verlangen natürliche eine Selbsteinschätzung vom Telearbeiter und ebenso eine Beurteilung der Führungskraft. Entsprechend sind bei den Umfragen Mitspracherechte des Betriebsrates zu beachten, da es sich hier um eine Personalbeurteilung handelt. Aufschlüsse liefern auch Umfragen nach der Zufriedenheit mit der Telearbeit und dem Führungsprozeß. Insbesondere sollte hier das Augenmerk liegen auf:

- wahrgenommenen Leistungen

- Leistungsgerechtigkeit
- Art der Zielvereinbarung (s. Kapitel 6)
- Lohngerechtigkeit
- Einschätzung der Beförderungschancen
- etc.

Entsprechend Kapitel 7 sollten neben beruflichen auch die sozialen Aspekte in die Analysen und Umfragen einbezogen werden. Das Kommunikationsverhalten erlaubt zwar gewisse Aufschlüsse, in eine Umfrage sind dennoch spezielle Fragen nach der sozialen Integration der Telearbeiter aufzunehmen. Interessant sind hier Aspekte wie:

- Anerkennung der Arbeit durch den Vorgesetzten
- Anerkennung durch Kollegen
- Bereitschaft der Kollegen, mit dem Telearbeiter zu kooperieren
- Kontaktschwierigkeiten
- Erreichbarkeit des Telearbeiters
- Auswirkungen auf das Abteilungs- und Unternehmensklima
- etc.

Nicht minder wichtig sind zum Ende des Pilotprojektes auch Umfragen unter allen Unternehmensangehörigen. Der Fragenkatalog kann zielen auf:

- Bedeutung von Telearbeit für das Unternehmen
- Bedeutung von Telearbeit für den einzelnen
- Interesse an Telearbeit
- Integration der Telearbeiter in das Unternehmen
- Betriebsklima
- Abteilungsklima
- Unternehmenskultur
- Schwierigkeiten bei der Kooperation mit Telearbeitern
- Einschätzung der neuen Corporate Identity
- etc.

Die hier aufgeführten Themen sollen als Anregung zum Erarbeiten eigener Fragebögen und Analysemethoden dienen. Eine ausführliche Beschreibung der Zusammenstellung und Durchführung einer Mitarbeiterbefragung zur Telearbeit würde den Rahmen dieses Buches sprengen.

Eigene Kreativität und die inzwischen im Umgang mit der neuen Materie gewonnen Erfahrungen versetzen die Projektgruppe „Telearbeit" mit Unterstützung der Personalabteilung und des Betriebsrates jedoch sicherlich in die Lage, interessante Aspekte zu identifizieren und in eigenen Umfragen umzusetzen. Die Bedeutung einer eingehenden Analyse während der Pilotphase, gekoppelt mit ständiger Anpassung des gesamten Pilotprojekts an neu gewonnene Erkenntnisse kann nicht hoch genug eingeschätzt werden.

Deshalb ist in allen Phasen des Vorgehensmodells ein stetiges Controlling notwendig. Durch permanentes Monitoring und ein jederzeit offenes Ohr der zuständigen Stellen, also der Projektgruppe oder der Personalabteilung, gelingt es, Telearbeit an die Bedürfnisse des Unternehmens anzupassen. Dies sorgt für eine ständige Verbesserung und Weiterentwicklung der Telearbeit, reduziert Probleme und Schwierigkeiten und führt somit in den meisten Fällen zu einer erhöhten Zufriedenheit und Leistungsbereitschaft der Telearbeiter. Dies wirkt sich insgesamt wiederum positiv auf den Unternehmenserfolg aus.

Das frühzeitige Erkennen von Fehlern ist hierbei besonders bedeutend. Selbst beim individuellen Scheitern eines Telearbeiters (s. Kapitel 7 und 8) sind die Hintergründe, gerade in der Pilotphase, genau zu durchleuchten. In Einzelfällen mögen fehlende persönliche Eigenschaften (s. Kapitel 7) ausschlaggebend für das Scheitern sein, oftmals liegen die Ursachen jedoch woanders.

Vielfach sind Managementfehler oder eine angenommene oder tatsächliche soziale Benachteiligung Grund für die Rückkehr auf den normalen Arbeitsplatz. Die genaue Analyse der Ursachen gewährt einen tiefen Einblick in die Realität der Telearbeit. Sie bildet die Grundlage für mögliche Verbesserungen im Konzept oder für das frühzeitige Erkennen von Schwachstellen.

Um es nach Möglichkeit gar nicht erst zur Aufgabe eines oder mehrerer Pilottelearbeiter und somit zur Gefährdung des gesamten Projekts kommen zu lassen, ist gerade in dieser frühen Phase die Kommunikation unter allen Beteiligten besonders wichtig. Mit Aufnahme der Telearbeit im Unternehmen (Schritt 15) sollte die Projektgruppe daher besonders häufig Treffen mit offenen Diskussionen und Verbesserungsvorschlägen abhalten.

Ein ständiger Gedankenaustausch zwischen den Telearbeitern wie auch zwischen den Führungskräften und den Projektbetreuern ist unverzichtbar, soll die Einführung von Telearbeit nicht schon in der Pilotphase scheitern. Die Einrichtung eines zentralen Sorgentelefons oder eines Call-Centers, der auch für technische Schwierigkeiten die nötige Hilfe parat hält, empfiehlt sich unbedingt.

Nach der Überführung von Telearbeit aus der Pilotphase in den Alltag sind nicht nur die regelmäßigen Treffen, auch aus Gründen der sozialen Integration, beizubehalten. Das gilt ebenso für die zentrale Anlaufstelle bei Schwierigkeiten, sei es der mißlungene Zugriff auf das Unternehmensnetzwerk oder die Benachteiligung durch einen Vorgesetzten.

Mit Beendigung des Pilotprojekts wandert die Zuständigkeit für Telearbeit von der jetzt überflüssigen Projektgruppe in die Personalabteilung. Wie oben bereits erläutert, ist die Eingliederung des Projektleiters als Telearbeits-Experte in die Personalabteilung sicherlich sinnvoll. Wichtig ist jedoch, daß auch jetzt Telearbeit als unvollendetes Konzept verstanden wird, das weiterhin beobachtet und verbessert werden kann und muß.

Ein ständiges Lernen aus Erfahrungen und eine Weiterentwicklung der Telearbeit auch mit Beendigung des Pilotprojekts ist unverzichtbar. Im regionalen und im globalen Wettbewerb führen Verbesserungen auf allen Ebenen, sei es in der Anwendung innovativer I&K-Technik, in der Arbeitsorganisation, der Prozeßgestaltung oder im Führungsverhalten, zwangsläufig zu mehr Effizienz im Unternehmen. Überlebensfähig sind in Zukunft nur diejenigen, die das Konzept des lebenslangen Lernens nicht nur für ihre Mitarbeiter, sondern auch für die Organisation an sich erkennen.

Telearbeit kann als Initialzündung dienen, um eine ständige Weiterentwicklung des Organismus Unternehmung anzustoßen. Verbesserungen zu suchen, für Vorschläge von allen Seiten her offen zu sein und diese so gewonnenen Erkenntnisse in den Arbeitsalltag umzusetzen, sind wesentliche Herausforderungen des schnellebigen Informationszeitalters (s. Kapitel 1).

10. Zukunftsmusik – Ein realer Ausblick

Telearbeit als moderne, aus dem Zusammenwachsen von Informations- und Kommunikationstechnologie entstandene Arbeitsform, ist noch verhältnismäßig jung. Entsprechend verfügt Telearbeit gegenwärtig noch über ein weitgehend unausgeschöpftes Potential. Wesentliche Impulse für Telearbeit entspringen sicherlich der weiteren Integration von Informations- und Kommunikationstechnologie. In den nächsten Jahren entstehen hier völlig neue Märkte, Produkte und Dienste.

Entwicklungen wie bei Telekooperation, E-Mail oder Internet werden neue Organisationsstrukturen hervorbringen oder beeinflussen. Electronic Commerce in Form von Teleshopping oder Internet-Kaufhäusern erfreut sich steigender Umsatzzahlen. Die Tele-Gesellschaft mit dem Tele-Menschen ist unaufhaltsam im Wachsen.

Aber schon die Telearbeit als eine der wesentlichen Tele-Anwendungen verändert die Arbeitswelt (s. Kapitel 6). Neue Managementmethoden und eine zielorientierte Ausrichtung des Führungsstils bedingen, daß sich Unternehmen in naher Zukunft einem besonders einschneidenden Wandel aussetzen müssen. Dieses abschließende Kapitel soll die Möglichkeiten der Entwicklung in einigen Teilbereichen und deren Bedeutung für die Telearbeit aus heutiger Sicht aufzeigen. Dies soll verdeutlichen, daß sich Telearbeit selbst nach der erfolgreichen Einführung ständig weiter entwickeln kann und muß.

10.1 Technologische Innovationen als Motor für Telearbeit

Die wesentlichen Impulse für eine Verbesserung der Telearbeit bringen zukünftige technologische Innovationen hervor. Geräte und Ausstattung werden immer leistungsfähiger und dennoch leichter zu bedienen. Hinzu kommen Neuentwicklungen, die gerade im Bereich der Kommunikationsdienste und der Administration komplexer Netzwerke erhebliche Fortschritte bringen.

10.1.1 Kommunikationstechnologie

Zu den Entwicklungstendenzen der Kommunikationstechnik gehört die breite Anwendung der Bildtelefonie. Schon heute sind für PCs mit ISDN-Anschluß recht preiswerte Zusatzkits erhältlich, die neben der reinen Sprachübertragung den digitalen Netzdienst für die parallele Übermittlung bewegter Bilder der Gesprächspartner nutzen.

Am oder in der Nähe des Rechners wird hierzu eine kleine Kamera plaziert, die Bilddaten werden in einem kleinen Bildausschnitt als Fenster auf dem Monitor dargestellt. Die Qualität der übertragenen Bilder ist zwar noch nicht als hochwertig zu bezeichnen, bessere Komprimierungsverfahren und schnellere Rechentechnik sorgen hier in Zukunft aber für eine deutliche Qualitätssteigerung, gerade was die übertragenen Bilddaten angeht.

Gleichzeitig ist ein Sinken der Hardwarepreise für eine solche Zusatzausstattung bei steigender Nachfrage zu erwarten. Bildtelefonie ist somit schon heute möglich und bezahlbar, wird jedoch noch nicht im größeren Umfang angewendet. In Zukunft wird sie, gerade was den Einsatz im Bereich der Telearbeit angeht, zum Standard gehören. Eine zusätzliche Bildübertragung während eines Gesprächs mit dem Telearbeiter wird schon aus sozialen Gründen zu empfehlen sein. Zudem erhöht das Bildtelefon verglichen mit der reinen Sprachübertragung den Media-Richness-Grad der Kommunikation (s. Kapitel 7) und sorgt somit für einen höheren Informationsgehalt und weniger Verständigungsfehler.

Mit dem Bildtelefon eng verbunden ist der gesamte Bereich der Videokonferenz. Hierbei handelt es sich um eine Form der Konferenz, bei der die Teilnehmer nicht an einem Ort versammelt sind, sondern teilweise per Videobild und Sprachübertragung an der Konferenz teilnehmen. Größere Unternehmen richten hierzu oft eigene Konferenzräume mit der nötigen Technik ein. Die Ausstattung steht bereits heute zu entsprechenden Preisen zur Verfügung.

Neben der relativ teuren Hardware kommen hohe Übertragungskosten hinzu, da Videokonferenz-Anwendungen zumindest heute noch die Bild- und sonstige Datenübertragung über breitbandige Kommunikationsnetze (s. Kapitel 4) verlangt. Trotzdem sind Videokonferenzen in einzelnen Bereichen sehr sinnvoll einzusetzen. Den Teilnehmern an der Konferenz entstehen keine Reisekosten und, meist noch wichtiger, kein entsprechender Zeitaufwand beispielsweise für den Flug von der USA nach Europa.

Gleichzeitig erhöht sich auch hier der Media-Richness-Grad im Vergleich zur heute preiswert verfügbaren Telefonkonferenz. Zwar steht auch die Videokonferenz nicht auf der selben Informationsstufe wie die persönliche Präsenz vor Ort, in vielen Fällen reicht der Informationsgehalt einer Videokonferenz jedoch vollkommen aus, um wichtige internationale Kooperationen zu koordinieren.

Für mittlere Unternehmen ist die Anschaffung der nötigen Ausstattung und der Infrastruktur für die Kommunikation auch in absehbarer Zeit ein zu hoher Kostenfaktor. Zudem wird die gesamte Anlage nicht in ausreichendem Maße ausgenutzt.

In Ballungszentren besteht jedoch die Möglichkeit, relativ preiswert Videokonferenzen in eigens hierzu ausgerüsteten Dienstleistungszentren abzuhalten. Die regionalen Industrie- und Handelskammern oder auch lokale Vereinigungen zur Förderung der Telearbeit können Interessierten über Verfügbarkeit und Technologie für Videokonferenzen Auskunft geben.

Positive Effekte für den breiten Einsatz von Kommunikationstechnologien zur Substitution althergebrachter Kontaktformen wie Konferenz oder persönliches Gespräch entstehen durch die Deregulierung des Kommunikationsmarktes in Deutschland. Die Öffnung des Marktes für den Wettbewerb im Großkundenbereich hat schon spürbare Preissenkungen ergeben. Im Privat- und Kleinkundenbereich sind ähnliche Auswirkungen zu erwarten.

Ähnlich wie beim Mobilfunk bedingen mehr Wettbewerber im Kommunikationsmarkt bessere Dienste und Leistungen bei sinkenden Kosten. Dies gilt sowohl für die fixen Installations- und Bereitstellungspreise wie auch für die Netztarife an sich. Günstigere Netztarife eröffnen das Feld für eine breitere Nutzung von Kommunikation im privaten wie im beruflichen Bereich. Für Telearbeit bedeutet dies, daß die Integration des Telearbeiters via Datenleitungen preiswerter wird. Die Gesamtkosten für den Unterhalt eines Telearbeitsplatzes sinken somit erheblich.

Werden in ferner Zukunft bessere Netzdienste mit höherer Bandbreite zu vertretbaren Preisen verfügbar, wirkt sich dies auch auf Verbreitung und Qualität von neuen Netzangeboten wie Bildtelefonie oder eben Videokonferenz positiv aus. Von günstigeren Kostenstrukturen profitiert zudem die Entwicklung des Internets.

Niedrigere Preise für den Netzzugang und die Online-Zeiten im Internet bewirken langfristig eine weite Verbreitung und Nutzung des Internets auch im Privatsektor. Unternehmen, die schon heute ein auf Internet-Technologie aufbauendes Intranet einsetzen, profitieren von dieser Entwicklung ebenfalls. An Stelle eines direkten Netzzugangs für den Telearbeiter kann dieser über Paßwort und Sicherheitskontrolle alternativ via Internet auf relevante Unternehmensdaten zugreifen (s. Kapitel 4).

Dies bringt nicht nur geringere Kommunikationskosten und eine hohe Zuverlässigkeit, die Umstellung von Anwendungen und Software auf Internet-Technologie bewirkt einen komfortableren Zugang zu Daten im Netz und eine einheitliche Bedienung sämtlicher Applikationen. Der Internet-Browser avanciert sozusagen zum Betriebssystem der Zukunft (s. auch Abschnitt 10.1.3). Zuvor erwarten die Anwender jedoch wirksamere Verfahren zum Schutz ihrer Daten gegen den Zugriff nicht autorisierter Internet-Benutzer, also beispielsweise schnelle und sichere Verschlüsselungsverfahren.

10.1.2 Informationstechnologie (Hardware)

Bildtelefon und Videokonferenz sind nur zwei wesentliche Entwicklungen im Bereich der Kommunikationstechnologie, die neue Hardware-Komponenten nutzen. Insgesamt hält in Zukunft der Trend zu immer leistungsfähigeren Rechnern bei sinkenden Hardwarepreisen wohl an. Auch wenn die heutigen Chips nicht mehr das Potential an Verkleinerung und Leistungssteigerung aufweisen wie noch Anfang der achtziger Jahre, sorgen vor allem neue Rechnerarchitekturen für bessere Performance im Bereich der Hardware.

Neue Chips enthalten inzwischen auch spezialisierte Funktionen, die gerade den Bereich Multimedia unterstützen sollen. Der PC ist längst nicht mehr eine bessere Schreibmaschine. Die Integration sämtlicher Informationsarten auf dem Rechner geht unaufhaltsam voran. Schon heute gehören CD-Laufwerk und Sound-Ausstattung zum Minimum einer jeden Hardware-Installation.

Neue Standards wie „Plug and Play" sollen außerdem dazu beitragen, daß auch die Hardware für den Endanwender leichter zu warten und zu bedienen ist. Der Einbau einer neuen Hardwarekomponente, beispielsweise die Installation einer Ausrüstung für Bildtelefonie, wird immer einfacher und ist heute schon dem etwas versierten Laien möglich.

Verbesserungen im Bereich der Speichermedien und der Drucktechnik flankieren die Entwicklung der Rechnerleistung. Einmalig beschreibbare und wiederbeschreibbare CDs fassen über 650 MByte Daten, sind robust und leicht zu transportieren. Sie vereinfachen den Austausch großer Datenmengen zwischen Telearbeiter und Unternehmen auch dann, wenn im Netzwerk nur geringe Bandbreiten zur Verfügung stehen. Gleichzeitig läßt sich die CD ideal als Backup-Medium zur verläßlichen Langzeitspeicherung nutzen.

Die Preise für die hierzu erforderlichen CD-Brenner sinken und liegen schon heute deutlich unter 1.000,- Mark. Ähnliches gilt für andere Peripheriegeräte wie Monitore, Grafikkarten oder Drucktechnik. Laser- oder Farbtintenstrahl-Drucker sind heute so preiswert, daß jeder Telearbeitsplatz mit der nötigen Hardware ausgerüstet werden kann. Selbst Großbildschirme und hochwertige Grafikkarten sind erschwinglich.

Das bedeutet, daß für Telearbeit immer leistungsfähigere Rechnertechnologie zur Verfügung steht. Somit läßt sich ihr Einsatz auf immer mehr Arbeitsplätze ausdehnen. Beispielsweise war vor nicht allzu langer Zeit die Ausstattung für einen leistungsfähigen CAD-Arbeitsplatz so hoch, daß eine Installation an einem Telearbeitsplatz undenkbar erschien. Heute ist das notwendige Equipment für weniger als 10.000,- Mark erhältlich. Somit werden mehr und mehr Telearbeitsplätze selbst bei hohen Anforderungen an Ausstattung und Performance der Hardware finanzierbar.

10.1.3 Software

Die im Bereich der Telearbeit einsetzbare Software weist ein besonderes Innovationspotential auf. Neue Betriebssysteme verlangen zwar immer leistungsfähigere Rechner, dafür sind sie aber auch einfacher zu bedienen. Gerade im Bereich der Netzwerk-Betriebssysteme sind revolutionäre Verbesserungen zu erwarten.

Neue Funktionen vereinfachen die Verwaltung das Netzes und erhöhen gleichzeitig den Komfort für den Anwender. Es wird keine Bedeutung mehr haben, an welchem Arbeitsplatz sich ein Anwender im Netz anmeldet. Durch die Identifikation mittels Paßwort und Sicherheitskontrolle erkennt das Betriebssystem den Anwender und stellt ihm an dem jeweiligen Arbeitsplatz seine persönliche Arbeitsumgebung zur Verfügung.

Die weitere Verbreitung des Internet in Verbindung mit den verfügbaren Internet-Browsern wirkt sich gravierend auf unternehmensinterne Netze aus. Unter dem Schlagwort „Intranet" gestalten viele Unternehmen heute ein Netz, daß in sich abgeschlossen nur den Firmenangehörigen zur Verfügung steht (s. Abb. 10.1. und Kapitel 4), aber mittels Browser genau so einfach zu bedienen ist, wie das Internet oder das World Wide Web (WWW).

In Zukunft dienen die Browser nicht nur zum Surfen und zum Auffinden bestimmter Informationen innerhalb des Netzes. Entwicklungen wie die neue Programmiersprache JAVA von Sun bewirken, daß solche Internet-Borwser bald zum Betriebssystem aufsteigen könnten. Im Netzwerk stehen dann nicht nur Informationen und Web-Seiten zum Abruf bereit, sondern auch ganze Anwendungsprogramme, die sogenannten Applets.

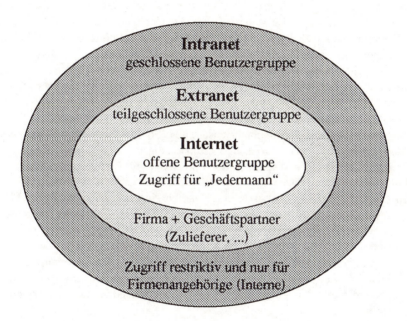

Abb. 10.1. Abgrenzung von Internet, Extranet und Internet

Der Internet-Browser kann ein solches Applet über das Netz laden und die hierin enthaltenen JAVA-Befehle ausführen. Auf diese Weise stehen schon heute komplette Office-Pakete mit Textverarbeitung, Tabellenkalkulation und Grafikprogramm für den weltweiten Netzabruf zur Verfügung. Im Intranet können dem Telearbeiter auf diese Weise die notwendigen Applikationen bereitgestellt werden. Je nach Bedarf startet der Telearbeiter die gewünschte Anwendung im Internet-Borwser seines Rechners.

Der Vorteil der Internet- und Intranet-Entwicklung liegt in der weitgehenden Integration des Betriebssystems und der Anwenderoberfläche mit den Netzdiensten. Die Nutzung des vernetzten Rechners wird erleichtert, sie wird transparenter. Für den Telearbeiter bedeutet dies, daß er in Zukunft weniger Fachwissen über Netzwerke, Einloggen und den Zugriff auf entfernt liegende Datenbestände benötigt. Zukünftig ist nur noch der Umgang mit dem Internet und dem Browser erforderlich, um das Netz für Kommunikation oder Applikationen nutzen zu können.

Dieser Aspekt der einfacheren Bedienung durch höhere Integration im Bereich der Software macht beim Betriebssystem und dem Internet allerdings nicht Halt. Die Entwicklung wird sich auch auf die Unterstützung spezieller Geräte und Kommunikationsdienste wie das oben erwähnte Bildtelefon oder ISDN im allgemeinen ausdehnen.

Funktionen wie die Wählautomatik aus der Adreßdatenbank oder der direkte Zugriff auf das Internet über das Office-Paket vereinfachen die tägliche Arbeit. Standard-Software für Büroanwendungen wächst zunehmend mit speziellen Applikationen wie einem E-Mail-System, einer Dokumentenverwaltung oder einem umfangreichen Terminplaner zusammen. So entstehen neue Funktionen, die den Arbeitsalltag erleichtern, und die Nutzung der Programme vereinfacht sich. Zwar werden die einzelnen Softwarepakete immer umfangreicher und komplexer, dafür sind aber weniger unterschiedliche Programme im Einsatz.

Im Bereich spezieller Software für Telearbeit sind derzeit kaum Entwicklungen zu verzeichnen. Mit der weiteren Verbreitung von Telearbeit werden E-Mail-Systeme, Dokumentensysteme und vor allem CSCW-Software (Computer Supported Cooperative Work, s. auch Kapitel 4 und 7) auf spezielle Aspekte der Telearbeit zugeschnitten. Die Entwicklung von Software zur Unterstützung kooperativen Arbeitens in räumlich und zeitlich verteilten Arbeitsgruppen befindet sich in einem relativ frühen Stadium. Hier ist eine beeindruckende Entwicklung zu erwarten.

Nach der Ausstattung vieler Arbeitsplätze mit Rechentechnik Anfang der achtziger Jahre und der folgenden Vernetzung dieser Systeme Anfang der neunziger Jahre folgt nun eine Evolutionsphase, in der vor allem bessere Software und das Zusammenwachsen von unterschiedlichen Hardware-Komponenten in einem Gerät neue Anwendungen eröffnet.

Angesichts der derzeitigen Ausgangssituation und der rapiden Entwicklung hin zum Informationszeitalter findet der Anwender immer bessere und preiswertere Systeme für den Einsatz im Bereich der Telearbeit. Ein Ende der gerade erst eingeleiteten Innovationsphase in der I&K-Branche ist dabei noch nicht abzusehen. Telearbeit fördert Innovationen und die Entwicklung von Lösungen im Bereich verteilter Arbeitsgruppen und profitiert gleichzeitig von diesen Innovationen.

Telearbeit ist also Motor für Innovationen. Gleichzeitig ist die Innovation Motor für Telearbeit.

10.2 Gesellschaftliche Entwicklung

Wie der deutliche Meinungswandel der Gewerkschaften in Bezug auf Telearbeit zeigt (s. auch Kapitel 1), kommt einem gewachsenen Umweltbewußtsein, dem Wunsch nach mehr Lebensqualität und einer gestiegenen Akzeptanz der neuen I&K-Technologien in der modernen Gesellschaft ein enormer Stellenwert zu. Telearbeit nutzt als konkrete Tätigkeitsform neue Technologien, um eben diesen Anforderungen verstärkt Rechnung zu tragen (s. Kapitel 2).

Nicht zu vernachlässigen sind hierbei die positiven Auswirkungen neuer Anwendungen und Technologien auf den Umweltschutz. Videokonferenzen und Telearbeit vermeiden unnötigen Reiseverkehr und tragen so zur Entlastung der Umwelt bei. Dies gilt nicht nur für die tägliche Fahrt zur Arbeit, sondern auch für aufwendige und besonders umweltschädliche Flugreisen (s. oben).

Das sogenannten „Air District"-Gesetz zwang Mitte 1991 die Unternehmen in der Region um San Francisco, das tägliche Pendelaufkommen stark zu reduzieren. So wollte der Gesetzgeber die Bildung von Fahrgemeinschaften sowie den Umstieg auf öffentliche Verkehrsmittel zur Verbesserung der Luftqualität erzwingen. Eine Gesetzesinitiative, die verdeutlicht, daß Gesellschaft und Politik in Sachen Umweltschutz umdenken. Eine ähnliche Verordnung ist in Europa zwar nicht abzusehen, wäre aber von allen politischen Parteien sicherlich erwünscht.

Als positiver Nebeneffekt entstand im Zuge des „Air District"-Gesetzes das „Smart Valley Project" als gemeinsame Initiative zur Einführung von Telearbeit. Beteiligt waren neben vielen kleinen und mittelständischen Unternehmen mit 3Com, Cisco Systems, Hewlett-Packard und Pacific Bell auch die lokal ansässigen „Major Player" der Kommunikationsbranche. Erfahrungen und Ergebnisse des Smart-Valley Projekts finden sich an verschiedenen Stellen in diesem Buch wieder (s. auch Kapitel 9). Das Projekt kann als Paradebeispiel für die Bedeutung der Telearbeit in einer gewandelten, umweltbewußten Gesellschaft gelten.

Besonders bedeutsam für die gesellschaftliche und politische Entwicklung sind auch Aspekte der Beschäftigungspolitik. Telekommunikation und die I&K-Branche gelten als die zukunftsträchtigsten Wirtschaftszweige überhaupt. Telearbeit als moderne Anwendung fördert das weitere Wachstum dieser Branchen und sorgt somit für neue Arbeitsplätze in den Bereichen Hardware, Software und Dienstleistungen.

Insbesondere die Telekommunikation wird ein erhebliches Wachstum allein durch die vermehrte Nachfrage nach unterschiedlichen Kommunikationsdiensten erleben. Dies führt zu neuen Dienstleistungen bei niedrigeren Kosten. Telearbeit bedeutet für die interessierten Unternehmen zunächst Investitionen und im Vergleich zur Büroarbeit höhere Betriebskosten, abgesehen von der möglicherweise reduzierten Raummiete. Diese Ausgaben erhält das Unternehmen durch zufriedenere und leistungsbereite Mitarbeiter zurück.

Die Ausgaben, die Telearbeit verursacht, bedeuten in anderen Branchen wiederum Umsatz und tragen so zur Umgestaltung der wirtschaftlichen Strukturen in Europa bei. Schon heute beschäftigt die DV-Branche viele Arbeitnehmer direkt oder indirekt. In Zukunft, mit einem verstärkten Konkurrenzkampf auf dem Telekommunikationssektor sowie erhöhtem Konkurrenzdruck bei innovativen I&K-Lösungen, wird die Zahl der Beschäftigten in diesem Marktsegment weiter wachsen.

Trotz des derzeitigen Vorsprungs Nordamerikas sind europäische und insbesondere auch deutsche Unternehmen durchaus konkurrenzfähig. Es gilt allerdings, den Vorsprung der Amerikaner durch Investitionen in Forschung und Entwicklung und vermehrten Gründergeist aufzuholen. Gerade im Bereich Telekommunikation findet sich die hiesige Industrie in einer führenden Marktrolle wieder. Mit der verstärkten Nutzung von Telearbeit kann ihr der Anschluß an die Spitze in der I&K-Technologie gelingen.

Zu Recht gilt Telearbeit daher als ein wichtiges Instrument, um den Herausforderungen der zukünftigen Gesellschaft gerecht zu werden (s. Kapitel 1). Der Trend zur Globalisierung unserer Gesellschaft auf sehr vielen Gebieten trägt dazu bei, daß Telearbeit derzeit einen sehr fruchtbaren gesellschaftlichen Boden findet.

Dienstleister und Produzenten der I&K-Branche verbessern ihre Produkte, ihr Angebot und ihren Service permanent, um im Wettbewerb bestehen zu können. Dies führt im Endeffekt zu einer breiteren Akzeptanz neuer Tele-Anwendungen wie dem Telelearning, Telemedizin oder eben Telearbeit. Diese neuen Tele-Anwendungen beeinflussen ganz wesentlich den gesellschaftlichen Wandel.

Nach der intensiven Förderung der Telearbeit durch die Bundesregierung befindet sich diese Anwendung jetzt spürbar in einer Umbruchphase. Mit Fördermitteln finanzierte Pilotprojekte haben die Tauglichkeit und den Nutzen der Telearbeit unter Beweis gestellt. Die gewonnen Erfahrungen bilden die Grundlage für den breiten Einsatz von Telearbeit in der betrieblichen Praxis.

Gegenwärtig wächst daher das Interesse an Telearbeit in Unternehmen verschiedener Größen und Branchen. Die anfänglich durch Bund und Länder initiierte Förderung und Subventionierung von Telearbeitsprojekten kann nicht ständig aufrecht erhalten werden. Sie muß auslaufen und schrittweise durch private Initiativen ersetzt werden.

Innovative Vorreiter haben Telearbeit bereits erfolgreich umgesetzt. Nach und nach ziehen andere Großunternehmen gleich. Der positive Trend setzt sich in den kleinen und mittelständischen Unternehmen unaufhaltsam fort. Dadurch bleibt das Thema Telearbeit noch über Jahrzehnte interessant.

10.3 Politische Entwicklung

Auf die Bedeutung der Politik in der frühen Phase der Telearbeit wurde bereits eingegangen (s. Abschnitt 10.2 und Kapitel 1). Derzeit zieht sich die Politik aus der aktiven Förderung der Telearbeit zunehmend zurück. Der Anschub ist mit ihrer Hilfe erfolgreich realisiert worden. Dennoch muß die Politik weiterhin bei der Schaffung von Rahmenbedingungen für eine erfolgreiche Entwicklung der neuen Informationsgesellschaft ihrer Verantwortung gerecht werden.

Ein erster Schritt zur Neugestaltung der I&K-Branche stellt in der Bundesrepublik Deutschland das Telekommunikations-Gesetz dar. Es bildet die Grundlage für die Deregulierung des Marktes und die Auflösung des Telekom-Monopols. Gleichzeitig regelt das Gesetz gesellschaftliche Pflichtaufgaben im Markt für Telekommunikation, also die Grundversorgung in allen Regionen Deutschlands, und sichert dem Staat gewisse Einflußrechte.

Diese Einflußnahme zielt insbesondere auf das Angebot im Internet. Hier besteht der wohl größte, aber auch schwierigste ordnungspolitische Handlungsbedarf. Allerdings beschränkt sich dieser mehr auf die Inhalte, als auf Technologie oder Verfügbarkeit der Netze.

So sind in den kommenden Jahren gewisse Beschränkungen und Eingriffe in die Rechte der Netzanbieter abzusehen. Vor allem pornographische, aber auch rechtsextreme Inhalte gilt es entsprechend geltendem Recht zu kontrollieren und zu indizieren. Das Internet war lange Zeit ein rechtsfreier Raum, in dem quasi Narrenfreiheit herrschte. Dies kann nicht sein und wird in Zukunft auch auf internationaler Ebene zu Eingriffen und Reglementierungen des Netzes führen.

Für Telearbeit an sich sind die Auswirkungen regulierender oder restriktiver Eingriffe des Gesetzgebers somit eher nebensächlich. Diese notwendige Ordnungspolitik wird die Verbreitung von Telearbeit kaum gefährden. Telearbeit ist gesellschaftlich gewollt und wird vom Gesetzgeber unterstützt; die Politik wird somit auf eine Unterstützung sinnvoller Tele-Anwendungen drängen. Denkbar sind beispielsweise Vorschriften hinsichtlich garantierter Netzbandbreiten oder des Zugangs zu einem Dienst über einen Provider.

Handlungsbedarf ergibt sich, weil bei Überlastung des Zugangsknotens keine weiteren Kunden auf die Dienste des Providers zugreifen können. Obwohl die Kunden eine Grundgebühr für die Dienste zahlen, können sie diese dadurch nicht jederzeit und uneingeschränkt nutzen. Dies ist nicht nur ärgerlich, es kann den Nutzen von Telearbeit erheblich reduzieren. Ein solches Szenario birgt eigentlich nur für den Netzbetreiber Vorteile. Es muß also im Interesse des Gesetzgebers liegen, solchen Mißbrauch des freien Wettbewerbs im Markt für Telekommunikation zu unterbinden.

Hinsichtlich der zahlreichen rechtlichen Bestimmungen, die sich auf Telearbeit auswirken (s. Kapitel 8), besteht zwar kein besonderer Handlungsbedarf seitens des Gesetzgebers, eine Überarbeitung des in verschiedenen Gesetzestexten verteilten und komplexen Arbeits- und Mitbestimmungsrechts wäre allerdings wünschenswert. Gerade die komplexe Rechtslage sorgt bei fehlender Kenntnis für viel Unsicherheit bei der Einführung von Telearbeit und zeigt sich somit hinderlich.

Eine Zusammenfassung der einzelnen Gesetzesbestimmungen sowie eine Anpassung der Gesetze an die Herausforderungen der neuen Gesellschaft erscheint somit auf Dauer unvermeidlich. Vor allem die Bestimmungen zu Kündigungsschutz, Arbeitsvertrag und Scheinselbständigkeit verlangen der aktuellen Rechtsprechung eine flexible Auslegung ab (s. Kapitel 8: verdeckte Arbeitsverträge, etc.).

Neben fälligen Nachbesserungen am vorhandenen Arbeitsrecht käme auch ein eigenes Telearbeits-Gesetz in Betracht. Ein derartiges eigenständiges Gesetz lehnen viele Rechtsexperten mit Blick auf die Vielzahl der bereits existierenden arbeitsrechtlichen Regelungen jedoch ab. Ein solches Gesetzeswerk würde allerdings die nötige Rechtssicherheit schaffen. Gerade vielen kleineren und mittelständischen Unternehmen würde dies die Einführung von Telearbeit erheblich erleichtern. Eine Rechtsreform oder ein Telearbeits-Gesetz stehen für die nähere Zukunft jedoch nicht in Aussicht.

10.4 Wirtschaftliche Entwicklung

Auf die technische Weiterentwicklung von Geräten und Software sowie die günstigeren Kostenstrukturen im Kommunikationssektor wurde bereits eingegangen. Konkurrenz im Markt und zunehmende Nachfrage beispielsweise nach Internet-Diensten sorgen für Umsatzwachstum bei gleichzeitigen Preissenkungen. Entsprechendes gilt für die Nachfrage nach leistungsfähiger Rechnerhardware sowie nach den nötigen Netzgeräten und Servern zum Aufbau der notwendigen Kommunikations-Infrastruktur des Unternehmens (s. Kapitel 4).

Die Zahl der für Telearbeit geeigneten Tätigkeitsfelder wächst mit zunehmender Rechnerleistung und mit dem anhaltenden Preisverfall. Softwarelösungen, die speziellen Problemen der verteilten Arbeitsorganisation gerecht werden, sind verfügbar und werden ständig weiterentwickelt. Wirtschaftlich steht der Einführung von Telearbeit somit kaum etwas im Wege. Die positiven Impulse für die gesamte I&K-Branche halten auf absehbare Zeit an.

Aber nicht nur fallende Preise senken die Kosten für die Einführung und den Betrieb von Telearbeit im Unternehmen. Mit der zunehmenden Verbreitung und den damit angesammelten Erfahrungen sinkt das Risiko von Fehlern bei der Umsetzung des Konzepts Telearbeit. Dies führt dazu, daß die positiven Nebeneffekte wie erhöhte Effizienz und gesteigerte Produktivität voll dem Unternehmen zugute kommen.

Die Betriebe, die Telearbeit einführen, müssen zwar ein etwas höheres Kostenniveau gegenüber dem bisherigen Modell hinnehmen, dafür profitieren sie von höherer Leistungsbereitschaft und mehr Flexibilität, die langfristig den Unternehmenserfolg erhöhen.

Gerade neue Erfahrungen im Bereich der Personalführung, die im Zuge des breiten Einsatzes von Management by Objectives gewonnen werden (s. Kapitel 6), führen zu Verbesserungen und Anpassungen in der Organisationsstruktur.

Nebeneffekte wie eine überfällige Schulung und das Umdenken des Führungspersonals oder die „Verjüngung" und „Verschlankung" des Führungsapparates lassen sich ideal mit der Einführung von Telearbeit kombinieren. Ein solches Lean Management sorgt für geringere Personalkosten. Wenn auch eine schlanke Führung erhöhten Aufwand für Kommunikation und Koordination bedeutet.

So entstehen dafür schlagkräftige Strukturen mit erhöhter Effizienz. Das sorgt für die notwendige Wettbewerbsfähigkeit auf den schnellebigen Märkten. Flexible und dynamische Strukturen gelten im Zeitalter der wirtschaftlichen Globalisierung als unverzichtbar. Telearbeit setzt diese flexiblen Strukturen voraus und hilft dabei, sie im Unternehmen zu etablieren.

Insgesamt leistet dieser Trend einen Beitrag zu einer leistungsfähigeren Gesamtwirtschaft und zum dringend notwendigen Wirtschaftswachstum, um eine langfristige Konjunkturbelebung bewirken zu können. Im Kielwasser der Globalisierung gewinnt neben Telearbeit vor allem die Telekooperation zunehmend an Bedeutung. Projekte mit Beteiligung mehrerer Unternehmen und somit dynamisch zusammengesetzten Arbeitsgruppen gehören heute bereits vielfach zum Alltag.

Beispielsweise im Automobilbau erstrecken sich Kooperationen selbst über Kontinente hinweg. Der Trend zur zunehmenden Überwindung von räumlichen und zeitlichen Barrieren durch neue Teledienste und –anwendungen wird in Zukunft anhalten und das Wirtschaftsleben nachhaltig beeinflussen.

10.5 Ausblick

Ein Ausblick in die Zukunft der Gesellschaft, Wirtschaft und Telearbeit soll dieses Kapitel und das gesamte Buch abschließen. Ein „Best-Case-" und ein „Worst-Case"-Szenario stellen bewußt überspitzt die extremen Entwicklungsmöglichkeiten gegenüber. Die Realität liegt sicherlich in einem mittleren Weg. Die beiden Szenarien sollen die letzten Zweifler und Skeptiker jedoch vom Sinn der Telearbeit, mit allen ihren Problemen und Risiken, überzeugen.

10.5.1 Best-Case-Szenario

Das günstigste Umfeld für Telearbeit ist gekennzeichnet durch einen extrem hohen Leistungsdruck auf die Unternehmen. Der Trend zur Globalisierung beschleunigt sich und erfaßt nahezu alle Branchen.

Extrem schnell sinkende Kosten und kürzere Entwicklungs- und Marktzeiten für neue Soft- und Hardware sowie die nötigen Kommunikationsdienste beschleunigen die Verbreitung von Telekooperation und Telearbeit. Videokonferenzen lösen aufwendige Geschäftsreisen ab. Erste Unternehmen entstehen, die ausnahmslos im „virtuellen Raum" elektronischer Datennetze existieren. Über ein eigenes Firmengebäude verfügen sie nicht mehr. Alle Mitarbeiter sind per PC und Bildtelefon miteinander vernetzt. Firmenzeitung und Corporate Identity verleihen dem Unternehmen den nötigen Rahmen, um als eigenständige Firma und als Arbeitgeber anerkannt zu sein.

Nicht nur die eingesetzte Hard- und Software unterliegt immer kürzeren Entwicklungszeiten, auch die Produkte und Dienstleistungen des Unternehmens selbst verlangen eine immer schnellere Verbesserung und Neuentwicklung. Selbst große Unternehmen sind den Gefahren einer extremen Marktdynamik ausgesetzt. Zu langsame Wettbewerber scheiden einfach aus dem jeweiligen Marktsegment aus oder werden von größeren Konkurrenten geschluckt.

Überleben können nur diejenigen, die sich den Markt durch aktive Bearbeitung teilen können. Sie profitieren von hohen Umsatzzahlen und dementsprechenden Gewinnen. Grundlage für den Unternehmenserfolg bilden dynamische Strukturen, innovative Ideen und ein leistungsorientiertes, am Erfolg ausgerichtetes Management.

Dies sind vor allem solche Unternehmen, die rechtzeitig den Umgang mit neuen Medien zum Betriebsalltag machten und ihre veralteten Prozesse und Strukturen völlig verändert haben. Telearbeit und Telekooperation gehören für solche Unternehmen zu den Instrumenten, mit denen sie die Umstrukturierung und ihre hohe Dynamik und Flexibilität als Überlebenskriterium erreichen konnten.

Das Best-Case-Szenario für die weite und schnelle Verbreitung von Telearbeit basiert also im wesentlichen auf folgenden Annahmen:

- Geringe Kosten für Telekommunikation
- Hohe Verfügbarkeit breitbandiger Kommunikationsmedien und entsprechender Lösungen
- Innovative Hardware-Entwicklungen bei stetig steigender Performance in allen Bereichen (Rechenleistung, Datenübertragung, Visualisierung, Speichermedien, etc.)
- Preisverfall bei Hardware
- Geringe Installations- und Betriebskosten
- Intuitiv zu bedienende, und spezialisierte Software
- Rasche Entwicklung der Informationsgesellschaft

- Schnell zunehmender wirtschaftlicher Druck durch Tendenz zur Globalisierung
- Verkürzung von Markt- und Innovationszyklen
- Hoher Konkurrenzkampf und Absterben von zu langsamen Wettbewerbern

10.5.2 Worst-Case-Szenario

Im denkbar ungünstigsten Fall für die Weiterentwicklung von Verbreitung von Telearbeit befindet sich die hiesige Wirtschaft eher im Stillstand. Die erwarteten Entwicklungen hin zur Informations- und Kommunikationsgesellschaft bleiben weitgehend aus. Die I&K-Branche leidet unter den hohen Aufwendungen für Forschung und Entwicklung, die der Absatz der Produkte nicht mehr kompensieren kann.

Die Preise für Hardware, Software und Kommunikationsdienste bleiben relativ stabil. Entwicklungspotentiale im Bereich der Leistungsfähigkeit moderner DV-Systeme sind weitgehend ausgereizt. Neue Produkte entstehen ausschließlich im peripheren Bereich (Speichermedien, Visualisierung, Drucktechnik), der Markt zeigt sich jedoch übersättigt.

Der technische und technologische Fortschritt stagniert entsprechend und mit ihm die gesamte Wirtschaft. Das Interesse und die positive Einstellung in Politik und Gesellschaft gegenüber dem Informationszeitalter läßt nach oder schlägt, bedingt durch Enttäuschung und anhaltend hohe Arbeitslosenzahlen, völlig um. Die I&K-Branche kann die wirtschaftliche Talfahrt nur kurzzeitig aufhalten, gerät dann selbst in den Strudel von Stagnation und Inflation.

Unternehmen, die Telearbeit eingeführt haben, müssen relativ hohe Kosten tragen, ohne von der höheren Produktivität und Effizienz weitgehend profitieren zu können. Überleben können die Unternehmen, die mit allen Mitteln ihre Kosten gedrückt haben und so in der Lage waren, Verluste zu vermeiden. Alternativ hierzu überleben zumindest kurzfristig diejenigen, die ihre Produktion in Billiglohnländer verlagert haben.

Das Worst-Case-Szenario basiert somit im wesentlichen auf folgenden Annahmen:

- Die Preise für Telekommunikation bleiben auf einem hohen Niveau
- Stagnation im technischen Fortschritt
- Stabilisierung der Preise für Hard- und Software auf weiterhin hohem Niveau
- Positive Einstellung und Interesse der Gesellschaft an neuen Medien, Internet und Tele-Anwendungen kehren sich um in Enttäuschung
- Stagnation der Wirtschaft, dadurch bedingte hohe Arbeitslosenzahl und geringe Kaufkraft in der Bevölkerung
- Hoher Konkurrenzdruck auf offenen Märkten, ruinöse Preiskämpfe

- Rahmenbedingungen (Steuern, Lohnnebenkosten, Regulierungszwänge) behindern die Flexibilisierung der Unternehmen
- Chancen für die Unternehmen, die Produkte möglichst günstig anbieten können
- Überleben können nur diejenigen, die geringe Kostenstrukturen aufweisen, Aussterben von Wettbewerben, die dem Preiskampf nicht gewachsen sind

10.5.3 Fazit

Wie eingangs erwähnt, liegt die Realität irgendwo zwischen dem Worst- und dem Best-Case-Szenario. Wie genau die zukünftige Entwicklung zu prognostizieren ist, hängt von der jeweiligen Branche ab, in der ein Unternehmen tätig ist. Aktuelle Tendenzen und die Marktlage spielen hier ebenso eine Rolle, wie die Unternehmensgröße und die aktuelle Finanz- und Personaldecke.

Branchen, die von der Entwicklung zur Informationsgesellschaft am stärksten betroffen sind oder durch Globalisierungstendenzen von Telekooperation profitieren können, liegen nahe am Best-Case-Szenario. Anders sieht die Situation für kleine mittelständische Unternehmen im Handwerk oder im produzierenden Gewerbe aus. Je nach dem Potential, daß sich für ein konkretes Unternehmen mit Blick auf neue Kommunikationsmedien wie das Internet erkennen läßt, können unterschiedliche Gedankenmodelle einer zukünftigen Entwicklung entworfen werden.

Im Endeffekt ist es Aufgabe der Unternehmensleitung, ein eigenes Szenario für die zukünftige Entwicklung von Branche und Märkten sowie der Konkurrenzsituation zu entwerfen. Politisches, kulturelles und gesellschaftliches Umfeld nehmen hierauf Einfluß. Ausgehend von der eigenen Überzeugung der zukünftigen Entwicklung muß dann die Entscheidung für Investitionen in neue Technologien wie Internet, Unternehmensnetze oder Telearbeit ausfallen.

Generell ist zu erkennen, daß I&K-Technik für Unternehmen aller Branchen einfach unverzichtbar ist. Für die meisten Unternehmen ist die Information längst zum entscheidenden Wettbewerbsfaktor geworden. In diesem Buch sollte verdeutlicht werden, daß Telearbeit stets im wirtschaftlichen, technischen, gesellschaftlichen und politischen Kontext zu sehen ist.

Telearbeit erhöht die Lebensqualität in vielerlei Hinsicht. Telearbeit sorgt für mehr Flexibilität, Freiheit und Selbstverwirklichung. Telearbeit erlaubt es, trotz Kindererziehung oder familiärer Pflege weiter am Berufsleben teilzunehmen. Telearbeit hat aus Sicht unserer heutigen Gesellschaft somit Sinn, die Beschäftigung mit dieser neuen und innovativen Arbeitsform auch aus Sicht einer praktischen Umsetzung also um so mehr.

Anhang A
Checkliste für die Ausstattung des Telearbeitsplatzes

Kapitel 4 erläuterte bereits die notwendige Ausstattung eines Telearbeitsplatzes. Neben Hardware und Software spielt vor allem die Wahl adäquater Kommunikationsdienste eine entscheidende Rolle (s. auch Kapitel 7). Equipment und Performance der installierten Dienste hängen jedoch maßgeblich von der jeweiligen Tätigkeit am Arbeitsplatz ab.

So stellt das Tätigkeitsgebiet eines Übersetzers weniger hohe Anforderungen an Ausrüstung und Kommunikationsdienste als beispielsweise das eines CAD-Konstrukteurs. Entsprechend dem Vorgehensmodell (s. Kapitel 9) sollen im neunten Schritt für alle prinzipiell geeigneten Tätigkeiten im Unternehmen Ausstattungslisten für die Einrichtung eines Telearbeitsplatzes oder eines Nachbarschafts- bzw. Satellitenbüros entstehen. Die hier vorliegende Checkliste kann, ohne Anspruch auf Vollständigkeit, als Grundlage dienen, diese Ausstattungstabellen zusammenzustellen.

1 Kommunikationsdienste

Kommunikationsnetz
Telefon (analog)	❏
ISDN, Basisanschluß	❏
ISDN, Primärmultiplexanschluß	❏
(z.B. für Satelliten- oder Nachbarschaftsbüro)	
Breitbandnetz	❏
(z.B. für Satelliten- oder Nachbarschaftsbüro)	
Mobilnetz	❏

Kommunikationsausstattung
Telefon (analog)	❏
Modem	❏
Telefon (digital, ISDN)	❏
PC-Karte (ISDN)	❏
Anrufbeantworter	❏
(alternativ Voice-Mail System auf PC, s. Software)	
Fax (analog)	❏

Fax (digital, ISDN)   ❑
Analog/Digital-Wandler   ❑
(z.B. um analoges Fax an ISDN anzuschließen)
Kombigerät   ❑
(Fax, Drucker, Kopierer, Scanner)
Nebenstellenanlage   ❑
(z.B. für Satelliten- oder Nachbarschaftsbüro)
Handy (Mobilfunk)   ❑
8-Watt-Mobil-Telefon   ❑
(z.B. für Außendienst in schlecht abgedeckten
Mobilfunkbereichen)
Bildtelefon-Ausrüstung für PC   ❑
Videokonferenz-System   ❑
(z.B. für Satelliten- oder Nachbarschaftsbüro)

2 Hardware

Rechnerausstattung

Prozessor (Typ, Taktrate)   _____, _____ MHz

RAM (Arbeitsspeicher)   _____ MByte

Festplatte (Kapazität)   _____ GByte

Grafikkarte   ___VGA, _____ MByte RAM

Monitor (Größe)   _____ Zoll

Sonstige Speichermedien   _____
(z.B. Diskette, MO-Platte,
CD-Rom, CD-R, CD-RW,   _____
Streamer, Zip-Laufwerk, ...)

                                 _____

Drucker (Laser, Tinte, Nadel, ...) _____
                                 ❑ Farbe   ❑ Schwarz/Weiß

Sonstiges   _____
(z.B. Plotter, Digitalisiertablett...)

                                 _____

Netzzugang

Modem (s. oben)	❑
ISDN-PC-Karte (s. oben)	❑
Netzwerk-PC-Karte	❑
(z.B. für Satelliten- oder Nachbarschaftsbüro)	
Router	❑
(z.B. für Satelliten- oder Nachbarschaftsbüro)	
Bridge	❑
(z.B. für Satelliten- oder Nachbarschaftsbüro)	
Switch	❑
(z.B. für Satelliten- oder Nachbarschaftsbüro)	

3 Software

Betriebssystem

Prinzipiell sollten sich das Betriebssystem am innerbetrieblichen und am Telearbeitsplatz nicht unterscheiden. Angesichts der notwendigen Kommunikationsdienste kann am Telearbeitsplatz jedoch eine umfangreichere Version eines Desktop-Betriebssystems oder die Installation einer zusätzlichen Client-Software eines Netzwerk-Betriebssystems erforderlich sein.

DeskTop-Betriebssystem   _____ Version ____

Netzwerk-Betriebssystem   _____ Version ____

Grundausstattung

Generell sollte am Telearbeitsplatz die gleiche Software zur Verfügung stehen wie am Büroarbeitsplatz. Hier sollte also eine Auflistung sämtlicher Software erscheinen, die der Telearbeiter am Büroarbeitsplatz generell nutzt (z.B. Office-Paket, Textverarbeitung, Tabellenkalkulation, CAD-Software, Warenwirtschaftssystem, Standard-Applikationen, Eigenentwicklungen, Datenbank-Abfragesysteme, E-Mail-System, usw.)

_____

_____

_____

_____

_____

Zusätzliche Software (bisher nicht genutzte Systeme) ❏
    Dokumentenverwaltung ❏
    Fax-Software ❏
    E-Mail-System ❏
    Voice-Mail-System ❏
    CSCW (Computer Supported Cooperative Work) ❏
    Backup-Software ❏
    Remote-Control System ❏
    Spezielle BackOffice-Lösung ❏
    (z.B. für automatischen Netzzugriff, ...)
    Internet-Software (Browser, ...) ❏
    Spezielle Intranet-Software ❏
    Sicherheitssystem (Zugangs- und Zugriffs- ❏
    kontrolle, ...)

Anhang B
Muster-Betriebsvereinbarung

Kapitel 8 erläuterte eine sinnvolle rechtliche Konstruktion von Telearbeit als Kombination aus einer allgemein gültigen Betriebsvereinbarung, dem individuellen Arbeitsvertrag und einem zusätzlichen Telearbeitsvertrag. Die Betriebsvereinbarung soll demnach grundlegende und allgemeine rechtliche Fragen bezüglich der Tätigkeit als Telearbeiter im Unternehmen regeln.

Im folgenden wird eine Muster-Vereinbarung als Grundlage für eine Anpassung an die konkreten Bedingungen des Unternehmens vorgestellt. Grundlage der hier abgedruckten Muster-Vereinbarung ist die „Betriebsvereinbarung über außerbetriebliche Arbeitsstätten" der IBM, für die 1991 der Innovationspreis der Deutschen Wirtschaft an IBM ging.

Bei der Formulierung einer Betriebsvereinbarung sind insbesondere Telearbeitsplätze in der Privatwohnung von Interesse. Für Nachbarschafts- oder Satellitenbüros gelten Besonderheiten nur in eingeschränktem Maße, da es sich hier nicht um außerbetriebliche Arbeitsstätten sondern um Betriebsstätten im Sinne des Betriebsverfassungsgesetzes handelt. Dementsprechend sind dafür keine so umfangreichen speziellen Regelungen nötig (s. Kapitel 2 und 8).

Betriebsvereinbarung

1   Allgemeines

1.1 Gegenstand

Diese Betriebsvereinbarung soll den rechtlichen Rahmen zur Einrichtung von Arbeitsplätzen außerhalb der eigentlichen Betriebsstätte, insbesondere in der Privatwohnung des Mitarbeiters / der Mitarbeiterin regeln.

1.2 Regelungs- und Geltungsbereich

Diese Betriebsvereinbarung gilt für alle Mitarbeiter/innen, die regelmäßig einen Teil oder die gesamte individuelle, vertraglich geregelte Arbeitszeit außerhalb des eigentlichen Betriebes in ihren Privaträumen absolvieren. Die Vereinbarung gilt nur für fest angestellte Mitarbeiter/innen, die gemäß BGB und BetrVg den Status einer Arbeitnehmers / einer Arbeitnehmerin inne haben.

Bestehende Rechtsverträge zwischen Arbeitgeber und Arbeitnehmer sowie geltende betriebliche Regelungen und Vereinbarungen gelten unverändert oder sinngemäß. Ausnahmen hierzu ergeben sich nur, wenn diese Betriebsvereinbarung ausdrücklich andere oder entgegenstehende Regelungen vorsieht.

2   Teilnahme an Telearbeit

Die Einrichtung eines Telearbeitsplatzes erfolgt ausschließlich auf freiwilligen Wunsch des Mitarbeiters / der Mitarbeiterin. Die Teilnahme an Telearbeit unterliegt außerdem folgenden Voraussetzungen.

2.1   Tätigkeitsbereich

Die Tätigkeit des Mitarbeiters / der Mitarbeiterin muß prinzipiell für Telearbeit geeignet sein und vom Unternehmen als ein geeigneter Telearbeitsplatz ausgewiesen sein. Durch die Erfüllung der vertraglichen Arbeitsaufgaben außerhalb des Betriebes dürfen sich keine wesentlichen Störungen des betrieblichen Ablaufes ergeben. Die Ausübung der vertraglichen Arbeitspflichten ohne die direkte Präsenz im Betrieb muß generell möglich sein. Die Einrichtung des Telearbeitsplatzes darf den Kontakt des Telearbeiters / der Telearbeiterin zum Betrieb nicht beeinträchtigen.

2.2   Einzelfallregelungen

Prinzipiell kann das Unternehmen die Einrichtung eines Telearbeitsplatzes empfehlen oder anregen sowie auch aus wirtschaftlichen, betrieblichen oder personalpolitischen Gründen die Einrichtung eines Telearbeitsplatzes im Einzelfall ablehnen.

Die Einrichtung eines Telearbeitsplatzes gemäß dieser Betriebsvereinbarung setzt den Abschluß eines individualrechtlichen Telearbeitsvertrages zwischen dem Telearbeiter / der Telearbeiterin und dem Betrieb voraus. Der Abschluß des Telearbeitsvertrages kann nur schriftlich erfolgen. Mit dem Abschluß des Telearbeitsvertrages erkennen die Vertragspartner die hier vorliegende Betriebsvereinbarung zu Telearbeit an. Sie wird Bestandteil der rechtlichen Vereinbarung zwischen Arbeitgeber und Telearbeiter/in.

Die gesetzlichen Mitbestimmungsrechte des Betriebsrates sind bei allen Entscheidungen zu berücksichtigen und einzuhalten.

2.3   Status des Telearbeiters

Der Telearbeiter / die Telearbeiterin behält den rechtlichen Status eines / einer fest angestellten Mitarbeiters / Mitarbeiterin bei. Sämtliche im Rahmen dieses Angestelltenverhältnisses geltenden Rechte und Pflichten des Mitarbeiters / der Mitarbeiterin bleiben uneingeschränkt bestehen.

Zu Zwecken der Verwaltung, Abrechnung und Betriebsorganisation wird dem Telearbeiter / der Telearbeiterin jedoch ein eigener Status zugewiesen. Dies beeinflußt die rechtliche Gleichstellung des Telearbeiters / der Telearbeiterin mit einem /einer fest angestellten Mitarbeiter/in in keiner Weise.

3   Arbeitszeitregelung

Die Einrichtung eines Telearbeitsplatzes ist mit einer größeren Flexibilität und mehr Selbstbestimmung für den Telearbeiter / die Telearbeiterin verbunden. Der Betriebsablauf sowie die zeitabhängige Entlohnung verlangen in besonderem Maße eine Abstimmung zwischen betrieblichem Interesse und Zeitautonomie des Telearbeiters / der Telearbeiterin. Daher regeln die folgenden Punkte die Verteilung und Lage der Arbeitszeit in dem erforderlichen Maße, ohne dem Telearbeiter / der Telearbeiterin die Vorzüge der freien Zeiteinteilung gänzlich vorzuenthalten.

Hinsichtlich Verteilung und Lage der Arbeitszeit bleiben die Mitspracherechte des Betriebsrates unbeeinflußt und sind unbedingt zu berücksichtigen.

3.1 Arbeitszeit

Die zu absolvierende Arbeitszeit bestimmt sich aus dem Arbeitsvertrag. Durch Telearbeit entstehen keine Änderungen hinsichtlich der vertraglich vereinbarten Arbeitszeitleistung. Insbesondere verpflichtet Telearbeit nicht zu „Mehrleistung" oder berechtigt Ansprüche auf „Minderleistung" hinsichtlich der Länge der täglichen, wöchentlichen oder monatlichen Arbeitszeit.

3.2 Regelung für alternierende Telerbeit

Die Einführung alternierender Telearbeit, bedingt durch die Wahrung betrieblicher und persönlicher Sozialinteressen, verlangt eine Aufteilung der geleisteten Arbeitszeit zwischen dem Telearbeitsplatz und dem betrieblichen Arbeitsplatz. Eine entsprechende Vereinbarung zur Aufteilung der Arbeitszeit des Telearbeiters / der Telearbeiterin auf die betriebliche Arbeitsstätte und den Telearbeitsplatz ist im Telearbeitsvertrag aufzunehmen.

In Übereinstimmung mit dem/r Vorgesetzten kann der Telearbeiter / die Telearbeiterin flexibel und für einen kurzfristigen Zeitraum von der vereinbarten Aufteilung abweichen. Solche Abweichungen sollten jedoch die Ausnahme darstellen. Mindestens n % (z.B. 10-20%) der monatlichen vertraglichen Arbeitszeit sind an einem betrieblichen Arbeitsplatz zu absolvieren.

Bezüglich der Lage der betrieblichen Arbeitszeit ist diese zwischen Telearbeiter/in und Vorgesetztem/r rechtzeitig, daß heißt mindestens vier Tage im voraus, zu vereinbaren. Eine generelle Regelung bezüglich der Lage der betrieblichen Arbeitszeit ist anzustreben. Für die im Betrieb geleistete Arbeitszeit gelten die üblichen betrieblichen Regelungen.

Für die Tätigkeit am Telearbeitsplatz kann der Telearbeiter / die Telearbeiterin über die Lage der Arbeitszeit selbst entscheiden. Eine Kernarbeitszeit zwischen n und m Uhr (z.B. 10.00 Uhr und 15.00 Uhr) mit einer möglichen Pause von o bis p Uhr (z.B. 12.00 Uhr bis 13.00 Uhr) ist jedoch einzuhalten. In dieser Zeit muß der Telearbeiter / die Telearbeiterin für betriebliche Belange am Telearbeitsplatz erreichbar und ansprechbar sein.

3.3 Überstunden

Auf Grund der weitgehend freien Einteilung der täglichen Arbeitszeit und der selbständigen Organisation der Tätigkeit kann Mehrarbeit in Form von Überstunden nur anerkannt und abgerechnet werden, wenn diese im Vorfeld von der Führungskraft angeordnet oder vom Telearbeiter / von der Telearbeiterin bei der Führungskraft beantragt und diese genehmigt wurde. Für die Anordnung von Überstunden gelten die üblichen betrieblichen Regelungen. Eine nachträgliche Genehmigung ist auf Grund der Selbstbestimmung nicht möglich.

3.4 Fahrzeiten

Fahrten zwischen dem Telearbeitsplatz und dem Betrieb entsprechen der Anreise von der Wohnung zum Arbeitsplatz. Um eine Bevorzugung des Telearbeiters / der Telearbeiterin gegenüber anderen Angestellten zu vermeiden, gelten diese Fahrten als nicht betriebsbedingt und finden daher keine Anrechnung auf die Arbeitszeit.

3.5 Urlaub und Krankheit

Telearbeit erfordert keine besonderen Regelungen hinsichtlich des Urlaubs oder der Verhinderung des Arbeitnehmers / der Arbeitnehmerin durch Krankheit. Es gelten somit die üblichen betrieblichen Regelungen.

3.6 Erfassung der Arbeitszeit

Zum Nachweis der geleisteten Arbeitszeit hat der Telearbeiter / die Telearbeiterin selbständig ein Arbeitstagebuch zu führen. In diesem sind Lage und Verteilung der täglichen betrieblichen Arbeitszeit am Telearbeitsplatz festzuhalten. Am Monatsende ist dieses Arbeitstagebuch der Führungskraft zur Gegenzeichnung und Kontrolle vorzulegen. Das Arbeitstagebuch gilt als Beleg für die arbeitsvertragliche Pflichterfüllung des/r Angestellten sowie die Gehaltsabrechnung und Entlohnung eventueller Überstunden gemäß Ziffer 3.7.

3.7 Arbeitsvergütung

Die Vergütung der geleisteten Arbeitszeit ergibt sich aus dem Arbeitsvertrag. Hinsichtlich der vergüteten Arbeitsleistung entstehen durch Telearbeit keine besonderen Ansprüche auf ein höheres oder niedrigeres Entgelt für die geleistete Tätigkeit. Die Ausschüttung von Prämien oder leistungsabhängigen Lohnbestandteilen bleibt ebenso von der besonderen Form der Tätigkeit unberührt.

Überstunden, die entsprechend Ziffer 3.3 als betriebsbedingt gelten, werden gemäß den üblichen Regelungen innerhalb des Unternehmens entgolten. Ein besonderer Überstundenzuschlag für Telearbeiter kommt nicht in Betracht. Nicht anerkannte Überstunden hat der Telearbeiter im Rahmen der eigenverantwortlichen Pflichterfüllung selbst zu verantworten. Diese können nur in Ausnahmefällen bei Begründung und Anerkennung durch die Führungskraft entsprechend entgolten werden.

4 Einrichtung des Telearbeitsplatzes

Die notwendige Ausstattung des Telearbeitsplatzes besorgt das Unternehmen auf eigene Kosten. Für die Zeit der Tätigkeit als Telearbeiter im Dienstverhältnis des Unternehmens stellt der Arbeitgeber die Geräte, insbesondere DV- und Kommunikationsanlagen, unentgeltlich zur Verfügung. Konkrete oder abweichende Regelungen sind in Ausnahmefällen möglich, bedürfen allerdings der schriftlichen Vereinbarung im Telearbeitsvertrag. Der Vorgesetzte führt eine Inventarliste mit den Installationen und Anlagen, die das Unternehmen dem Telearbeiter zur Verfügung stellt.

Stellt der Mitarbeiter / die Mitarbeiterin private Ausstattung zur Verfügung, erfolgt eine angemessene Entschädigung für belegte Aufwendungen. Entsprechende Regelungen sind im Einzelfall in den Telearbeitsvertrag aufzunehmen. Eine Nutzung der vom Betrieb zur Verfügung gestellten Geräte und Installation für private Zwecke ist nicht erlaubt.

Für Anlagen und Geräte, die vom Unternehmen zur Verfügung gestellt werden, übernimmt das Unternehmen selbst Wartung und Reparatur oder schließt eigens hierzu einen Wartungsvertrag ab. Fehler, Schäden oder Mängel an Anlagen oder Geräten sind dem Unternehmen unverzüglich zu melden. Der Telearbeiter / die Telearbeiterin haben defekte Geräte dem Unternehmen zur Reparatur zur Verfügung zu stellen. Für private Geräte werden Reparaturkosten nur erstattet, wenn ein direkter Zusammenhang zwischen Beanspruchung / Schaden und der Tätigkeit des Telearbeiters besteht. Für grobe Fahrlässigkeit haftet der Telearbeiter / die Telearbeiterin.

5 Integration des Telearbeiters / der Telearbeiterin

Der Kontakt zwischen Telearbeiter/in und Betrieb ist von immenser Bedeutung, sowohl für den Telearbeiter / die Telearbeiterin, die Kollegen, den Vorgesetzten / die Vorgesetzte sowie den Betrieb. Auf Grund der besonderen Stellung der Privatwohnung und der Gefahren der sozialen Isolation bedarf die Integration des Telearbeiters / der Telearbeiterin in das betriebliche Arbeitsleben besonderer Beachtung.

5.1 Besprechungen und Versammlungen

Telearbeiter/innen sind von allen Versammlungen und Besprechungen, die sie in ihrer Funktion als Mitglied des Unternehmens, einer Abteilung oder des betrieblichen Arbeitsprozesses direkt oder indirekt betreffen, rechtzeitig, das heißt mindestens vier Tage im voraus, zu informieren. Eine Teilnahme an entsprechenden Zusammenkünften ist Pflicht. Ausnahmen bedürfen der Absprache mit dem/r Vorgesetzten.

Hinsichtlich der Einladung zu Zusammenkünften ist der Telearbeiter / die Telearbeiterin so zu stellen, als würde er / sie an einem innerbetrieblichen

Arbeitsplatz seine / ihre Tätigkeit verrichten. Abgesehen von speziellen, auf die Telearbeit bezogenen Versammlungen, ist der Telearbeiter / die Telearbeiterin von allen Veranstaltungen zu informieren, von denen er /sie auch bei Tätigkeit im Betrieb Kenntnis erlangt hätte oder die ihn / sie diesbezüglich betroffen hätten.

Die Teilnahme an betrieblichen Veranstaltungen jeglicher Art kann auf die betriebliche Arbeitszeit des Telearbeiters / der Telearbeiterin angerechnet werden. Bei der Planung und Terminierung von Besprechungen, etwa Abteilungstreffen oder Mitarbeitergespräche, kann der Telearbeiter / die Telearbeiterin eine Berücksichtigung seiner / ihrer jeweiligen vereinbarten betrieblichen Arbeitszeit verlangen. Bei der Terminfestlegung hat der Vorgesetzte die Interessen des Telearbeiters / der Telearbeiterin angemessen zu berücksichtigen.

5.2 Versorgung mit Informationen

Der Telearbeiter / die Telearbeiterin ist generell mit allen wesentlichen betrieblichen und außerbetrieblichen Informationen zu versorgen. Dies gilt insbesondere für Informationen an Aushängen im Betrieb. Betriebsinterne Medien (beispielsweise eine Firmenzeitung) kann sich der Telearbeiter / die Telearbeiterin wahlweise an den betrieblichen oder den Telearbeitsplatz schicken lassen. Die Kosten für die Informationsversorgung trägt das Unternehmen.

5.3 Beförderung und Mitarbeiterentwicklung

Hinsichtlich sämtlicher personalpolitischer Maßnahmen ist der Telearbeiter / die Telearbeiterin mit den sonstigen Angestellten des Unternehmens gleichzustellen. Abgesehen von speziellen Schulungen des Telearbeiters / der Telearbeiterin bleiben sonstige Entwicklungspläne und Personalprogramme von der Einrichtung eines Telearbeitsplatzes unberührt.

Bei Beförderungen sind Telearbeiter auf Grund ihrer besonderen Tätigkeit weder zu bevorzugen noch zu benachteiligen. Bei Bedarf sind entsprechende personalpolitische Entscheidungen dem Telearbeiter / der Telearbeiterin im persönlichen Gespräch durch den Vorgesetzten zu erläutern.

6. Aufwandsentschädigung

Kosten, die dem Telearbeiter / der Telearbeiterin durch die Tätigkeit in der eigenen Wohnung entstehen, übernimmt das Unternehmen in folgendem Umfang.

6.1 Pauschalerstattung

Für Energie, Reinigung des Arbeitsplatzes und ähnlichen Aufwand erstattet das Unternehmen eine monatliche Pauschale von n (z.B. 50,-) DM. Höhere monatliche Aufwendungen erstattet das Unternehmen gegen Nachweis durch den Telearbeiter / die Telearbeiterin.

6.2 Telefongebühren

Die Kosten für dienstliche Gespräche vom Privatanschluß des Telearbeiters / der Telearbeiterin trägt das Unternehmen gegen Nachweis. Auf Wunsch des Unternehmens hat der Telearbeiter / die Telearbeiterin der Installation eines zusätzlichen Telefonanschlusses in der Wohnung zuzustimmen. Die Kosten für den Betrieb und die Installation des Anschlusses übernimmt das Unternehmen.

Liegt ein eigener Dienstanschluß vor, können Dienstgespräche vom Privatanschluß des Telearbeiters / der Telearbeiterin nicht erstattet werden. Der Dienstanschluß darf nicht für private Telefonate genutzt werden. Das Unternehmen beantragt in jedem Fall für den Dienstanschluß einen Einzelgesprächsnachweis.

6.3 Fahrtkosten

Fahrtkosten zwischen dem Telearbeitsplatz und der betrieblichen Arbeitsstätte werden nicht erstattet. Weist der Telearbeiter / die Telearbeiterin einen außerordentlichen, betriebsbedingten Mehraufwand für Reisen zwischen dem betrieblichen und dem Telearbeitsplatz nach, so übernimmt das Unternehmen diese außerordentlichen Mehrkosten.

6.4 Sonstige Aufwendungen

Andere als die oben aufgeführten Aufwendungen erstattet das Unternehmen nur, wenn ein direkter Zusammenhang mit der Tätigkeit des Telearbeiters / der Telearbeiterin besteht, die Aufwendungen nicht vermeidbar waren und vom Telearbeiter / der Telearbeiterin nachgewiesen werden. Insbesondere können nur solche Aufwendungen erstattet werden, die der Telearbeiter im Sinne des Unternehmens unabdingbar tätigt. Im Zweifel erfolgt keine Erstattung.

Insbesondere entstehen dem Telearbeiter keine besonderen Ansprüche aus dem Verzicht auf betriebliche Sozialleistungen wie die Kantinenverpflegung oder andere Sozialeinrichtungen. Ein Zuschuß zum Essensgeld als Entschädigung für den Verzicht auf die subventionierte Kantinenverpflegung kommt für den Telearbeiter somit nicht in Betracht.

7 Auflösung des Telearbeitsplatzes

Bei der Auflösung des Telearbeitsplatzes sind die Anlagen und Geräte, die das Unternehmen zur Verfügung gestellt hat, unverzüglich zurückzugeben. Das Unternehmen kann weiterhin die Stillegung betrieblicher Installationen wie eines Telefonanschlusses veranlassen oder verlangen.

Außerordentliche Aufwendungen, die dem Telearbeiter durch die Auflösung des Telearbeitsplatzes entstehen, werden gegen Nachweis erstattet. Ein Ausgleich für Vor- oder Nachteile, die dem Telearbeiter / der Telearbeiterin durch eine vertrags- oder vereinbarungsgemäße Auflösung bzw. Kündigung des Telearbeitsplatzes entstehen, erfolgt in keinem Falle.

8 Geltungsdauer der Betriebsvereinbarung

Diese Betriebsvereinbarung tritt mit sofortiger Wirkung in Kraft. Sie kann mit einer Kündigungsfrist von sechs Monaten zum Jahresende gekündigt werden.

Ort, Datum

_____   _____
(Betriebsrat / Arbeitnehmervertretung)   (Geschäftsführung)

Anhang C
Muster-Telearbeitsvertrag

Telearbeit muß einen rechtlichen Rahmen finden. Kapitel 8 erläuterte bereits ausführlich die sinnvolle Konstruktion eines Telearbeits-Verhältnisses zwischen Arbeitgeber und Telearbeiter. Eine generelle Betriebsvereinbarung (s. Anhang B) regelt demnach die grundlegenden Fragen. Individualrechtlich bleibt der vorhandene Arbeitsvertrag als Grundlage des Mitarbeiterverhältnisses bestehen. Hinzu kommt ein spezieller Telearbeitsvertrag als Basis für die Tätigkeit des einzelnen Telearbeiters.

Dieser Muster-Telearbeitsvertrag enthält die spezifischen Regelungen zwischen Telearbeiter und Arbeitgeber. Insbesondere können Telearbeiter und Arbeitgeber hier von der Betriebsvereinbarung abweichende Vertragsinhalte vereinbaren, wenn dies sinnvoll erscheint. Das kann beispielsweise für spezifische Aufwandsentschädigungen oder die Bereitstellung von Geräten und Anlagen erforderlich sein. Im folgenden wird ein Muster-Vertrag als Grundlage für die individuelle Vertragsgestaltung vorgestellt. Ausgangspunkt für diesen Muster-Vertrag war wiederum die rechtliche Rahmengestaltung von Telearbeit bei der IBM.

Telearbeitsvertrag

Dieser Vertrag vereinbart die Einrichtung eines Telearbeitsplatzes zwischen

_____

(Vor- und Zuname des Mitarbeiters / der Mitarbeiterin)

_____   _____

(Straße, Hausnummer)   (PLZ, Wohnort)

_____

(Personal-Nummer)

und

_____

(Arbeitgeber)

1   Grundlage

Grundlage dieser Vereinbarung ist die Betriebsvereinbarung zur Telearbeit vom (Datum). Betriebliche Regelungen und Bestimmungen bleiben auch für den Telearbeiter weiterhin bestehen bzw. sind sinngemäß für den Telearbeitsplatz anzuwenden, es sei denn, dieser Telearbeitsvertrag oder die Betriebsvereinbarung zu Telearbeit enthalten anders lautende Regelungen.

Auf Grund der besonderen Stellung der Privatwohnung gemäß Artikel 13 Grundgesetz gelten für die Tätigkeit des Telearbeiters / der Telearbeiterin in der eigenen Wohnung besondere Bestimmungen, die von der Betriebsvereinbarung oder diesem Vertrag nicht berührt werden. Für den Zutritt zur Wohnung des Telearbeiters / der Telearbeiterin bedürfen Betriebszugehörige sowie Kunden, Lieferanten oder andere Geschäftspartner des Unternehmens dessen / deren Zustimmung.

2   Arbeitszeit

Für Länge und Verteilung der Arbeitszeit zwischen Betriebsstätte und Telearbeitsplatz gelten generell die Bestimmungen der Betriebsvereinbarung unter Ziffer 3.1 und 3.2. Bei der täglichen Verteilung der Telearbeitszeit hat der Telearbeiter / die Telearbeiterin die Bestimmungen der Betriebsvereinbarung unter Ziffer 3.2 zu beachten.

Die konkrete Verteilung der betrieblichen und der außerbetrieblichen Tätigkeit des Telearbeiters / der Telearbeiterin erfolgt nach folgender wöchentlicher (monatlicher) Aufteilung.

Tag \ Uhrzeit	0	4	8	12	16	20	Betr. AZ / Tele-AZ
Montag							
Dienstag							
Mittwoch							
Donnerstag							
Freitag							
Samstag							
Summe							

Über nicht ausdrücklich gekennzeichnete Arbeitsstunden kann der Telearbeiter frei am Telearbeitsplatz verfügen. Die betriebliche Arbeitszeit ist jeweils vollständig eingetragen. AZ steht für Arbeitszeit.

Betriebliche Regelungen zu Beginn und Ende der Arbeitszeit, beispielsweise Gleitzeitmodelle, bleiben von der hier getroffenen Verteilung der Arbeitszeit unberührt. Bei zusätzlichen Pausen verschieben sich Arbeitsbeginn und/oder Arbeitsende entsprechend.

3   Arbeitsnachweis und Vergütung

Der Telearbeiter / die Telearbeiterin hat gemäß Ziffer 3.6 der Betriebsvereinbarung ein Arbeitstagebuch zu führen (s. Anlage A). Hierin sind analog zu obiger Tabelle sämtliche geleisteten Arbeitsstunden zu kennzeichnen. Urlaubs-, Krankheits- und sonstige Fehltage entsprechend Ziffer 3.5 der Betriebsvereinbarung zu Telearbeit sind ebenfalls mit entsprechender Abkürzung in das Arbeitstagebuch einzutragen.

Überstunden, die sich aus der Aufsummierung der wöchentlichen (monatlichen/jährlichen) Arbeitszeit ergeben, müssen gemäß Ziffer 3.3 der Betriebsvereinbarung zu Telearbeit vorher vom Vorgesetzten genehmigt sein, damit eine entsprechende Vergütung erfolgt. Am Monatsende ist das Arbeitstagebuch der Führungskraft zur Unterschrift vorzulegen. Zur Vergütung

variabler zeitabhängiger Lohnansprüche oder für leistungsabhängige Er-
folgsprämien sind die üblichen betrieblichen Nachweise beizufügen.

4   Ausstattung des Telearbeitsplatzes

Gemäß Ziffer 4 der Betriebsvereinbarung zu Telearbeit stellt das Unternehmen dem Telearbeiter sämtliche Arbeitsmittel, insbesondere die Rechnerhardware und Kommunikationsgeräte, unentgeltlich zur Verfügung. Die
betrieblichen Arbeitsmittel sind von der Führungskraft in ein Inventarliste
einzutragen. Der Telearbeiter / die Telearbeiterin dürfen diese Geräte nicht
für private Zwecke nutzen.

Vor der Installation betrieblicher Arbeitsmittel in der Wohnung des Telearbeiters / der Telearbeiterin hat eine Sicherheitsüberprüfung der vorhandenen Einrichtung, insbesondere der Stromversorgung in der Wohnung zu erfolgen. Diese Prüfung kann von Mitarbeitern des Unternehmens oder einem
vom Unternehmen beauftragten Fachbetrieb erfolgen. Ohne Sicherheitsüberprüfung kann kein Telearbeitsplatz eingerichtet werden.

Bei Aufstellung und Betrieb sämtlicher Geräte sind die Hinweise zur
technischen Sicherheit und zur Ergonomie zu beachten. Im Zweifel ist der
zuständige Sicherheits- oder Technikbeauftragte des Unternehmens zu Rate
zu ziehen.

Für die Wartung und Pflege der Geräte gilt Ziffer 4 der Betriebsvereinbarung. Für anders lautende Vorkehrungen zur Wartung oder Pflege der Installationen, insbesondere zur eigenständigen Öffnung von Geräten oder
Änderung von Konfigurationen, sind ausdrückliche Regelungen in diesem
Vertrag erforderlich.

Die von dem Telearbeiter / der Telearbeiterin zur Verfügung gestellten
Geräte und Installationen sind in diesem Telearbeitsvertrag aufgelistete.

_____

_____

_____

(Auflistung der Geräte)

Für die Bereitstellung dieser Geräte erfolgt eine monatliche Vergütung
von n DM (z.B. 30,- DM). Die Vergütung enthält betriebsbedingten Ver-
schleiß der Geräte und umfaßt somit eventuell notwendige Reparaturen.

5   Betriebliche Unterlagen und Datenschutz

Notwendige Arbeitsunterlagen können mit Zustimmung der Führungskraft an den Telearbeitsplatz mitgenommen werden. Hierbei sind vom Telearbeiter / von der Telearbeiterin besondere Vorkehrungen zum Schutz der darin enthaltenen Informationen zu treffen. Grobe Fahrlässigkeit beim Umgang mit vertraulichen Informationen muß sich der Telearbeiter / die Telearbeiterin voll zurechnen lassen.

Demnach sind Betriebsunterlagen mit vertraulichen Informationen sowie Paßwörter und Zugangsberechtigungen so zu schützen, daß Dritte keinen Zugang zu diesen Informationen erlangen können. Vertrauliche Informationen sind nicht an unautorisierte Dritte weiterzugeben. Bei Verlassen des Telearbeitsplatzes dürfen Betriebsunterlagen nicht offen liegen bleiben, der Zugriff Dritter zu DV-Anlagen ist durch Paßwortschutz zu unterbinden.

6   Versicherungsschutz

Arbeitsunfälle am Telearbeitsplatz sowie Unfälle auf dem Weg zur betriebsbestimmten Arbeit im Unternehmen sind durch die Berufsgenossenschaft versichert. Für Dienstreisen, die vom Telearbeitsplatz aus angetreten werden, besteht zusätzlich eine Dienstreiseunfallversicherung.

In der Regel sind sämtliche Geräte und Installationen in der eigenen Wohnung durch die private Hausratversicherung abgedeckt. Um Mehrkosten für den Telearbeiter / die Telearbeiterin zu vermeiden und keine Benachteiligung zu verursachen, übernimmt das Unternehmen die Versicherung der zur Verfügung gestellten Arbeitsmittel selbst. Der Telearbeiter / die Telearbeiterin hat dies seiner / ihrer privaten Hausratversicherung in einem entsprechenden Schreiben (s. Muster in Anlage B) mitzuteilen. Erfolgt die Versicherung der Anlagen im Umfang der Hausratversicherung, so übernimmt das Unternehmen die Mehrkosten durch eine eventuell höhere Versicherungsprämie.

7   Haftung

Die Haftung des Telearbeiters / der Telearbeiterin sowie sämtlicher in dessen / deren Haushalt lebenden Familienangehörigen ist auf Vorsatz und grobe Fahrlässigkeit beschränkt. Das gilt auch für berechtigte Besucher. Besteht im Schadensfall, verursacht durch einen berechtigten Besucher, keine Haftpflichtversicherung, wird im Einzelfall über die Geltendmachung von Schadenersatzansprüchen des Unternehmens gegen den berechtigten Besucher entschieden. Schadensfälle werden in Zusammenarbeit mit dem zuständigen Betriebsrat geregelt.

Schadenersatzansprüche dritter Personen gegen den Telearbeiter / die Telearbeiterin übernimmt das Unternehmen, sofern diese in einem ursächlichen Zusammenhang mit der Tätigkeit des Telearbeiters / der Telearbeiterin in der außerbetrieblichen Arbeitsstätte stehen. Dies gilt nicht bei grob fahrlässigem oder vorsätzlichem Verschulden eines Schadens durch den Telearbeiter / die Telearbeiterin oder Familienangehörige.

8   Auflösung des Telearbeitsplatzes

Für die Auflösung des Telearbeitsplatzes gelten die Regelungen unter Ziffer 7 der Betriebsvereinbarung zu Telearbeit. Die Kündigung dieses Telearbeitsvertrages ist von beiden Seiten mit einer Kündigungsfrist von drei Monaten zum nächsten Quartalsende möglich. Kündigt der Vermieter oder der Telearbeiter / die Telearbeiterin seine / ihre Wohnung, so kann sich die Kündigungsfrist des Telearbeitsvertrages entsprechend verkürzen.

Zieht der Telearbeiter / die Telearbeiterin in eine andere Wohnung, möchte den Telearbeitsplatz aber weiter beibehalten, so sind die entsprechenden Schutz- und Sicherheitsüberprüfungen in der neuen Wohnung gemäß Ziffer 4 dieses Vertrages vom Unternehmen durchzuführen. Die Kosten für den Umzug einschließlich der vom Betrieb zur Verfügung gestellten Anlagen hat hingegen der Telearbeiter / die Telearbeiterin selbst zu tragen.

Bei einer Auflösung des Telearbeitsplatzes sind Arbeitsunterlagen sowie die zur Verfügung gestellten Arbeitsmittel vollständig und unverzüglich an die betriebliche Arbeitsstätte zurückzuführen. Der / die Vorgesetzte bestätigt die Rückgabe.

_____ , den _____
(Ort)   (Datum)

für das Unternehmen

_____   _____
(Führungskraft)   (Personalabteilung)

_____
(Mitarbeiter/in)

Anlage A – Muster für das Arbeitstagebuch

Arbeitsnachweis für die _____. Kalenderwoche

Von Montag, dem _____

Bis Sonntag, den _____

Uhrzeit / Tag	0	4	8	12	16	20	Betr. AZ / Tele-AZ
Montag							
Dienstag							
Mittwoch							
Donnerstag							
Freitag							
Samstag							
Summe							

Die oben eingetragene Arbeitszeit entspricht der tatsächlich geleisteten Arbeit.

_____

(Unterschrift des Telearbeiters / der Telearbeiterin)

Gegenzeichnung der Führungskraft

_____

(Unterschrift des/r Vorgesetzten)

Anmerkungen zur Kennzeichnung der Arbeitszeit in der Tabelle:

Betriebliche und Arbeitsstunden am Telearbeitsplatz sind am jeweiligen Wochentag in der zugehörigen Zeile (obere Zeile = betriebliche Arbeitszeit; untere Zeile = Telearbeit) einzutragen. Für die Kennzeichnung sind folgende Symbole zu verwenden:

X   Arbeitszeit
A   Außendienst
U   Urlaub
K   Krankheit
F   Feiertag

Urlaub und Krankheit werden unter betrieblicher Arbeitszeit eingetragen. Hierbei ist ein vertikaler Strich für eine entsprechende Zeitdauer einzutragen, der am Anfang und Ende mit dem entsprechenden Buchstaben gekennzeichnet ist. Feiertage sind mit einem „F" unter dem jeweiligen Wochentag einzutragen.

Anlage B – Musterschreiben für die Hausratversicherung

An die Hausratverischerung

Ort, den *Datum*

Anschrift der
Versicherung

Zuständiger Sachbearbeiter: _____
Versicherungsnummer: _____

Betr.: Herausnahme von Gegenständen aus der Hausratversicherung

Sehr geehrte Damen und Herren,

mein Arbeitgeber, das Unternehmen xy, hat mir zur Einrichtung eines Telearbeitsplatzes Geräte und Arbeitsmittel entsprechend der Anlage (Inventarliste) zur Verfügung gestellt, die sich in meiner Wohnung befinden.

Die aufgelisteten Anlagen verbleiben im Eigentum des Unternehmen und sind vom Unternehmen gegen alle Schäden, die auch meine Hausratversicherung abdeckt, versichert. Um eine Unterversicherung meinerseits zu vermeiden, bitte ich Sie daher, die aufgelisteten Arbeitsmittel und Geräte aus meiner Hausratversicherung herauszunehmen.

Ich bitte Sie um entsprechenden Bescheid.

Mit freundlichen Grüßen,

_____
(Unterschrift)

Literaturverzeichnis

Adamscheck, B.: Neue Medien und bürgernahe Verwaltung. In: Bundesministerium für Wirtschaft: Die Informationsgesellschaft; Fakten Analysen Trends. 26-27 (1995)

Badach, A.: ISDN im Einsatz. Bergheim: DATACOM 1994

Badach, A.: Datenkommunikation mit ISDN: Integration von ISDN in LANs, WANs u. ATM-Netze. Bergheim: DATACOM 1997

Bocker, P.: ISDN – Digitale Netze für Sprache-, Text-, Daten-, Video- und Multimediakommunikation. 4. Erweiterte Auflage. Berlin Heidelberg Springer 1997

Bohländer, E., Gora, W.: Mobilkommunikation: Technologien und Einsatzmöglichkeiten. Bergheim: DATACOM 1992

Bundesministerium für Forschung und Technologie (BMBF): Telearbeit; Definition, Potential und Probleme. Report. Bonn 1996.

Bundesministerium für Wirtschaft und Bundesministerium für Arbeit u. Sozialordnung: Telearbeit; Chancen für neue Arbeitsformen, mehr Beschäftigung, flexible Arbeitszeiten. Ein Ratgeber. Bonn 1996.

Bundesministerium für Wirtschaft: Die Informationsgesellschaft; Fakten Analysen Trends. (1995)

Bundesministerium für Wirtschaft: Info 2000; Deutschlands Weg in die Informationsgesellschaft. Bericht der Bundesregierung. Bonn 1996.

Burr, W.: Steuerung und Kontrolle von Telearbeit: Telearbeit zwingt zu Telemanagement. In: Office Management 3, 38-40 (1997)

Deutscher Gewerkschaftsbund (DGB): Telearbeit: elektronische Einsiedelei oder neue Form der persönlichen Entfaltung? Düsseldorf (1988)

Europäischer Rat: Europa und die globale Informationsgesellschaft. Empfehlungen für den Europäischen Rat (Bangemann Report). Brüssel 1994

Emery, V.: Internet im Unternehmen: Praxis und Strategien. Heidelberg: dpunkt Verlag für digitale Technologie: 1996

Felske, K.: Remote-Zugriff. PC-Netze 5, 50-51 (1996)

Fischer, U.: Telearbeit: Durch Organisationsgestaltung soziale Wirkungen beeinflussen. In: Office Management 9, 44-47 (1992)

Fuchs-Wegner, G.: Management-by-Konzepte, in: Kieser, A., Reber, G., Wunderer, R. (Hrsg.): Handwörterbuch der Führung. Stuttgart 1987. Sp. 1366-1372.

Godehardt, B.: Telearbeit: Rahmenbedingungen und Potentiale. Opladen: Westdeutscher Verlag 1996

Glaser, W.R., Glaser, M.O.: Telearbeit in der Praxis: Psychologische Erfahrungen mit außerbetrieblichen Arbeitsstätten bei der IBM Deutschland GmbH. Neuwied Kriftel Berlin: Luchterhand 1995

Grau, W.: Telearbeit bei IBM: Erfahrungen bei der Einführung und in der Praxis. In: Office Management 1-2, 82-86 (1996)

Gray, M., Hodson, N.: Gordon, G.: Teleworking explained. Chichester 1993.

Halbach, G. et al: Übersicht über das Arbeitsrecht. 5., neubearbeitete und erweiterte Auflage. Bundesministerium für Arbeit und Sozialordnung (Hrsg): Bonn 1994

Heise, R.: Remote Access vor der Trendwende. PC-Netze 5, 44-46 (1996)

Hennekeuser, J., Peter, G.: Rechnerkommunikation für Anwender: Grundlagen, Übersicht und Praxis. Berlin Heidelberg New York: Springer 1994

Hentze, J., Kammel, A., Lindert, K.: Personalführungslehre. Grundlagen, Funktionen und Modelle der Führung. 3., vollständig überarbeitete Auflage. Bern Stuttgart Wien: Verlag Paul Haupt 1997

Hentze, J., Personalwirtschaftslehre 1: 6., überarbeitete Auflage. Bern Stuttgart Wien: Verlag Paul Haupt: 1994

Hentze, J., Personalwirtschaftslehre 2: 6., überarbeitete Auflage. Bern Stuttgart Wien: Verlag Paul Haupt: 1995

Jochen Rieker. In weiter Ferne. Manager Magazin, 199-209 (November 1995)

Katter, T.: Teleworking: Eine Übersicht der wichtigsten Rahmenbedingungen. In: Office Management 1-2, 37-42 (1992)

Kauffels, F.-J.: Einführung in die Datenkommunikation: Grundlagen – Systeme – Dienste. 5. Aktualisierte Auflage. Bergheim: DATACOM 1996

Kauffels, F.-J.: Moderne Datenkommunikation. 2.Auflage. Bergheim: DATA-COM 1997

Kill, U.: Die Führungskonzeption des Management by Objectives und ihre Bedeutung für die Leistungsbeurteilung. Augsburg 1972

Klotz, U.: Chancen und Risiken der Telearbeit: „Die Bremser sitzen im mittleren Management". In: Office Management 3, 14-15 (1997)

Kordey, N., Korte, W.: Telearbeit erfolgreich realisieren. Braunschweig Wiesbaden: Vieweg 1996.

Kreilkamp, P.: Perspektiven der Telekooperation. In: Office Management 9, 56-59 (1994)

Krol, E.: Die Welt des Internet – Handbuch und Übersicht. 1. Auflage. O´Reilly 1995

Kyas, O.: Internet professionell: Technologische Grundlagen & Praktische Nutzung. Bonn u.a.: International Thomson Publishing 1996

Kyas, O.: ATM-Netzwerke: Aufbau, Funktion, Performance. 3. überarbeitete Auflage. Bergheim: DATACOM 1996

Kyas, O.: Sicherheit im Internet: Risikoanalyse – Strategien – Firewalls. Bergheim: DATACOM 1996

Kyas, O.: Internet professionell: Technologische Grundlagen & Praktische Nutzung. Bergheim: DATACOM 1997

Lehner, F. et al.: Organisationslehre für Wirtschaftsinformatiker. München Wien: Hanser 1991

Lockermann, P.C., Krüger, G., Krumm, H.: Telekommunikation und Datenhaltung. München Wien: Hanser 1993

Lux, H., Heinen, I.: Der Internet-Markt in Deutschland. Provider & Dienstleister. 2. Auflage. Heidelberg: dpunkt Verlag für digitale Technologie 1997

Nefiodow 1994, Pelton 1994, Ifo-Institut, Bundesministerium für Wirtschaft. AG Info. 1996

Nilles, J.M.: Making telecommuting happen. A guide for telemanagers and telecommuters. New York: Van Nostrand Reinhold 1994

Picot, A., Reichwald, R., Wigand, R.T.: Die grenzenlose Unternehmung: Information, Organisation und Management; Lehrbuch zur Unternehmensführung im Informationszeitalter. Wiesbaden: Gabler 1996

Pohlmann, N.: Firewall-Systeme: Sicherheit für Internet und Intranet. Bergheim: DATACOM 1997

Pribilla, P., Reichwald, R., Goecke, R.: Telekommunikation im Management: Strategien für den globalen Wettbewerb, Stuttgart: Schäffer-Poeschel 1996

Rane, A.: 1995 home office market update. Link Resources Corp. 1995.

Rensmann, J.: Heim-Werker: Perspektiven für den modernen Arbeitsplatz. In: Networks & Communication 4, 56-65 (1995)

Reichwald, R.: Telekooperation/Telearbeit/Telemanagement: Neues Verständnis für innovative Arbeitsformen. In: Office Management 6, 16-18 (1996)

Reichwald, R., Hermens, B.: Telekooperation und Telearbeit. In: Office Management 10, 24-30 (1994)

Reichwald, R., Möslein, K.: Telearbeit und Telekooperation. In: Bullinger, H.-J., Warnecke, H.-J. (Hrsg.): Neue Organisationsformen im Unternehmen; Ein Handbuch für das moderne Management. Berlin Heidelberg New York: Springer 1996

Roemer, M., Buhl, H. U.: Das World Wide Web als Alternative zur Bankfiliale; Gestaltung innovativer IKS für das Direktbanking. Wirtschaftsinformatik 6 (28. Jhrg.), 565-577 (1996)

Schäfer, M., Niemeier, J.: Mobile Technologien erfordern innovative Aufgaben- und Führungsstrukturen. In: Office Management 6, 16-18 (1996)

Schwerdtner, P. (Hrsg.): Wichtige Arbeitsgesetze. 8., erweiterte Auflage. Herne Berlin: Verlag neue Wirtschafts-Briefe 1994

Sinn, D.: Multimedia und Datenautobahn: die Informationsgesellschaft mitgestalten. Strategiepapier der IG Metall. Frankfurt 1996.

Smart Valley Corporation: Ensuring the Success of the Telecommuting Pilot. Ergebnisse und Analysen der Umfragen nach Einführung von Telearbeit im Smart Valley. Smart Valley Oktober 1994

Smart Valley Corporation: Smart Valley Telecommuting Guide. Hinweise und Tips zur Einführung von Telearbeit im Smart Valley, Smart Valley 1993

Steinmüller, W.: Informationstechnologie und Gesellschaft: Einführung in die Angewandte Informatik. Darmstadt: Wissenschaftliche Buchgesellschaft 1993

Tannenbaum, R., Schmidt, W.H.: How to Choose A Leadership Pattern. Harvard Business Review Vol. 36, 95-101 (1958)

Wedde, P.: Telearbeit: Handbuch für Arbeitnehmer, Betriebsräte und Anwender. 1. Auflage. Köln 1994

Sachverzeichnis